公路隧道设计与施工新法及其应用

Gonglu Suidao Sheji yu Shigong Xinfa Jiqi Yingyong

朱汉华　尚岳全　杨建辉
文献民　曲　晨　王迎超　编著

人民交通出版社

内 容 提 要

本书主要介绍公路隧道的设计及新奥法、浅埋暗挖法、矿山法等隧道施工方法及其应用，并阐述了隧道围岩稳定基本理念、隧道受力的独立性、隧道施工合理工法的选择、不合理工法导致的灾害问题、复杂条件下隧道工法的研究、隧道围岩稳定与施工安全技术、结构衬砌与防水设计及隧道特殊问题等。

本书可供隧道设计与施工技术人员使用，也可供相关院校师生参考。

图书在版编目(CIP)数据

公路隧道设计与施工新法及其应用/朱汉华等编著.
—北京：人民交通出版社，2010.5
ISBN 978-7-114-08295-5

Ⅰ.①公… Ⅱ. ①朱… Ⅲ.①公路隧道—隧道工程—设计②公路隧道—隧道工程—工程施工 Ⅳ.①U459.2

中国版本图书馆 CIP 数据核字(2010)第 043668 号

书 名:公路隧道设计与施工新法及其应用
著 作 者:朱汉华等
责任编辑:曲 乐 郑蕉林
出版发行:人民交通出版社
地 址:(100011)北京市朝阳区安定门外外馆斜街 3 号
网 址:http://www.ccpress.com.cn
销售电话:(010)59757969,59757973
总 经 销:人民交通出版社发行部
经 销:各地新华书店
印 刷:北京牛山世兴印刷厂
开 本:787×1092 1/16
印 张:12.75
字 数:295 千
版 次:2010 年 6 月 第 1 版
印 次:2010 年 6 月 第 1 次印刷
书 号:ISBN 978-7-114-08295-5
印 数:0001—3000 册
定 价:32.00 元

前 言

通过近两个世纪的探索，山岭隧道建设形成了多种设计理论和工法，如新奥法、浅埋暗挖法、矿山法等。这些设计理论和工法在实践中发挥了十分重要的作用，但也出现了一些问题，甚至是血的教训。作者在总结近千座隧道工程的成功经验与教训及分析延安窑洞和龙游石窟等历史经典工程成功实例的基础上，得出如下基本认识：(1)隧道工程结构与材料组合设计、施工与养护全过程都必须与周围相关环境协同作用，并符合结构强度、刚度和稳定等力学规律，然而后两者往往容易被忽视。特别是在施工、养护中的每个步骤或者使用过程中的每时段，隧道围岩、支护和材料组合都必须满足三维力学平衡、三维力与变形协调及三维变形协调与稳定(否则会改变三维力学平衡形式)。(2)在满足自然规律条件下，应充分发挥主观能动性，寻找或选择合适的方法、手段、材料、结构形式等，以确保工程质量与安全。如果某个过程甚至某个时段不符合力学规律，就容易造成工程失效事故。

以新奥法为代表的现代工法，提出了保障隧道围岩稳定的基本理念，即“充分发挥围岩的自承能力”。实践中应该把复杂工程问题转化为简单力学问题，并注重施工养护工艺和结构构造，采用“基本维持围岩原始状态”的理念，使隧道围岩与支护结构共同作用以达到足够强大，形成稳定的平衡体系，避免围岩出现有害的过大变形，实现“基本维持围岩原始状态”，达到“充分发挥围岩的自承能力”和确保隧道长期稳定的目的。人类改造和利用环境是一个自然和自觉的过程。把隧道围岩稳定的基本理念作为指导思想或校核条件(自然规律必须遵循)，现代工法(如新奥法、浅埋暗挖法、挪威法、新意法等)和传统工法(如矿山法、太沙基理论、普氏理论等)及适用特殊环境隧道工程的其他力学理论等(自觉与发挥主观能动性应该有效)是以不同的地质条件和结构形式为着眼点解决隧道围岩稳定问题，并遵循实现“基本维持围岩原始状态”的目标，既有独立性，又有统一性的手段或方法。这些手段或方法的变化和发展是随着问题复杂程度的变化而螺旋上升、与时俱进且永无止境的。因此，解决具体隧道围岩稳定问题必须结合具体情况，并根据现存条件加以发展和选用，真正做到具体问题具体分析。该问题的关键就是隧道“经济适用合理工法或技术”要遵循基本理念，根据外部不同环境(地质条件和结构形式)和现存机械、工艺、材料等水平发展和选用合适的手段辅助围岩并与围岩共同发挥最大承载力，实现“基本维持围岩原始状态”，达到“充分发挥围岩的自承能力”的目的，同时符合“正确的理论必须结合具体情况，并根据现存条件加以阐明和发挥，且是发展着的理论”的思想。

由于隧道建设过程中存在地质条件多样性和复杂性，应该用现代力学(如有限元等)分析隧道围岩与支护共同体的基本力学规律，再以传统力学理论分析和结合具体隧道工程实践的适用工法或技术解决隧道围岩与支护共同体的稳定问题。隧道设计理论统一性和适用性、隧道受力独立性、隧道支护平衡稳定性、特殊问题的治理措施、隧道施工合理方法判别原则等问题的研究与实践是有益的探索。实际上，这些设计理论和工法，都是一种手段。在隧道建设实践中采用什么理论和工法或技术并不是最重要的,重要的是建设过程中要遵循基本理念,并符合隧道工法或技术合理性判别原则。因此,山岭隧道工程建设,需要在勘察、设计和施工过程的各环节做细致的工作。在勘察过程中,应该综合研究确定选址布线的基本条件,包括隧道区域的围岩工程地质、水文地质情况;设计上应合理选择断面形状以适应原岩应力场,同时正确设计支护方法以利于围岩稳定和自承作用;施工过程要合理选择开挖断面大小、形式、顺序,并与支护顺序、时机相匹配,以防止围岩失稳。掌握围岩动态的量测,对防止支护结构和围岩破坏与失稳具有重要意义,但量测资料的分析应用必须与工程地质、设计方案、施工过程有机结合,充分发挥工程师的综合判断能力,而不应过分依赖"精确"的数值计算结果。因此,在遵循现行设计、施工规范的基础上,还必须掌握以上隧道设计、施工新理念,特别是地下水丰富或围岩稳定性差的情况,以确保隧道工程又好又快地建设。

学习实践过程中,本书倡导培养的思维方式为:思想理念、手段方法和观察问题三者有机融合、相互促进,并特别指出手段与问题的变化与发展是螺旋上升、与时俱进且永无止境的。而工程质量要求的提高使问题越来越复杂,从而手段也应该越来越先进。因此,在机械设备、计算机、材料等发展推动土木工程建设时,人们应该遵循自然规律,结合具体工程,研究经济适用的工法或技术。而"生产力与生产关系相适应、经济基础与上层建筑相适应"便于检验手段方法的适应性,说明手段、问题相互协调的重要性,其中手段是在解决问题过程中不断创新、不断提高的。思想理念为:充分发挥围岩的自承能力和基本维持围岩的原始状态。这涵盖了传统工法和现代工法的基本理念。手段方法为:目前工法问题的研究重点是针对具体问题研究适用合理工法,并确保工法是可持续发展的。监控量测可以为修正完善合理工法提供依据,但不包含错误工法或技术。

本书是作者在近 20 年的工作经验、8 项相关课题研究和约 200 座实体隧道的设计施工验证的基础上,结合已有论文著作成果,提炼总结形成的隧道设计与施工新思路与新方法。在本书出版之际,经相关前辈和学者同意,分别节录了王梦恕院士的著作——《地下工程浅埋暗挖技术通论》;陈礼伟、程崇国等人的"隧道工程讲座"(杭州 2007、2009);张松柏、杨峰的"乌鞘岭特长隧道、北天山隧道等工程技术报告"等相关内容。在此对这些文献的作者表示衷心的感谢。

编 者

2010 年 2 月

目　　录

第 1 章　隧道围岩变形与支护平衡

1.1　隧道围岩变形与支护机理

隧道开挖前是处于三维应力状态的，隧道开挖后形成了新的临空面，围岩向洞内移动，应力重新调整，从而形成了二次应力。如果围岩的强度高于二次应力，则围岩是稳定的；如果围岩的强度低于二次应力，则必须进行支护，以保证围岩的稳定。

软弱围岩中开挖隧道，如果不对围岩进行适时支护，围岩就会发生破坏。围岩的破坏一般是从围岩表面开始，逐渐向深部开展，依次形成塑性软化区、塑性强化区和弹性区，见图 1-1。塑性强化区和弹性区是围岩承载的主体，塑性软化区是需要支护的对象。通过对软化区进行支护，一方面可以提高其强度，有利于其自身的稳定；另一方面，软化区围岩再对塑性强化区的围岩实施作用，增大了强化区围压，使强化区围岩的承载力得到提高，减小了围岩表面应力差、变形及破坏。因此，通过支护或加固软化区围岩，可以提高强化区围岩的强度，使围岩的自承能力得以充分发挥，实现深部围岩的稳定，并使其成为主要承载区。

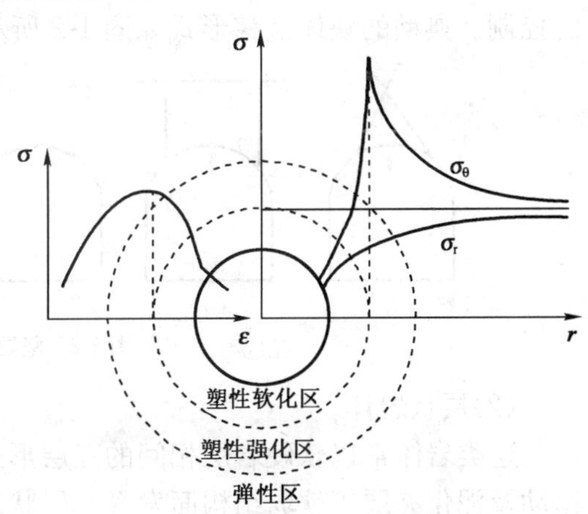

图 1-1　围岩分区与支护特征示意图

除了对浅部（软化区）围岩的加固措施外，在矿山法施工隧道时一般采用光面爆破进行开挖，其目的是减轻爆破对围岩的震动，尽可能保持其原始状态。在稳定性差的围岩中施工隧道时，常采用预支护方法，使破碎围岩在隧道开挖前即得到强化。浅部支护、光面爆破和预支护等措施均是工程施工中常用的技术手段，其目的是在施工时尽可能"基本维持围岩原始状态"，保持围岩强度，从而保证围岩的稳定。

1.2　隧道围岩的变形破坏特征和支护对策

1.2.1　围岩的变形破坏特征

围岩变形破坏的形式和特点主要取决于围岩的岩性和结构。

（1）坚硬块状岩体

这类岩体本身具有很高的力学强度和抗变形能力，在力学属性上可视为均质、各向同性的连续介质，应力与应变呈线性关系。这类围岩的变形破坏形式主要有：岩爆、脆性开裂及块体滑移。

岩爆是在高地应力地区，由于开挖导致围岩出现局部高应力集中，使围岩产生突发性破坏的现象。随着岩爆的产生，常伴随有岩块弹射、声响及气浪产生，对地下开挖及建筑物造成危害。

脆性开裂常出现在拉应力集中部位，如洞顶或岩柱中。当天然应力比值系数 $N<1/3$ 时（水平应力/垂直应力），洞顶常为拉应力集中，在拉应力超过围岩抗拉强度的情况下，常产生拉张破坏，尤其是当岩体中发育近直立的构造裂隙时，即使拉应力集中较小，也会产生垂向张拉裂缝。这时洞顶岩体很不稳定，在存在近水平裂隙交切的情况下，易形成不稳定块体塌落，从而造成拱顶塌方。

块体滑移是块状岩体中常见的破坏形式之一。这类破坏常以结构面组合交切形成的不稳定块体滑出的形式出现，其破坏规模与形态受结构面的分布、组合形式及其与开挖面相对关系的控制。典型的块体滑移形式如图 1-2 所示。

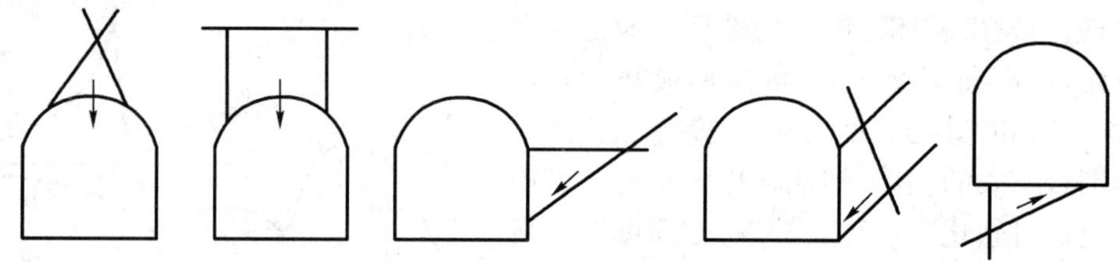

图 1-2　坚硬块状岩体中的块体滑移

(2)层状岩体

这类岩体常以软硬岩层相间的互层形式出现。岩体中的结构面以层理面为主，并有层间错动及泥化夹层等软弱结构面发育。层状岩体的变形破坏主要受岩层产状及岩层组合等因素控制，其破坏形式主要有：沿层面张裂、折断塌落、弯曲内鼓等。不同产状围岩的变形破坏形式如图 1-3 所示。在水平层状围岩中，洞顶岩层可视为两端固定的梁板，在顶板压力作用下，梁板将产生下沉弯曲、开裂。当岩层较薄时，若不支撑，任其发展，则将逐层折断而塌落，最终形成如图 1-3a)所示的三角形塌落体。在倾斜层状围岩中，常表现为沿倾斜方向一侧岩层弯曲塌落，另一侧边墙岩块滑移等破坏形式，形成不对称的塌落拱[图 1-3b)]。在直立层状围岩中，

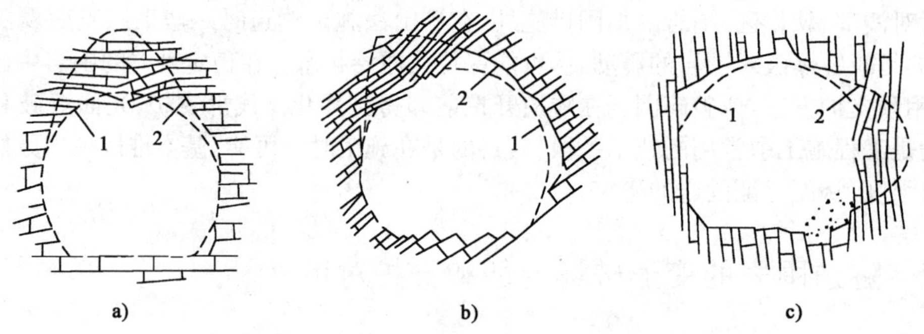

图 1-3　层状围岩变形破坏特征

a)水平层状岩体；b)倾斜层状岩体；c)直立层状岩体

1-设计断面轮廓线；2-破坏区界线

当天然应力比值系数 $N<1/3$ 时，由于洞顶受拉应力作用，使顶板发生沿层面的纵向拉裂，在自重作用下岩柱易被拉断塌落。侧墙则因压力平行于层面，常发生纵向弯折内鼓，进而危及拱顶的安全[图 1-3c)]。

(3)碎裂岩体

碎裂岩体是指断裂带、岩脉穿插挤压破碎带和风化破碎加次生夹泥的岩体。这类围岩的变形破坏形式常表现为崩塌和滑动(图 1-4)。破坏规模和特征主要取决于岩体的碎裂程度和含泥量的多少。在以岩块刚性接触为主的碎裂围岩中，由于变形时岩块互相挤压、错动，将产生一定的阻力，因而不易产生大规模塌方。相反，当夹泥含量很高时，由于岩块间失去刚性接触，则易产生大的塌方。若不及时支护，将产生大的变形，直至冒顶。

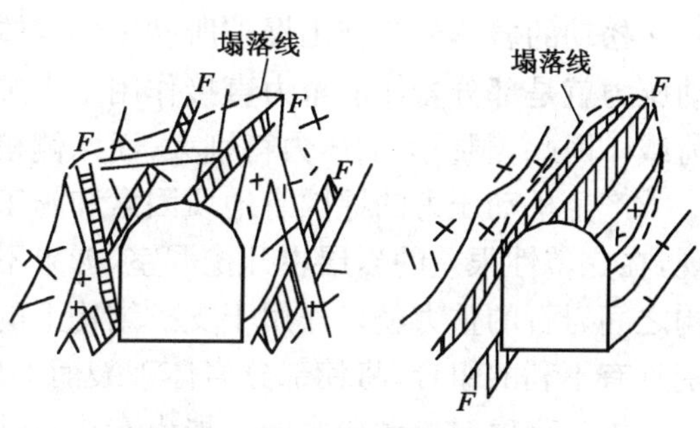

图 1-4　碎裂围岩塌方示意图

(4)松软岩体

松软岩体是指强烈构造破碎、强烈风化岩体或新近堆积的松散土体。这类围岩的力学属性表现为弹塑性、塑性或流塑性，其变形破坏形式以拱形冒落为主。当围岩结构均匀时，冒落拱的形状较为规则[图 1-5a)]，但当围岩结构不均匀或松软岩体仅构成局部危岩时，则常表现为局部塌方、塑性挤入及滑动等变形破坏形式[图 1-5b)、c)、d)]。

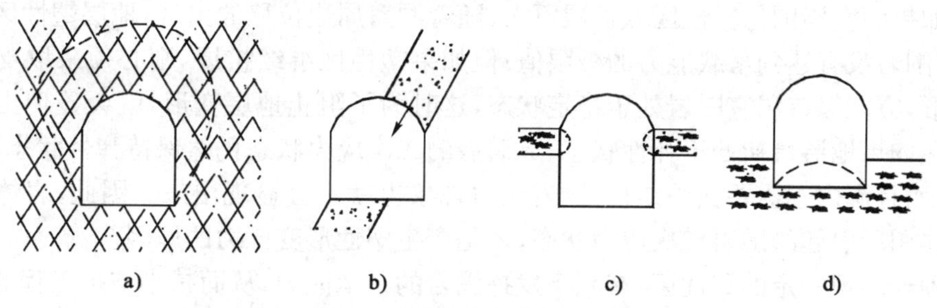

图 1-5　松散围岩变形破坏形式

a)拱形冒落；b)局部塌方；c)侧鼓；d)底鼓

1.2.2　围岩的加固支护对策

由于地下建筑处于岩体介质中，因此应当把地层视为支护结构的共同承载部分，也就是说，应由支护结构和地层共同组成承载体系。其中，地层的自承力作用是十分重要的，如果没有这种作用，洞室的施工将变得十分困难或无法施工。实际上在岩体中开挖洞室后，出现围岩二次应力状态，同时洞室围岩相应地产生变形和位移。不同的地质条件和工程条件，洞室围岩可能出现两种情况：一是洞室的变形属于弹性变形，在无支护情况下仍能维持稳定；二是洞室的变形属于非弹性变形，由于围岩继续变形而导致破坏，甚至大量的塌落。当围岩可能出现破坏时，就需要支护结构来约束围岩变形的继续扩展，因而支护结构受到围岩变形所产生的压力，即目前一般工程概念中所指的围岩压力。因此，围岩压力是围岩与支护结构的相互作用力，是由于围岩产生变形或破坏所引起的作用在衬砌上的压力。

针对围岩的不同变形破坏方式,围岩对支护结构作用的围岩压力表现方式也各不相同。根据不同围岩变形破坏特征,可将围岩压力的基本类型划分为:松动压力、塑性形变压力、冲击压力和膨胀压力。相应的支护结构设计施工要根据围岩的结构特点和潜在的变形破坏方式而进行。

(1)松动压力与支护

松动的岩体或者施工爆破所破坏的岩体作用在洞室上的压力称为松动压力。实际上,松动压力就是部分岩体的重力直接作用于支护结构上的压力,所以松动压力本质上应视作松动荷载。因此,洞顶上的压力特别大,而两侧稍小,底部一般不会出现。

产生松动压力的原因有地质因素和施工因素两方面。松动压力在各种地层中都有可能出现,在完整性很差的岩层中开挖洞室,如果不支护可能塌落成拱形而稳定下来,拱形与支护结构之间岩石的重力就是作用于支护结构上的松动压力。在坚硬岩层中,如果层理、节理裂隙切割具有不利的组合,将使部分岩体破裂而形成松动压力。

施工程序对松动压力的发展也有决定性的影响。爆破是引起岩层松动的主要原因,松动区的大小受钻孔布置、炸药种类和装药量的控制。在破碎岩层中,松动压力的大小决定于临时支护的种类。成洞后,及时进行支护,能够约束围岩的变形,则可以控制围岩进一步松动和破坏,从而减少围岩的变形和松动,使围岩松动压力减小。因此,对潜在围岩松动问题,设计与施工方案应以及时支护和防止松动区扩展为重点。

(2)塑性形变压力

当围岩二次应力状态超过岩体的极限强度时,洞室周围出现塑性区域或破坏区域,产生塑性变形。如果洞室周围的塑性区域扩展不大,随着洞室周边位移的出现,地层塑性区达到稳定平衡状态,围岩没有达到承载能力的极限值;但如果塑性区继续扩展,则必须采取支护措施约束地层变形,方能保持洞室围岩处于稳定状态,这时为了阻止地层变形,就会显现出塑性形变压力。显然如果地层最初处于弹性状态,成洞后的二次应力状态仍然保持弹性状态,那么围岩是稳定的,而且洞内不需要支护结构,围岩压力现象也就不会显现出来。因此,岩体重力和构造应力的作用所引起的围岩二次应力状态,才是产生塑性形变压力的原因。

允许围岩出现一定的塑性区,有利于发挥围岩的自承能力,从而减小支护工程的费用。但如果出现的塑性区过大,则围岩的变形破坏可能由形变压力转化为松动压力,使支护结构承受更大的压力。塑性形变压力不仅出现在洞顶和边墙,还可出现在洞底,具体出现部位主要受初始地应力场和隧道形状控制。因此,塑性形变压力支护设计的要点包括:围岩应力场环境分析和支护时机的把握。

(3)冲击压力

岩爆是围岩压力中的一种特殊现象,有时称为冲击地压。当岩石内部积聚了很大的弹性应变能,一旦遇到机械的扰动,该弹性应变能会突然猛烈地释放出来,形成岩爆。随着巨大的响声,岩片以极快的速度向洞室内飞散开来,岩片成透镜状或叶片状。因此,岩爆就是岩石被挤压到超过其弹性限度,岩体内积聚的能量突然释放所造成的岩石破坏现象。岩爆的发生常常造成矿井或洞室的破坏,并严重威胁施工人员和设备的安全。

产生岩爆的条件是存在高储能岩体和高围岩应力条件。从储聚弹性应变能的能力看,可将岩体分为弹性岩体、塑性岩体和弹塑性岩体,它们的储能特征见图 1-6。岩爆主要在弹性岩体中产生,有时也可以在弹塑性岩体中产生。

弹性应变能的大小和压应力的二次方成正比,而与弹性模量 E 成反比。一般情况下,在较

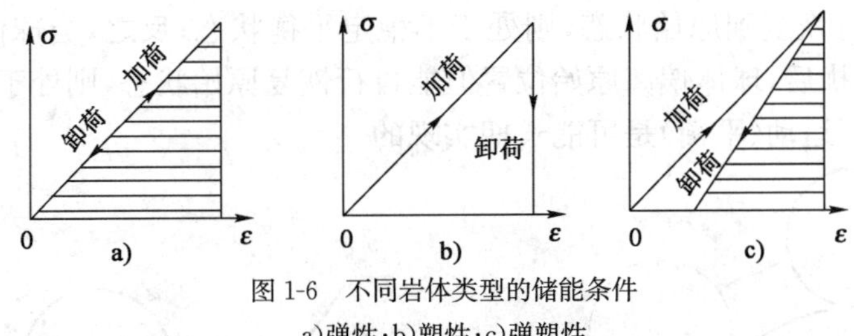

图 1-6　不同岩体类型的储能条件

a)弹性;b)塑性;c)弹塑性

深的地层中,且岩体比较坚硬完整,如花岗岩、片麻岩、闪长岩、辉绿岩、石灰岩、硬煤等,容易发生岩爆现象;在很软弱的岩石中,由于弹性变形能还不太大时便使岩石产生塑性变形,即不能积聚很大的应变能,所以很软弱的岩石中较少发生岩爆现象。大多数岩爆发生在工作面附近。

岩爆会影响施工安全。防治岩爆的方法主要有地应力解除、软化或预裂破坏缓和应力、短进尺多循环分部开挖、超前高压注水、岩面湿化和喷锚、挂钢筋网、采用防护罩装置以及在山体应力集中处进行小规模爆破转移应力等方法。在岩爆较为猛烈时,为防止飞石伤人,可在安全距离躲避一段时间,直到岩爆平静为止。

(4)膨胀压力

在黏土质页岩或凝灰岩之类的岩石中开挖洞室,无论是在地层的深部还是浅部,洞室围岩往往产生很大的变形,向洞内鼓胀,但不失其整体性,表现为顶板悬垂、两帮突出以及底板隆起,这就是膨胀现象。膨胀现象中最常见的是底鼓。例如,在泥质或煤质页岩中开挖的巷道,经常由于膨胀现象压坏支架,甚至使用各种方式加强的支架也发生破坏现象。由于围岩膨胀而产生的压力就是膨胀压力。

膨胀压力产生的原因主要是岩石本身的物理力学特性和地下水的影响。发生膨胀的岩石,绝大多数是含有黏土质且具有较大塑性的岩土,这种岩石的矿物颗粒一般很细小,呈鳞片状。在矿物颗粒之间满布相互贯连的毛细孔隙,因而具有很大的吸水能力。吸水以后,由于鳞片间毛细管的弯液面作用,使鳞片间距离变化或者位置改变,结果表现为体积膨胀。开挖巷道,由于岩体的原状结构有很大扰动,并且由于自由面的形成,改变了巷道附近地下水的运动规律,在压力差作用下,使地下水更容易向巷道空间渗透和运动。上述因素都增加了地下水的影响,因而巷道围岩就更容易造成膨胀现象。

膨胀压力产生过程往往较长,支护设计应采用先柔后刚,及时施作仰拱形成闭合结构,并做好防排水工作。

1.3　隧道围岩的平衡稳定问题

1.3.1　平衡概念

任何一个力学系统、物理系统以及工程技术中的某些系统,都存在运动(平衡)稳定性的问题:由于工程结构存在各种干扰作用,“不稳定”运动(平衡)是不能长期实现的,如火车脱轨、翻车,桥梁隧道结构破坏(如 1994 年美国塔科马悬索桥的动力失稳破坏;2007 年国内乌竹岭隧

道初期支护后突然坍塌等)。例如,当球体处于图 1-7 状态时,外界给予少许干扰后,球体偏离原始位置且无法自行恢复到原始状态,则处于不稳定平衡状态;反之,当球体处于图 1-8 状态时,外界给予少许干扰后,球体偏离原始位置但能自行恢复原始状态,则处于稳定平衡状态,而在实际问题中“稳定”运动(平衡)是可能长期实现的。

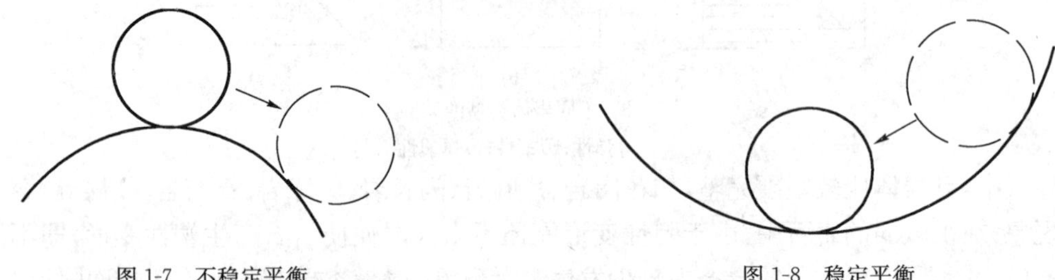

图 1-7　不稳定平衡　　图 1-8　稳定平衡

因此,在工程实践中应充分利用不稳定平衡概念解决隧道、边坡稳定等问题,并对学习和研究中只关注稳定平衡概念而忽视了不稳定平衡概念在工程实践中的应用的问题进行反思和重新认识。那么,隧道工程实践中如何应用平衡概念呢?如果周围相关环境处于稳定平衡状态,则隧道工程建设就较容易;如果周围相关环境处于不稳定平衡状态,则隧道工程建设就较难,甚至非常难。这时采用避绕不稳定平衡体或往里靠延长隧道使之处于稳定平衡状态,否则只能采用工程措施使隧道与周围相关环境共同作用以符合力学规律,特别是施工与支护过程中每个步骤或使用过程中每时段,隧道围岩和支护系统都必须满足三维力学平衡、三维力与变形协调和三维变形协调与稳定。

1.3.2　不稳定平衡工程事故分析

(1)国内某隧道坍塌事故

该隧道右洞为三车道单线隧道(图 1-9),K58+450～K58+490 段实际开挖时地质状况为灰色—灰紫色微风化凝灰岩,块状结构,局部碎裂状结构;有一条小断层,走向与隧道中轴线近平行,宽度为 10～20cm,倾向右边墙,断层带中充填少量泥质,受该断层影响,掌子面上和拱顶网格状节理裂隙发育,密集分布,岩石较破碎。

图 1-9　国内某隧道发生坍塌事故

实际支护情况：K58+442～K58+474 段设计为 II 级围岩，按 II 级围岩施工，无拱架、无仰拱；K58+474～K58+490 段原设计为 II 级围岩，后变更为 III 级围岩，采用 1.2m 间距格栅拱架支护，设有仰拱；K58+490～K58+510 段原设计为 II 级围岩，后变更为 IV 级围岩，采用大管棚超前支护，格栅拱架间距 0.5m，设仰拱。

隧道开挖完成并实施初衬后，隧道围岩的变形稳定，按照有关隧道围岩变形的收敛性判断准则，该隧道是处于稳定状态的。但在经历数月的稳定变形发展过程后，于 2007 年 5 月 4 日上午 5:40，隧道开始塌方，塌方共延续了三天，塌方初步稳定后，通过对塌方段观察，确定塌方范围为 K58+455～K58+490，洞顶的一缓倾节理及右侧一陡倾节理切割该缓倾节理，无明显滴水现象，滑塌范围从洞室左侧拱腰处一直延伸到右侧拱腰处，左侧缓倾节理与右侧陡倾节理相交处滑塌最严重，形成一个三角塌腔，深为 4～8m；塌腔周边和拱顶网格状节理裂隙发育，密集分布，岩石较破碎；通过冒落的岩石来看，岩石成块状，体积较大，节理面有少量泥质。塌方之后陆续有不同程度的掉块、坍塌现象，其中在 2007 年 7 月 8 日掉块较大，塌腔内一凸出的部位全部塌落，最大岩块体积约为 $18m^3$。目前，塌腔最大深度约 10m，洞内塌方体积约 2 $400m^3$。

塌方险情发生后，有关人员共同察看了现场，分析了塌方的原因，确定了临时加固措施，防止塌方进一步扩大。主要措施为：

①加强对塌方段观察，塌腔基本稳定后立即实施应急措施。

②加强监控量测，布点观测 K58+442～K58+458 段围岩变化。

③临时支护施工，K58+442～K58+451.5 段利用现有的格栅拱架作及时支护，间距 0.5m，共 19 榀；K58+451.5～K58+458 段采用 I20 工字钢拱架支护，间距 0.5m，共 12 榀；锚杆采用 5.5m 中空注浆锚杆，梅花形布置，纵横间距 2.0m×2.0m；必要时，拱架底部、顶部采用工字钢或钢管进行临时横向和竖向支撑。

拟订塌方处理方案：

①加强初期支护，改用 20 号工字钢间距 35cm 进行支护，工字钢之间纵向也用 I18 工字钢进行连接，使初期支护形成一个整体。

②加大二衬厚度，根据设计图纸，分别将 K58+442～K58+455 二衬调整为 50cm 厚的钢筋混凝土，K58+455～K58+474 为 80cm 厚的钢筋混凝土，K58+474～K58+490 为 90cm 厚的钢筋混凝土。

(2)国内某桥发生倾斜事故

事故专家组会议初步认定，三辆货车严重超载且行驶在同一桥跨上是造成该桥倾斜的重要原因。但从工程的角度看，显然这座桥两侧桥面的悬臂太长，桥墩支点的支撑面太小，而且处于弯道，受力极为复杂，属于不稳定平衡情况(图 1-10)。

(3)国内某隧道二次衬砌开裂和渗漏水

造成隧道二次衬砌开裂和渗漏水现象的实质是隧道较差围岩条件下初期支护较弱(柔性支护)，经不起围岩内部调整的干扰，其平衡状态是不稳定的。围岩内部应力调整的荷载增量转移至二次衬砌承担，而二次衬砌强度不足造成了二次衬砌开裂和渗漏水的现象(图 1-11)。

图 1-10　国内某桥发生倾斜事故

图 1-11　隧道二次衬砌开裂和渗漏水现象

a)、b)二次衬砌开裂;c)、d)隧道渗漏水

1.4　洞室围岩稳定经典历史工程实例

并非隧道开挖就会引起围岩破坏。事实证明,许多已建的地下洞室开挖后,即使没有任何支护也保持了长期的稳定,这充分说明围岩有一定的自承能力。从地道战时开挖的地道、龙游石窟、黄土高原窑洞等大量历史地下工程建设实例(图 1-12～图 1-21)中不难看出,只要选择合适的围岩环境,采取适当的开挖工艺和开挖顺序,选取合适的开挖断面,就能保持地下洞室的安全与稳定。

重庆钓鱼城蒙古军攻城地道，位于钓鱼城奇胜门以北约 150 m 处的山体中，纵横交错的

图 1-12　地道战开挖隧道示意图

地道宽约 1.5 m，高约 1.0 m，连接钓鱼城内外，主要由主通道、支道、竖井组成。专家发现，地道剖面呈倒“凸”字形(图 1-14)，这种形状既能节约工时和人力物力，又能够最大化地隐藏伏兵。地下凹进去的一部分可用于排水，而两边的土台可作为士兵休息的地方。

图 1-13　地道战开挖的地道

图 1-14　700 年前重庆钓鱼城蒙古军攻城地道

龙游石窟共 7 个石窟，各石窟紧挨着，排列工整，每个石窟均有石阶通向洞底(图 1-15)，石窟内的石柱根据洞的大小从 1 到 4 根不等(图 1-16)，其布局符合力学原理。洞与洞之间的间隔，有些仅为 50cm。令人惊异的是，这 7 个石窟的布局竟呈北斗七星的形状。在这 7 个石窟周边 1km 范围内，类似的石窟共有 24 个，而沿衢江北岸还分布着更多的石窟。显然，这是一个庞大的石窟群。各石窟均在岩体完整的厚层砂岩中开挖形成，其形状和布置均依据完整性好的厚层砂岩的分布而确定。

图 1-15　龙游石窟洞口形态

图 1-16　龙游石窟洞内形态

黄土高原的黄土质地均一、层理不显、富含钙质、具有一定的胶结力、不易崩塌。那些黄土高原自然直立的悬崖和土柱，即使经过风吹雨打，也能长期不倒、不塌。黄土的这些特点，正是建造窑洞的优势(图 1-17、图 1-18)，因此在黄土高原上修建的窑洞能保持其自身的长久稳定。

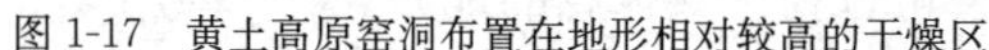

图 1-17 黄土高原窑洞布置在地形相对较高的干燥区

图 1-18 黄土高原窑洞

图 1-19 所示的郭良隧道，是在绝壁中凿出的一条高 5m、宽 4m，全长 1250 余米的石洞，似开有 30 多个“窗户”，从“窗户”往下看便是万丈深渊。由于岩体完整，无需衬砌，围岩稳定。

图 1-20 为田纳西州婆罗洲上的鹿洞(Deer Cave)。它是世界上已知的拥有最长洞穴通道的洞穴，其规模与乡间小路差不多。裸露的围岩具有长期的整体稳定性。

图 1-19 郭良隧道

图 1-20 田纳西州婆罗洲上的鹿洞

图 1-21 是神秘的土耳其“地下城”Cappadocia，地下城堡的房舍按用途规划为卧室、作坊、厨房、武器库、储物室、水井和墓地等。每一层的出入口都设有“机关”，洞口上方置一个大圆石轮，若有敌情，启动开关，石轮就会自动滚下，堵住进口。各层由梯子相连，并挖有数十条竖洞和外逃的秘密通道。每走一段，便会发现一个又深又高的长筒形洞，黑漆漆的不见头尾，但有一股股清风吹来。这便是换气孔，用以保持洞内空气新鲜。

通过对地道、龙游石窟、黄土高原窑洞等实例的分析可以看出，隧道结构设计、施工及养护全过程必须与周围相关环境共同作用，才符合力学规律(特别是结构强度、稳定、刚度等)；合理施工与养护工艺是保障隧道结构强度、稳定、刚度等的基础，特别是施工过程每一步隧道围岩和支护系统都必须满足三维力学平衡、三维力与变形协调和三维变形协调与稳定。

纵观历史工程实例,可以得出如下结论:虽然古代工匠没有学习过现代力学系统知识,但

图1-21　神秘土耳其“地下城”

是其经典历史工程的构思和建造全过程均与周围相关环境共同作用,符合现代力学知识,从而使这些工程经得住历史千百年的考验。如果某个过程不符合力学规律,则容易造成失效事故。古代工程少有痕迹也许是对其最好的说明。

第 2 章　隧道围岩稳定基本理念及其应用

2.1　隧道围岩稳定的基本理念

以前介绍现代工法(如新奥法、浅埋暗挖法等)和传统工法(如矿山法等)隧道设计理论和工法时,都是着重介绍各种隧道设计理论和工法的适用性和差异性(图 2-1),而较少介绍各种隧道设计理论和工法的内在联系和统一性(图 2-2),其实各种隧道设计理论和工法存在统一性和融合性。

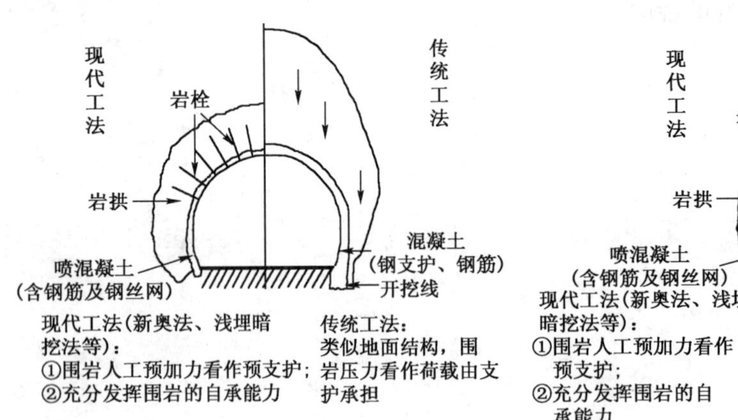

图 2-1　两大类隧道设计理论和工法比较

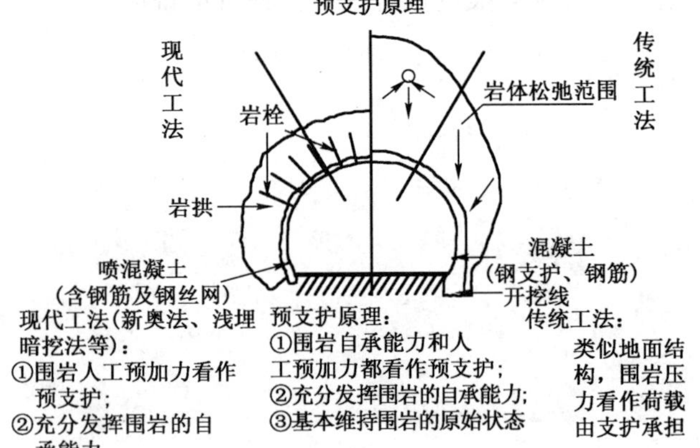

图 2-2　基本理念与各种隧道设计理论和工法的关系

通过对现代工法(如新奥法、浅埋暗挖法等)和传统工法(如矿山法等)的归纳提炼,可以得出隧道围岩稳定的基本理念,即"充分发挥围岩的自承能力",而实践中"基本维持围岩原始状态"更便于工程实践操作。

借鉴铁摩辛柯与莱昂哈特等工程力学专家把复杂工程问题转化为简单力学问题并注重结构构造的思想,只要隧道围岩与支护共同作用达到足够强大,才能形成稳定平衡体系,实现"基本维持围岩原始状态",从而达到"充分发挥围岩的自承能力"的目的。

把隧道围岩稳定的基本理念作为指导思想或校核条件,新奥法、浅埋暗挖法、挪威法、新意法等现代工法和矿山法传统工法,就是以不同的地质条件和结构形式为着眼点,解决隧道围岩稳定问题,并以实现"基本维持围岩原始状态"为目标,采取既有独立性又有统一性的手段或方法。这些手段或方法有其各自适用性与相互融合性,其变化和发展是随着问题复杂程度的变化而螺旋上升、与时俱进且永无止境的。因此,解决具体隧道围岩稳定问题只需遵循上述基本理念,根据围岩实际情况综合应用各种隧道工法的优势,解决实际问题。可见,遵循基本理念、科学实用融合与对症下药,才是根本目的。该问题的关键就是隧道"经济适用合理工法"要遵循基本理念,根据地质条件和结构形式选用合适手段辅助围岩,并与围岩共同发挥最大承载力，实现“基本维持围岩原始状态”，达到“充分发挥围岩的自承能力”的目的。

南京中山门隧道工程穿越古城墙大跨度隧道施工，采用注浆长管棚掩护下的“顶设导坑环形开挖法”的施工技术，将矿山法、新奥法、浅埋暗挖法有机地结合起来，最大限度地减少了围岩变形与拱顶的沉降量，城墙保存完好(图 2-3)。这就是遵循基本理念、科学实用融合与对症下药(具体问题具体分析)的成功应用实例。

图 2-3　南京中山门隧道

2.2　隧道预支护原理与相关理论及拓展

隧道围岩稳定的基本理念，即“充分发挥围岩的自承能力、基本维持围岩原始状态”，是解决隧道建设的指导思想问题，属战略层面。正确的思想要在工程实践中得到贯彻实施，需要从战略层面转化到战术层面直至战役或操作层面，隧道预支护原理等则是工程实现的技术方法，属战术(或相关制度和设计与施工技术标准)层面。所有适用的合理工法是工程实现的操作方法，属战役或操作(或具体项目设计与施工)层面，在特定参照系中，三者是不同层面的统一体。

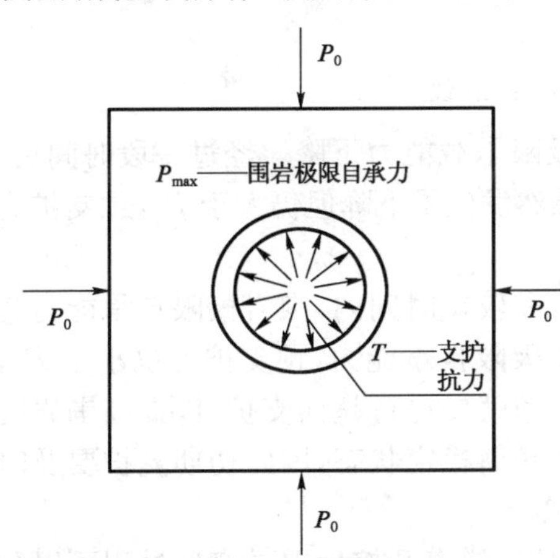

图 2-4　围岩与支护共同作用

隧道施工开挖形成新的临空面，导致洞周围岩在径向上产生应力释放，而远离隧道地层的应力状态并不发生变化。为不失一般性，考虑均匀初始地应力场，用 P_0 表示初始地应力，如图 2-4 所示。从静力学的原理可知，P_0 由“围岩—支护”结构体系的承载力来平衡。

定义围岩预支护力 F 等于“围岩—支护”结构体系的承载力，即

$$F = T + P_{max} \tag{2-1}$$

式中：F——预支护力；

T——支护抗力；

P_{max}——围岩极限自承能力。

因此，隧道预支护力不只是支护结构对围岩的作用力，而是由围岩结构的极限自承能力和支护结构直接对围岩提供的支护抗力共同组成的。围岩结构的自承能力可以通过采用预支护措施和合理开挖措施得到维持。

当预支护力大于使围岩发生过大变形或破坏的力时，隧道围岩是处于稳定平衡的，称之为隧道预支护原理。根据围岩稳定的一般原理，地应力是使围岩发生变形和破坏的根本动力，使围岩失稳的“力源”。因此，隧道预支护原理可进一步表述为：预支护力 F 要始终保持大于隧道施工前使原始岩体稳定保持平衡的原始内力 P_0，使围岩处于稳定平衡状态，即

$$F > P_0 \tag{2-2}$$

隧道预支护的核心就是保持动态平衡，使围岩达到稳定平衡状态。隧道在开挖前处于三维应力状态，围岩本身所具有的极限自承能力是大于原始内力的，围岩处于稳定平衡状态。隧

道开挖后，由于临空面的出现，围岩的应力状态发生了调整，径向应力降低，重力、水作用力、膨胀力、构造应力和工程偏应力等使围岩向隧道断面内移动；与此同时，围岩内部结构趋于恶化，导致围岩极限自承能力降低，如图 2-5 所示。开挖的过程就是对围岩加载的过程，围岩发挥的自承力是由二次应力状态所决定的，是导致围岩移动和破坏的荷载的反作用力。围岩的极限自承能力是围岩发挥自承力的上限值，既是空间的函数，也是时间的函数。

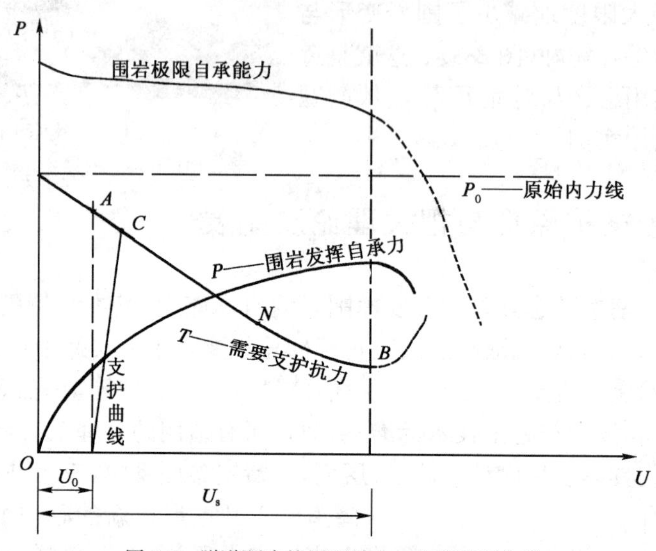

图 2-5 隧道预支护原理的力—位移特征曲线

对于围岩好的情况，隧道开挖后围岩发生了变形，极限承载能力下降。经过一段时间后，围岩内部结构调整完毕，变形收敛，围岩极限承载能力虽然发生了下降但仍大于 P_0，预支护力也大于 P_0，即 $F>P_0$，围岩处于稳定平衡状态。

对于围岩差的隧道，开挖后围岩处于加速变形阶段，在较短时间内，围岩极限自承能力急剧下降并小于 P_0。如果来不及施加支护，预支护力等于极限自承能力，预支护力也小于 P_0，即 $F<P_0$，短时间内围岩垮塌。这种情况下，在隧道开挖前就要进行超前支护，以提高围岩的极限自承能力。开挖后，围岩虽然没有垮塌，但仍处于不平衡稳定状态，因此初期支护要及时跟上，提高围岩的预支护力，使 $F>P_0$，围岩处于稳定平衡状态。

更具有广泛意义的是处于这两种极端情况之间的围岩，隧道开挖后围岩变形过程可以分为两个阶段：一个是形变压力阶段，另一个是松弛压力阶段。在形变压力阶段，围岩极限自承能力下降但仍大于 P_0，围岩发挥的自承力随变形增大而增大，围岩的自承能力得到了发挥，所以在隧道开挖完成初期，允许围岩发生一定的变形，并及时采用柔性支护。若采用高刚度的支护结构限制围岩变形，支护结构将承受较大的荷载。如果支护刚度过小或支护时机过晚，围岩变形发展到松弛压力阶段时，围岩进入松弛状态，其极限自承能力迅速下降并小于 P_0，预支护力也小于 P_0，即 $F<P_0$，则围岩垮塌。

二次支护合理时机的选择是隧道开挖后允许围岩有一定的变形，再进行支护，促使围岩从非稳定平衡状态向稳定平衡状态转变。这样可以发挥围岩的自承能力，减小支护刚度，进而降低造价。允许围岩变形量的大小可根据围岩级别、断面大小、埋置深度、施工方法和支护情况等，采用工程类比法预测，当无法预测时可依据《公路隧道设计规范》(JTG D70—2004)规定选用(表 2-1),并根据现场监控量测结果进行调整。

预留变形量(单位:mm)　　表 2-1

围岩类别	两车道隧道	三车道隧道	围岩类别	两车道隧道	三车道隧道
I	—	—	IV	50～80	80～120
II	—	10～50	V	80～120	100～150
III	20～50	50～80	VI	现场量测确定	

注:围岩破碎取大值,围岩完整取小值。

为了说明问题,现结合图 2-5 作进一步解释。隧道刚开挖完成,对于隧道围岩自稳能力好、围岩有一定的自承能力的情况,围岩和支护的刚度曲线交点 C(稳定点)应尽量靠近 N 点,使围岩所承受的荷载尽可能大,可采用柔性支护,释放部分原始应力(对应新奥法),并允许围岩发生少量的变形;对于隧道围岩自稳能力差、自承能力小的情况,围岩和支护的刚度曲线交点 C(稳定点)应尽量靠近 A 点,要采用刚性支护,控制围岩变形,使支护所承受的荷载尽可能大,实现保护围岩原始应力(对应浅埋暗挖法);其他情况则介于两者之间。隧道结构设计与施工人员必须熟悉隧道预支护原理,通过理论计算和工程类比法初步确定支护结构,然后采用信息量测修正支护结构变形和受力而达到较好效果。为了保持围岩的自承能力,在隧道施工过程中,要尽可能防止岩体松动,防止产生不利的应力条件,尽最大可能保持原始岩体强度。总之,不论哪种情况,预支护力 F 都要足够大,从而使隧道"基本维持围岩原始状态",达到"充分发挥围岩的自承能力"的目的。这就是隧道预支护原理的核心。

实际上预支护原理适用于一般性隧道工程问题,解释各种设计理论及其工法的统一性和适用性问题。而对于特殊环境隧道工程问题,除利用已有的太沙基理论、普氏理论及其他适用力学理论外,还需要进行适当的拓展。

(1)使围岩应力逐渐向深部转移

通过适当支护,使围岩应力逐渐向深部转移过程,减轻围岩表面应力与变形或破坏(图 2-6)。图 2-7 所示为一天然洞穴。该洞穴高 200m,宽 150m,符合利用围岩塑性变形使应力集中区向围岩深部转移的规律。

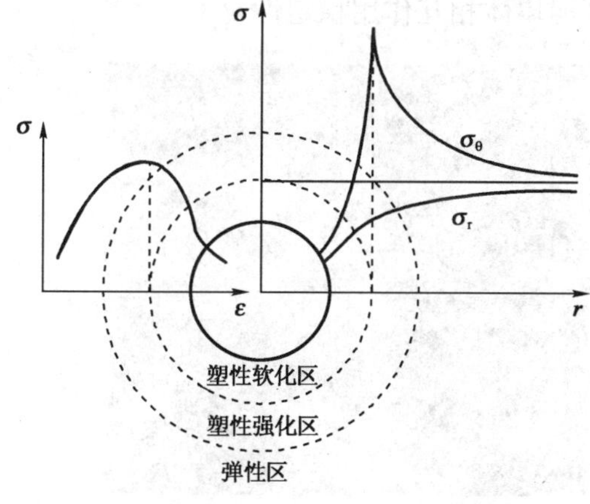

图 2-6　围岩分区与支护特征示意图

图 2-7　天然洞穴

(2)隧道围岩与支护系统共同作用平衡状态的转换过程

当隧道采用预支护而使围岩基本保持原始状态时,则有:

$$T_1\cos\alpha_1 + T_2\cos\alpha_2 + P = W \tag{2-3}$$

式中:T_1、T_2——围岩反力;

W——重力;

P——支护抗力(支护抗力 P 应尽可能小,符合支护能量最小原理的理念)。

破碎围岩等特殊地质隧道开挖后,自稳时间短,易形成冒落,通过施加预支护,预支护结构、初次支护和二次衬砌形成支护结构体系,共同承载。采用浅埋暗挖法或类似软土隧道盾构施工原理的预支护,可以防止松弛坍塌和产生“松弛压力”。但其机理与锚喷支护不同,可参照普氏理论和泰沙基理论进行设计。由于破碎等特殊地质围岩自稳能力差且伴有地下水的作用,为安全起见,不考虑围岩的内摩擦角 φ 和内聚力 c 值($c=0,\varphi=0$)的作用,仅考虑由于预支护而不产生有害松弛的围岩反力 T_1 和 T_2 的作用(图 2-8)。

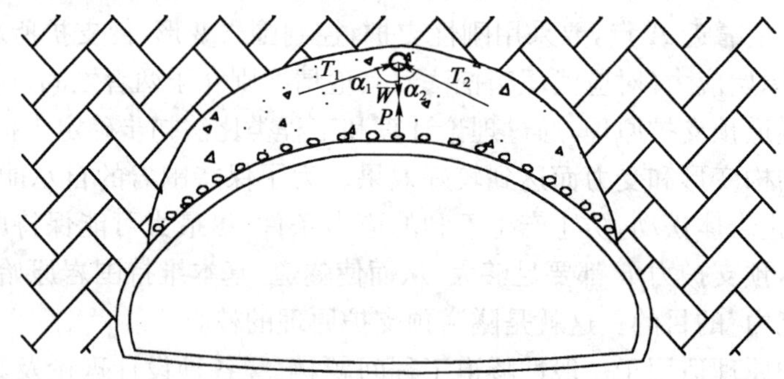

图 2-8 特殊地质围岩隧道预支护原理

当隧道围岩没有采用预支护而发生较大松弛或塌方时,则有:$P \geqslant W$。也就是说,对于破碎等特殊地质围岩,必须采用预支护技术,才能确保支护结构承受的围岩压力是形变压力而不是松弛压力。同时,施作预支护时,还必须考虑到预支护的刚度和施工后喷射混凝土的时间,即时空效应。这些因素都影响特殊地质围岩的变形,即影响围岩压力的大小和分布情况。因此,选取适当的预支护刚度和喷射混凝土的时间也是十分重要的。图 2-9 所示为特殊地质围岩隧道预支护原理实例——浙江黄岩富山大裂谷(崩塌体相互作用稳定性)。

图 2-9 特殊地质围岩隧道预支护原理实例——浙江黄岩富山大裂谷(崩塌体相互作用稳定性)

2.3 预支护应用分类

2.3.1 自承能力好的完整围岩

这种完整围岩自承能力比较大，可以提供维持围岩稳定所需要的承载力（图 2-10），即使不采取任何支护措施，围岩也能自稳。这类围岩隧道开挖允许围岩有一定的变形，因为一定的变形有利于围岩自承力的发挥，从而可以提供较小的支护力。为了节约建设成本，许多省道或县道采用开挖完毛洞或只作少量初喷混凝土，充分利用围岩的自承能力来维持洞室的稳定。图 2-11 就是很好的实例。另外，龙游石窟、西北黄土高原的窑洞、地道战时修建的地道等都属于这种情形。该情形类似于挪威法的硬岩＋喷锚等应用情况。

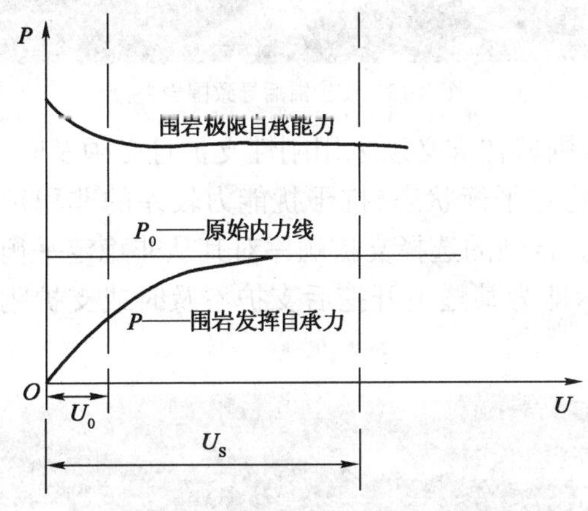

图 2-10　完整围岩的预支护原理曲线

图 2-11　开挖后完全能够自稳的例子

2.3.2 有一定自承能力的围岩

对有一定自承能力的围岩，其预支护原理的曲线如图 2-12 所示，围岩的自承能力初期大于原始内力 P_0。隧道开挖后，围岩不会立即松弛垮塌，围岩压力还处于形变压力阶段，围岩处于非稳定平衡状态。随着变形不地增大，围岩内部结构和应力状态在不断地调整，围岩的自承能力呈下降趋势而承载力不断增加，围岩的自承能力得到发挥。支护的目的就是要使围岩从非稳定平衡状态向稳定平衡状态转变，因此支护时机的选择非常重要。从图 2-12 中可以看出，如果支护过早，则不能充分发挥出围岩的自承能力，这时要使围岩从非稳定平衡状态向稳定平衡状态转变则需要的支护抗力就比较大；如果支护过迟，围岩压力由形变压力转换为松弛压力，围岩从非稳定平衡状态转化到失稳状态，围岩发生松弛，容易引起大面积坍塌。图 2-13 所示为某隧道中支护过迟所引起的塌落事故。

2.3.3 自承能力差的破碎围岩或软弱围岩

从图 2-14 曲线上可以看出，这种破碎围岩的自承能力相对较小，而且在洞室开挖后会迅速下降，围岩形变压力迅速转化为松弛压力，围岩很快进入松弛状态，即很快从非稳定平衡状态向失稳状态转化，所以要求开挖前提供预支护或超前支护，以改善围岩的原始状态提高自承能力。经过处理的隧道在开挖后围岩仍处于非稳定平衡状态，但其自承能力有了较大提高，不会瞬时垮塌，这为进行初期支护赢得了时间。此类围岩初支必须采用刚性支护且必须及时，另外隧道开挖后由于此类围岩是处于比较敏感的非稳定平衡状态(抗干扰能力较差的非稳定平衡状态)，初支顺序对其状态的改变是非常敏感的。合理的选择支护顺序对其从非稳定平衡状态向稳定平衡状态的转变非常重要。图 2-15 所示即为某隧道开挖后支护不及时或支护刚度不足所发生的破坏。

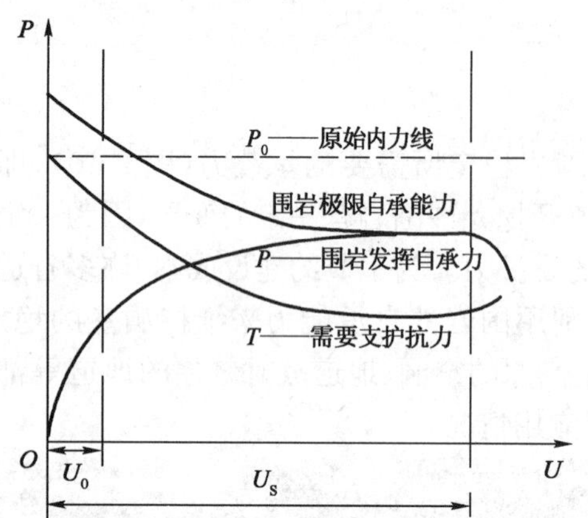

图 2-12　有一定自承能力围岩的预支护原理曲线

图 2-13　支护滞后导致围岩失稳

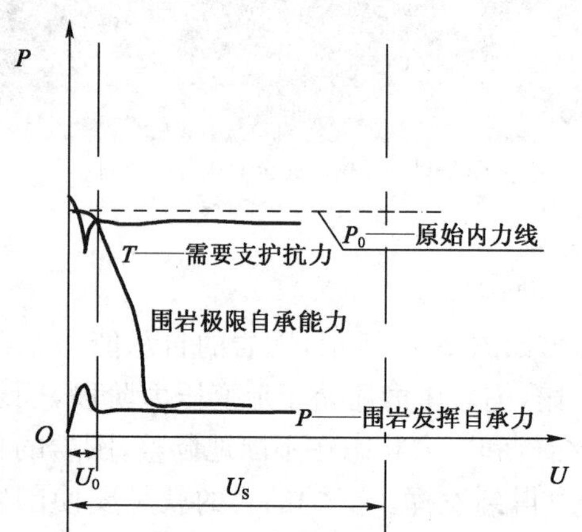

图 2-14　自承能力很差的围岩的预支护原理曲线

图 2-15　隧道开挖后洞室发生垮塌

根据预支护原理，在二次衬砌施加以前，初次支护与围岩共同组成承载体系，初次支护的承载力是预支护力的重要组成部分，起着重要的作用。如浅埋暗挖法要求初期支护是施工期间的承载结构，承受施工期间的主要荷载(土压力、部分水压力)。二次衬砌和初期支护共同承担永久荷载。

保持破碎围岩的初次支护强度同样十分重要。如乌竹岭隧道 III 级围岩洞段坍塌事故就是初次支护强度不足所致。该洞段采用了柔性支护结构形式，初次支护施加一段时间后喷射混凝土开裂[图 2-16a)]，再一段时间后突然坍塌[图 2-16b)]。这一工程实例说明，在软弱围岩中修建隧道时，设计时遵循“初次支护要强，承受部分水压和全部土荷载，而浅埋和海底隧道则承受全部水荷载和土荷载，二次模筑初砌作为安全储备”理念的合理性。

a)

b)

图2-16　初次支护破坏情况

a)初次支护开裂；b)坍塌

在Ⅳ、Ⅴ级破碎围岩条件下，分部开挖是大断面的隧道、连拱隧道、小净距隧道常用施工方法。如破碎围岩隧道施工时，围岩容易冒落，导致衬砌荷载显著增大。理论研究表明，通过分部开挖，缩小单次开挖断面，可以降低围岩应力集中程度，减少围岩吸收的变形能。实现开挖后，围岩在短时间内能够保持稳定，为施加支护创造了有利条件。

例如，排山隧道(26K＋600～26K＋978，长378m)、岳山隧道(27K＋110～27K＋715，长605m)，于1995年建成通车，为分离式双洞四车道隧道，大部分无衬砌支护，只有局部围岩破碎段和进出口设置一定长度的衬砌结构。经过13年的营运，隧道衬砌表面渗水现象严重，拱顶喷浆局部出现松散、崩落，围岩随着风化的加剧出现掉块、崩落现象。由于渗水量加大，裂缝明显扩张加剧，存在很大的安全隐患。近年来，两隧道均发生过不同程度的围岩掉块、喷浆脱落现象，见图2-17～图2-19。所幸多次掉石、掉块现象均未造成人员伤亡，经统计隧道掉块达20次之多。

图2-17　2006年10月排山北隧道二衬被击穿成大洞

图2-18　排山北隧道二衬加固修复对比情况

2.3.4　特殊环境隧道开挖问题

需要说明一点，预支护原理是针对一般性隧道工程问题而提出的，用以解释各种设计理论及其工法的统一性和适用性问题。对于特殊环境隧道工程问题，除利用已有的太沙基理论、普

图 2-19　2009 年 1 月 4 日岳山北隧道围岩掉落现场

氏理论及其他适用力学理论外，还需要适当拓展。下面以锦屏二级水电站引水隧洞等为例作简要说明。

锦屏二级水电站利用 150km 雅砻江锦屏大河湾的天然落差，裁弯取直开挖隧洞引水发电。电站具有世界上规模最大的水工隧洞，工程难度主要体现在 4 条长约 16.6km 引水隧洞的设计和施工上。引水隧洞开挖洞径 12m，衬砌后洞径 11m。隧洞一般埋深为 1 500～2 000m，最大埋深达 2 525m。即使不考虑构造应力影响，对于埋深达 2 525m 的洞段，仅上覆岩体自重应力就达到 68MPa。如果按弹性力学理论计算，即使仅考虑隧洞开挖引起 2 倍应力集中，洞壁围岩的最大应力就将达到 136MPa。引水隧洞围岩以大理岩为主，干抗压强度仅为 80～120MPa。因此，围岩应力将超过岩块的抗压强度，而岩体强度还远低于岩块的强度。同时，引水隧洞围岩中还存在超过 1 000m 的外水压力。因此，锦屏电站深埋长大引水隧洞开挖引起围岩较大范围的塑性破坏是在所难免的。针对超高的地应力场环境，允许围岩产生一定范围的塑性破坏是必然的选择。支护设计和施工控制的基本要求是：因势利导，控制塑性变形区域的扩展不出现有害的后果（图 1-1、图 2-6），利用围岩塑性变形降低围岩应力的集中程度，使应力集中区向围岩深部转移，有利于减小支护结构的受力水平（实际上日本探测船从海底钻探 7 000m 深地层就是如此）。或借鉴经典历史工程的构思和建造全过程均符合现代力学知识的做法。熔岩管洞穴（图 2-20）、贵州双河溶洞（目前已探明长度约 117km，由上百支洞和多条地下河构成）以及喀斯特溶洞均符合利用围岩塑性变形使应力集中区向围岩深部转移的规律。或借鉴图 2-8 的基本力学思路等。无论选用怎样的工法，一个共同的目标就是要用最经济的手段维持隧道围岩的稳定，保证洞室的安全施工，即在施工与养护过程中的每一步骤或使用过程中的每一时段，隧道围岩和支护系统都必须满足三维力学平衡、三维力与变形协调和三维变形协调与稳定。

图 2-20　熔岩管洞穴

2.4　自稳性好围岩的预支护原理应用

I、II、III 级硬质围岩及稳定性较好的Ⅳ级围岩，通常为完整程度较好的岩体。洞室开挖后，围岩的整体稳定性一般较好。在此种地质条件下开挖的隧道，由于岩体被各种结构面切割成各种类型的空间镶体，结构面强度成为围岩稳定性的关键因素。隧道开挖后，由于洞周临空，围岩中的某些块体在自重作用下向洞内滑移。此类围岩初期支护方法主要是锚喷支护，从而起到稳定围岩、控制围岩变形、防止围岩松弛和坍塌及产生"松弛压力"的作用。它与传统支护形式的差别在于，锚喷支护把围岩和支护结构组成一个统一的结构体系，通过加强围岩而实现充分利用围岩自身承载能力的目标。根据围岩地质情况的不同，锚喷支护设计理念可分为两种情况。

①对于 I、II、III 级硬质完整围岩，按《公路隧道设计规范》确定支护参数即可。

②对于稳定性一般的 II 级和 III 级其他硬质岩石及稳定性较好的Ⅳ级围岩，需采用围岩和支护相互作用理论进行稳定性分析。

2.4.1　完整硬质围岩

I、II、III 级硬质完整围岩属于预支护原理分析的第一种情况。隧道开挖后，围岩的自承能力大于原始地应力，围岩本身能够自稳。这时围岩的稳定性只需考虑局部掉块或岩爆，即由于洞周临空，暴露在临空面上的某些结构面强度较低的块体，失去了原始的静力平衡状态而成为关键块体。初期支护重点考虑关键块体的处理，这时采用的预支护技术是通过锚喷使关键块体成为稳定块体。关键块体判别的手段主要还是依靠工程技术人员的实践经验和现场直观判断能力以及现场监测手段。初期支护参数可依据《公路隧道设计规范》(JTG D70—2004)的规定(表 2-2、表 2-3)进行选择，不必进行围岩压力计算和支护参数设计。

两车道隧道复合衬砌的设计参数　　表 2-2

围岩级别	初期支护							二次衬砌厚度(cm)	
	喷射混凝土厚度(cm)		锚杆			钢筋网	钢架	拱、墙混凝土	仰拱混凝土
	拱部、边墙	仰拱	位置	长度(m)	间距(m)				
I	5	—	局部	2.0	—	—	—	30	—
II	5~8	—	局部	2.0~2.5	—	—	—	30	—
III	8~12	—	拱、墙	2.0~3.0	1.0~1.5	局部 @25×25	—	35	—

三车道隧道复合衬砌的设计参数　　表 2-3

围岩级别	初期支护							二次衬砌厚度(cm)	
	喷射混凝土厚度(cm)		锚杆			钢筋网	钢架	拱、墙混凝土	仰拱混凝土
	拱部、边墙	仰拱	位置	长度(m)	间距(m)				
I	8	—	局部	2.5	—	局部	—	35	—
II	8~10	—	局部	2.5~3.5	—	局部	—	40	—
III	10~15	—	拱、墙	3.0~3.5	1.0~1.5	拱、墙 @25×25	拱墙	45	45

注：有地下水时，可取大值；无地下水时，可取小值。采用钢架时，宜选用格栅钢架。

2.4.2 稳定性一般的 II 和 III 级硬质岩及稳定性较好的 IV 级围岩

稳定性一般的 II 和 III 级其他硬质岩石及稳定性较好的 IV 级围岩属于预支护原理分析的第二种情况。由图 2-6 可以看出，要避免围岩发生破坏，必须限制其变形的发展。这就需要在洞壁上施加一定的支护抗力，使围岩从非稳定平衡状态向稳定平衡状态转变。这时采用的预支护技术是通过柔性支护使 $F>P_0$，既允许围岩有一定的变形，又给围岩提供一定的支护抗力。柔性支护主要通过锚喷支护来实现，根据实际情况也可以采用与金属网、钢架等支护构件组合成锚喷网、锚喷架、锚喷架网等多种组合形式。由图 2-21、图 2-22 可以看出，理想的锚喷支护设计就是对应于 D 点的支护抗力 P_{min} 来维持围岩的稳定。通常支护设计应有一定的安全储备，支护特性曲线在 C 点处并选择围岩特征曲线相交。新奥法的成功之处就在于它能通过合理采用喷混凝土、锚杆支护方法，并选择适当的支护时机，使支护特性曲线在接近 P_{min} 处与围岩特性曲线相交，取得平衡，以充分发挥围岩的自承能力。而普通矿山法施工支护等传统支护，由于不能提供连续的支护抗力或无法选择适当的支护时机，因此不能在接近 P_{min} 处提供适宜的支护抗力。

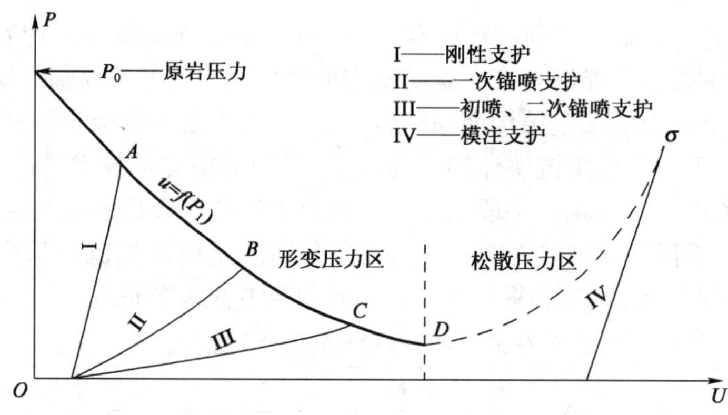

图 2-21 围岩位移支护特性曲线

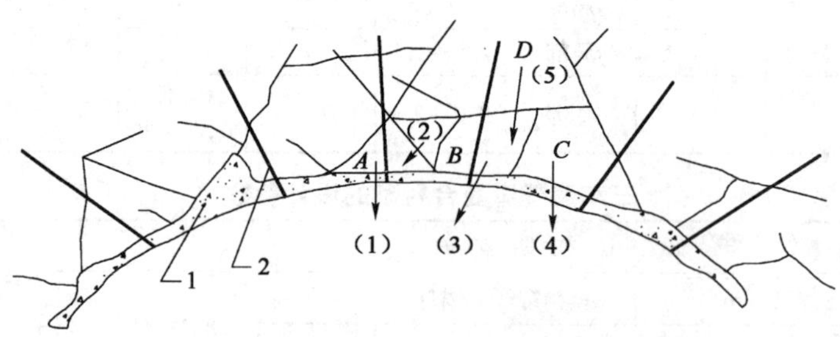

图 2-22 块状围岩锚喷支护原理示意图

1-喷射混凝土；2-砂浆锚杆；

注：数字(1)～(5)表示危石坍塌顺序，字母 A～C 表示危石块体。

柔性支护设计包括支护结构类型的选择和具体参数的确定，具体工程设计时要根据围岩岩性、断面大小、埋置深度、施工方法等因素进行围岩压力计算和结构强度验算，确保 $F>P_0$。

当计算有困难时，可以依据《公路隧道设计规范》(JTG D70—2004)的规定(表 2-4、表 2-5)进行选择。目前，锚喷支护已发展为一种复合支护形式，以锚杆和喷射混凝土为基础，与金属网、钢架等支护构件组合，出现了锚喷网、锚喷架、锚喷架网等多种组合形式，适用于不同的地质、断面和施工条件。锚喷支护与传统支护形式相比，具有多方面的技术优势，在隧道支护实践中应对其技术特点有清晰的了解，因地制宜、灵活、正确地运用这些特性，采取符合具体工程特点的支护方案，以实现基本维持围岩原始状态、发挥围岩自承能力，并最终实现围岩稳定的目的。锚喷支护的技术特点可归结为以下几个方面。

两车道隧道复合衬砌的设计参数　　表 2-4

围岩级别	初期支护							二次衬砌厚度(cm)	
	喷射混凝土厚度(cm)		锚杆			钢筋网	钢架	拱、墙混凝土	仰拱混凝土
	拱部、边墙	仰拱	位置	长度(m)	间距(m)				
II	5～8	—	局部	2.0～2.5	—	—	—	30	—
III	8～12	—	拱、墙	2.0～3.0	1.0～1.5	拱、墙 @25×25	—	35	—
IV	12～15	—	拱、墙	2.5～3.0	1.0～1.2	拱、墙 @25×25	拱、墙	35	35

三车道隧道复合衬砌的设计参数　　表 2-5

围岩级别	初期支护							二次衬砌厚度(cm)	
	喷射混凝土厚度(cm)		锚杆			钢筋网	钢架	拱、墙混凝土	仰拱混凝土
	拱部、边墙	仰拱	位置	长度(m)	间距(m)				
II	8～10	—	局部	2.5～3.5	—	局部	—	40	—
III	10～15	—	拱、墙	3.0～3.5	1.0～1.5	拱、墙 @25×25	拱、墙	45	45
IV	15～20	—	拱、墙	3.0～4.0	0.8～1.0	拱、墙 @20×20	拱、墙、仰拱	50，钢筋混凝土	50

注：有地下水时，可取大值；无地下水时，可取小值。采用钢架时，宜选用格栅钢架。

(1)及时性

由于锚喷支护工艺本身的原因，实施支护的时间较其他支护形式大大缩短，可以快速对围岩进行支护。这个特点对于基本维持围岩原始状态具有重要意义。隧道开挖后，围岩发生指向隧道断面的位移，发生位移的过程也是围岩结构不断恶化的过程，围岩自承能力随之下降，因此快速支护有利于控制围岩位移，进而控制围岩结构的恶化，是实现新奥法发挥围岩自承能力的基础。

(2)主动性

喷射混凝土将围岩连接成一个整体，使岩体之间互相牵制，而且由于其黏结力较大(可达7MPa)，岩体和喷射混凝土互相耦合，提高了围岩的强度，并协调变形。传统棚式支护往往与围岩间存在一定的空隙，支架处于被动抗压状态，围岩可发生一定量的“自由”变形，不利于维持围岩的原始状态。采用预应力锚杆和早强喷射混凝土技术可以对围岩施加主动的支护力，同时由于锚喷支护具有及时性，可实现对围岩的主动支护。

(3)增强性

锚杆深入围岩内部,受到围岩施加的剪力和拉力,锚杆对围岩具有反作用力,控制结构面的滑移和张开(扩容),使得围岩结构面得到强化。喷射混凝土射入围岩表面的裂隙,充填围岩凹穴,提高了围岩强度,同时减小了围岩表面的应力集中。鉴于锚喷支护的强化作用,目前在分析围岩稳定性时,常通过增大锚固区围岩的强度指标模拟其支护作用。

(4)柔韧性

锚喷支护属柔性支护,不能对围岩表面提供强大的径向支撑力,其支护的作用在于强化围岩,使锚喷支护与围岩成为"复合体"。"复合体"不仅实现自稳,而且对深部围岩实施支护。

(5)灵活性

锚喷支护的灵活性具有两方面的含意:一是支护参数可以根据地质情况灵活的调整;二是支护构件可以灵活组合,锚喷支护可以与金属网、钢架等构件进行组合。

(6)密封性

锚喷支护能及时封闭围岩表面,阻止围岩的潮解和风化,这对于控制围岩的膨胀和易风化岩层的强度损失具有重要作用。

2.5 浅埋自稳差围岩的预支护原理应用

2.5.1 浅埋预支护围岩特征曲线研究

2.5.1.1 围岩特性曲线法的基本原理

特征曲线法又称"收敛—约束"法。它是伴随着喷锚等柔性支护的应用和新奥法的发展,进一步解释围岩和支护相互动态作用过程的一种理论和方法。对于指导支护施工、保证隧道稳定和支护评价都发挥了重要作用,由于收敛—约束法的关键在于准确地掌握隧道围岩收敛曲线和支护约束线,因而如何合理模拟隧道支护反力与隧道周边径向位移的关系曲线,与地应力、围岩力学特性和隧道断面均有很大的关系。一般对收敛—约束法的研究基本分为现场实测、数值计算和解析方法。其中,现场实测围岩特性曲线是在某一隧道中安设不同刚度的支护,测出各种支护条件下隧道周边位移及该处支护压力的关系,然后根据支护各个时刻的位移与压力值绘出各支护的特性曲线,即得该时刻的围岩稳定特性曲线。然而,在同一隧道采用截然不同的支护结构的一般无法操作,同时某些支护的压力也很难直接量测出来,因而直接利用上述基本原理绘制巷道围岩特性曲线的方法难以实现。解析方法中,由于围岩特性曲线中只有圆形隧道才有解析解,对马蹄形隧道只能近似地将其转换成圆形,加上围岩原始数据、原始应力场、初始位移等的确定问题,使得在一般衬砌标准图设计中难以应用。因此,很多学者采用有限元、有限差分等方法对不同埋深、不同围岩级别下的隧道毛洞的围岩特征曲线进行了研究,得出各种情况下围岩特性曲线的变化规律,为特性曲线法在隧道衬砌设计中的应用奠定了一定的基础。但在浅埋破碎等大量节理发育的围岩中,节理的组成和走向往往会对实际围岩位移及支护力的关系产生极大的影响,利用离散单元法探讨节理围岩的特征曲线将对实际工程提供重要的参考。

2.5.1.2　离散元模型

(1) 计算模型

采用平面离散元对隧道围岩进行模拟分析。边界模拟四边均为单向约束。约束边至洞中心的距离为洞室平均半径的 3 倍以上。初始地应力仅考虑自重应力的影响，水平应力为垂直应力与侧压力系数的乘积。侧压力系数采用 0.5，视围岩为理想弹塑性材料，服从 Mohr-Coulomb 屈服准则。考虑两组节理分布，节理间距 1m。同时，因岩体较为破碎，计算中视未加固区域的围岩节理不承受拉应力。隧道按全断面开挖进行处理，即围岩衬砌单元沿开挖线划分，衬砌单元与围岩间考虑摩擦和刚度关系，两种单元共用一个相连节点。

(2)计算模拟的范围和依据

计算模拟断面形式及几何尺寸按隧道规范标准设计。分别对双线铁路隧道围岩复合衬砌断面进行计算模拟，不考虑隧道曲线加宽、开挖轮廓及支护的几何尺寸的变异性，计算隧道跨度 12m。

隧道地应力场为自重应力，不考虑构造应力影响。将埋深分别按 10 m、15m、20m、30m、60m 不同情况段来计算。围岩、节理及衬砌的物理力学指标见表 2-6～表 2-9。

围岩计算参数　　表 2-6

围岩区域	黏结力 c (MPa)	内摩擦角 φ(°)	变形模量 E (10^3MPa)	剪切模量 G (10^3MPa)	天然重度 γ ($kN \cdot m^{-3}$)
未加固区	20	35	2.3	1.6	2 500
加固区	50	35	3.8	2.7	2 500

节理计算参数　　表 2-7

节理区域	黏结力 c (MPa)	内摩擦角 φ(°)	变形模量 E (10^3MPa)	剪切模量 G (10^3MPa)	抗拉强度 (MPa)
未加固区	0	23	23	1.6	0
加固区	1.0	40	120	7	0.2

衬砌计算参数　　表 2-8

泊　松　比	天然重度 γ ($kN \cdot m^3$)	弹性模量 E (10^4MPa)	抗压屈服强度 (MPa)	抗拉屈服强度 (MPa)
0.2	2 500	3	23	2

衬砌围岩接触面计算参数　　表 2-9

黏结力 c (MPa)	摩擦角 φ (°)	法向刚度 (10^3MPa/m)	切向刚度 (10^3MPa/m)	抗拉屈服强度 (MPa)
1	45	2.0	2.0	1

采用离散元计算模型，模拟围岩考虑两组非对称相交节理。隧道跨度 13m，节理倾角 50°、120°两组，节理间距 1m。隧道衬砌采用结构单元模拟，共划分衬砌单元 120 个，模拟计算单元及节理划分、衬砌见图 2-23、图 2-24。加固区厚度 5m，分布在隧道拱顶 180°范围内，

如图 2-25所示。计算参数见表 2-7。

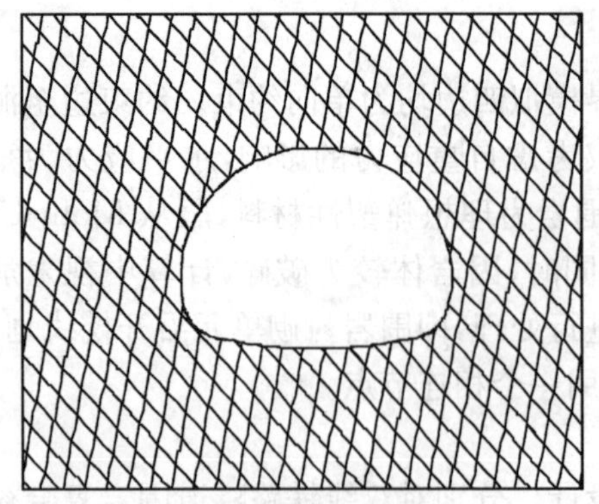

图 2-23　单元及节理划分

(块体尺寸:最小值＝1.795mm,最大值＝1.309m,平均值＝1.19m)

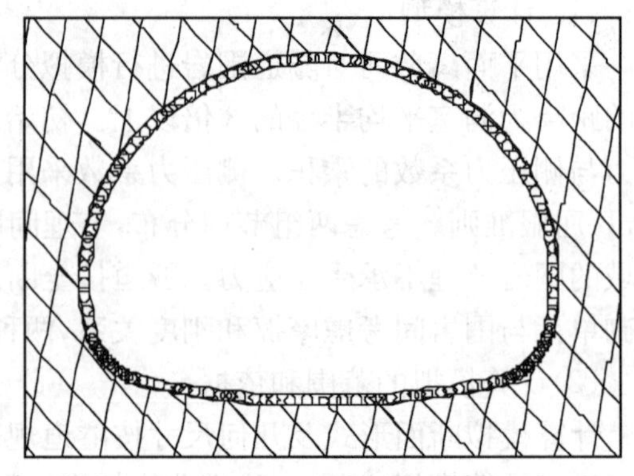

图 2-24　隧道衬砌(厚度 300mm)

2.5.1.3　离散元模拟结果分析

(1)有无预支护拱周应力分布对比

如图 2-26、图 2-27 所示,无预支护及衬砌时,由于隧道围岩比较破碎,易发生坍塌的现象。施加预支护及衬砌后,拱顶、拱底应力矢量均呈现环向走向,表明围岩内形成压力拱,拱结构显著提高了围岩的自承能力,保证了洞室的施工安全。拱结构形成的原因是,施加预支护后围岩结构面(节理)的强度指标得到提高,围岩块体间联系得到加强,相互作用力增大,从而促进了围岩压力拱的形成。

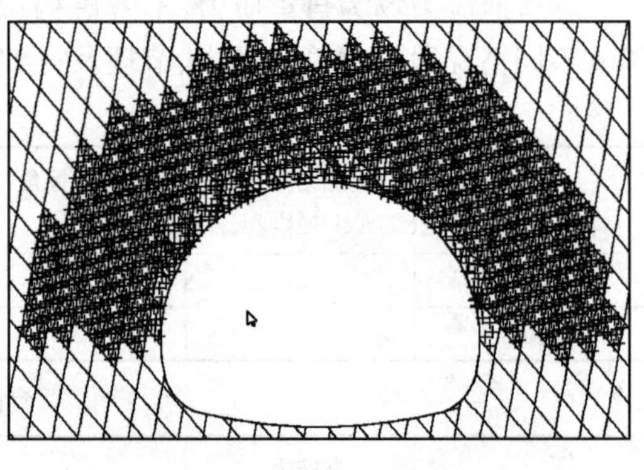

图 2-25　隧道围岩预加固范围

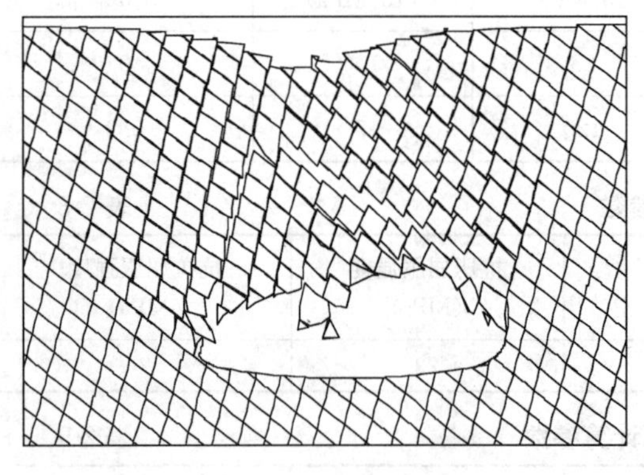

图 2-26　无预支护及衬砌时的坍塌结果

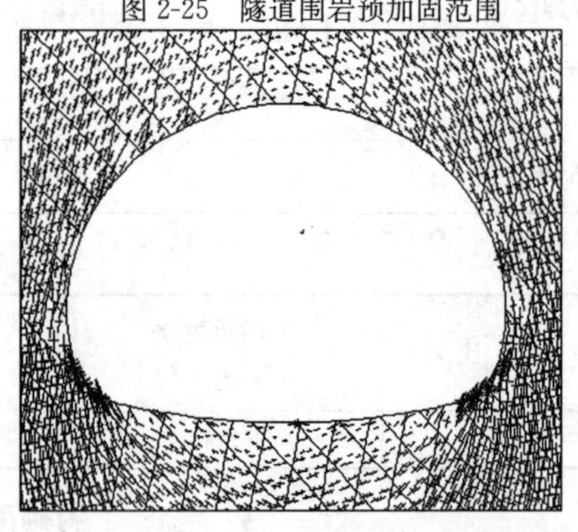

图 2-27　有预支护有衬砌时的拱周应力矢量

(拱周最大应力＝1.262×10^{6}Pa)

(2)支护结构内力分布

计算表明,衬砌轴力分布比较有规律,轴力分布比较均匀,在拱肩处轴力略大,如图 2-28 所示。弯矩分布如图 2-29 所示,弯矩分布出现波动现象,这与围岩块体间变形不连续有关,块体作用于衬砌荷载有局部集中现象。拱底弯矩以及拱墙相交处弯矩明显高于其他部位,可能导致这些部位衬砌开裂。

(3)浅埋破碎围岩无预支护情况的特性曲线分析

如前所述,围岩沿洞周的径向变形和洞室周边径向约束力之间的关系称为围岩收敛线(围岩特征曲线)。计算中不考虑围岩形成松动压力,同时假设块体为理想的弹塑性材料,围岩单元屈服后承载力保持不变,仅其变形不断增大,洞室衬砌的径向约束反力随洞室开挖、围岩原始地应力的逐渐释放而变化,隧道周边的径向变形不断增大,直至洞室周边围岩原始地应力全部释放。实际工程中,围岩出现一定的变形后,围岩块体间接触关系趋于恶化,围岩力学特性随之降低,从而加速围岩应力重分布在岩体自重作用下,将导致洞室周边围岩的松动失稳,因此要控制围岩产生过大的松动。

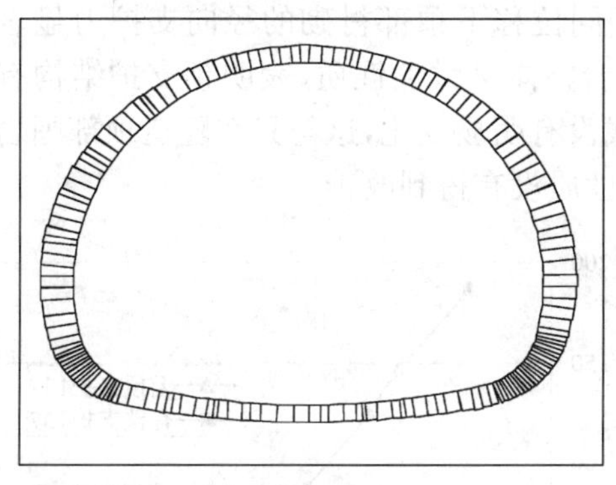

图 2-28　衬砌轴力分布

(衬砌轴力最大值＝1.294×10^6N)

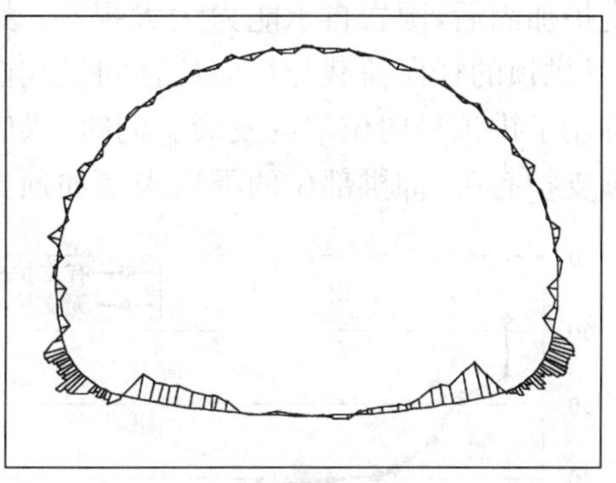

图 2-29　衬砌弯矩分布

(衬砌弯矩最大值＝3.516×10^4N・m)

10m 埋深情况下,在隧道拱顶取 4 个观测点(点 61、点 62、点 63、点 64)、拱底取两个观测点(点 136、点 137),得到无预支护时拱顶及拱底的围岩特征曲线,如图 2-30、图 2-31 所示。径向支护力与围岩径向位移间的关系曲线由直线和曲线段组成,随衬砌刚度的变化呈线性、非线性两个阶段。在支护刚度比较大(围岩位移较小)时,均呈近似线性变化,且由于隧道洞形和自重应力场的原因,拱顶处的径向支护力大于拱底。随支护刚度逐渐降低,围岩中应力重分布加剧,洞室周边的围岩由高刚度支护时的完全弹性状态逐步发展为弹塑性状态,塑性区不断扩大。围岩块体单元屈服区首先在洞周边墙部位发生和扩展,随后向深部扩展,并逐渐发展到拱部和底部。随着拱顶部塑性(松动)区域的扩大,塑性变形不断增大,导致围岩的有害松动,直至支护刚度过低,造成衬砌破坏,围岩最终失稳、坍塌。

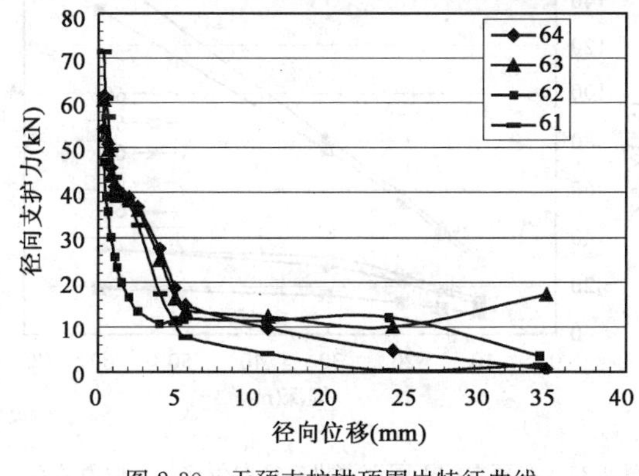

图 2-30　无预支护拱顶围岩特征曲线

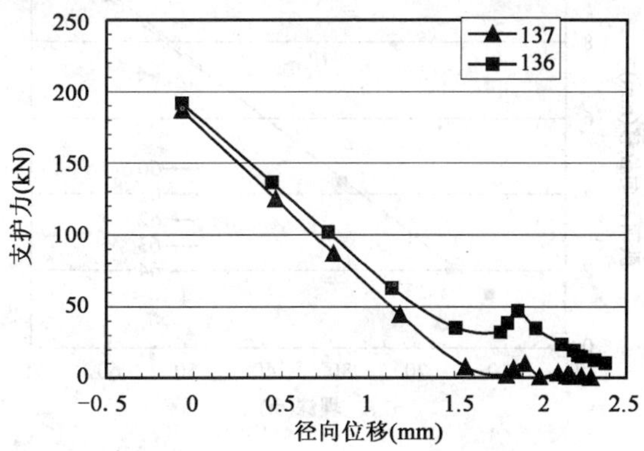

图 2-31　无预支护拱底围岩特征曲线

(4)浅埋破碎围岩有预支护情况的特性曲线分析

有无预支护情况下拱顶和拱底特征曲线如图 2-32、图 2-33 所示。由图可见，顶部围岩经预支护加固后，围岩自承能力大大提高，表现为在相同位移下顶部衬砌的径向支护力显著降低，且拱顶的径向荷载与径向位移间呈线性关系，围岩整体呈弹性性质，表明预支护结构有效地抑制了拱顶径向位移的发展。同时，拱底特征曲线没有明显变化，这与只在隧道顶部围岩施加预支护有关，仰拱部位的围岩未施加预支护，围岩性质没有得到改善。

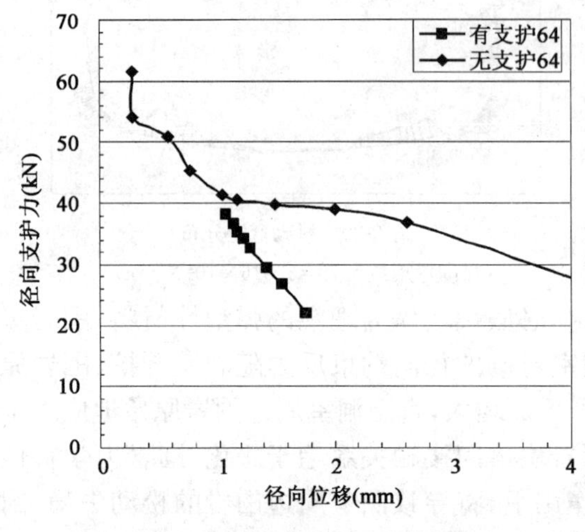

图 2-32　有无预支护拱顶围岩特征曲线比较

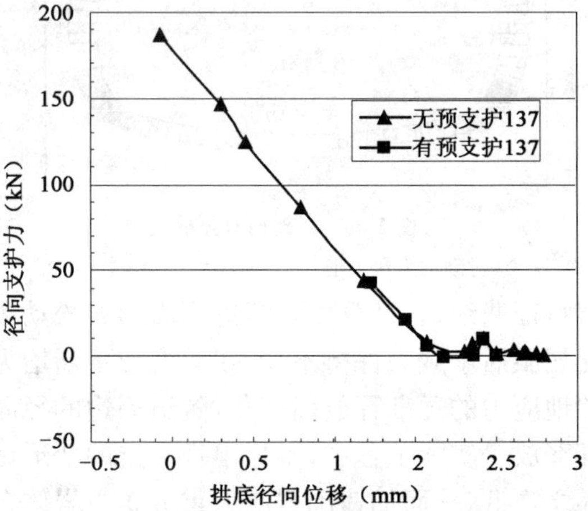

图 2-33　有无预支护拱底围岩特征曲线比较

(5)埋深对支护力和位移的影响

当埋深逐渐加大时，拱顶径向位移和支护力均随埋深呈线性增长，如图 2-34、图 2-35 所示。由图 2-34 可见，拱顶附近的块体位移随埋深增长趋势一致，在各级埋深时拱顶附近各点位移差别很小。由图 2-35 可见，拱顶各点受到的支护力随埋深增长趋势基本一致，但增长速率有明显差别，即增长速率呈一定的离散性。其原因与围岩是非连续介质、块体间位移不连续有关，由于块体位移不协调，导致某些块体(如 62 号、63 号)与围岩接触力大，有些块体(如 60 号、61 号、64 号)与围岩接触力增长速度较慢，甚至在一定埋深范围内不增长。

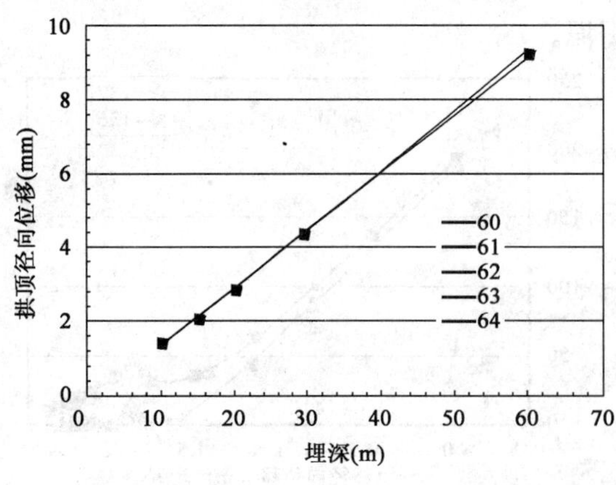

图 2-34　有预支护不同埋深拱顶径向位移与支护力关系

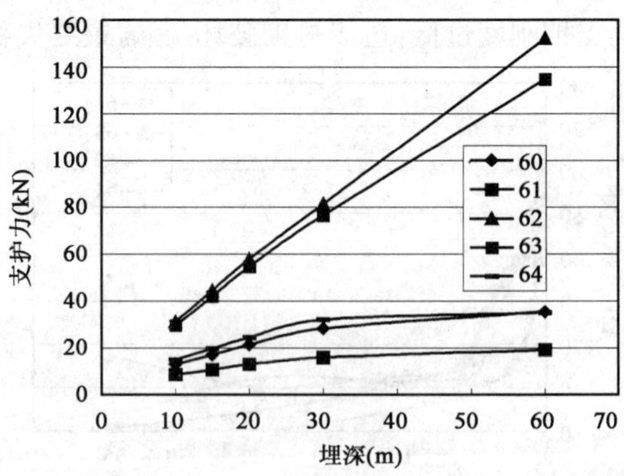

图 2-35　有预支护不同埋深拱底径向位移与支护力关系

2.5.1.4　预支护对围岩特征曲线影响的基本认识

①施加预支护后，可大大增加围岩的自承能力，使破碎浅埋围岩受力成拱，有效地降低衬砌受力负担，减小隧道变形。

②预支护明显改善了隧道拱顶的围岩特征曲线形态。当围岩未施加预支护且性质较差时，曲线呈发散的曲线形，即围岩有害松动明显，必须及时施作支护以保证围岩的稳定；当围岩性质经预支护有所提高后，围岩性质得到改善，约束了围岩的过分变形，充分发挥了围岩的承载潜力，使拱部围岩的特征收敛线基本呈直线形，围岩自身稳定，洞室拱顶径向位移明显降低。

③随着隧道埋深增大，地应力水平提高，围岩位移和支护力增高。围岩随着埋深的增大，围岩变形明显增大，拱顶、拱底支护力也呈增加趋势，但由于节理的影响，支护力的增长趋势也表现出比较明显的离散性。

2.5.2　浅埋预支护应用

表 2-10 为国内外大断面地下工程支护参数及开挖方法统计分析实例。为了便于归纳分析，将跨度划分为 10m、15m、20m，开挖面积分为小于 100m^2、约 140m^2 和大于 170m^2 三种近似情况。以开挖面为划分标准，第一种为大断面，后两种为超大断面，计算出的扁平率列于表中。通过分析表明：

国内外大断面地下工程支护参数及开挖方法统计分析　　表 2-10

围岩类别	II～III					
统计跨度	10m		15m		20m	
开挖面积	小于 100m^2		约 140m^2		大于 170m^2	
扁平率	0.6～0.72		0.49～0.68		0.52～0.64	
项目	已使用方案	推荐方案	已使用方案	推荐方案	已使用方案	推荐方案
施工方法	(1)上台阶法； (2)上台阶临时闭合法； (3)CD、CRD 法	深埋： (1)上台阶法； (2)CD、CRD 法。 浅埋： (1)CD、CRD 法； (2)上台阶临时闭合法	(1)上台阶法； (2)侧壁导坑法； (3)CD、CRD 法； (4)上台阶临时闭合法	深埋： (1)上台阶短台阶法； (2)CD、CRD 法。 浅埋： (1)CD、CRD 法； (2)侧壁导坑法	(1)上台阶短台阶法； (2)CD、CRD 法； (3)侧壁导坑法	深埋： (1)CD、CRD 法； (2)侧壁导坑法； (3)上台阶短、超短台阶法。 浅埋： (1)CD、CRD 法； (2)侧壁导坑法
喷混凝土(cm)	5～20	10～15	10～25	10～15	15～25	15～20
锚杆(m)/(环×纵)	2.5～3.0 /(1.5×1.2)	2.5 /(1.2×1.2)	2.5～3.5 /(1.0×1.0)	2.5 /(1.0×1.0)	3.0～4.05 /(1.0×1.0)	3.0 /(1.0×1.0)
钢支撑型号/间距(m)	H150/1.5	—	H200/1.5	—	H200/1.0	—
预支护	—	—	—	—	小导管注浆	小导管注浆
衬砌厚度(m)(拱部/仰拱)	(0.25～0.5) /(0～0.5)	(0.25～0.3) /(0.25～0.3)	(0.25～0.5) /(0～0.5)	(0.25～0.35) /(0.25～0.35)	(0.3～0.6) /(0.3～0.6)	(0.4～0.5) /(0.4～0.5)

续上表

围岩类别	IV～V					
统计跨度	10m		15m		20m	
开挖面积	小于 $100m^2$		约 $140m^2$		大于 $170m^2$	
扁平率	0.69～0.89		0.62～0.76		0.60～0.72	
项目	已使用方案	推荐方案	已使用方案	推荐方案	已使用方案	推荐方案
施工方法	(1)上台阶法(短、超短台阶法)；(2)侧壁导坑法；(3)CD、CRD法	深埋：(1)短台阶法。(2)CD、CRD法；(3)侧壁导坑法。浅埋：(1)CD、CRD法；(2)上台阶临时闭合法	(1)上台阶法(短、超短台阶法)；(2)侧壁导坑法；(3)CD、CRD法；(4)上台阶临时闭合法	深埋：(1)上台阶临时闭合法(2)CD、CRD法(3)侧壁导坑法。浅埋：(1)CD、CRD法；(2)侧壁导坑法	(1)上台阶临时闭合短、超短台阶法；(2)CD、CRD法；(3)侧壁导坑法	深埋：(1)CD、CRD法；(2)侧壁导坑法；(3)超短台阶临时闭合法。浅埋：(1)CD、CRD法；(2)侧壁导坑法
喷混凝土(cm)	10～25	15～20	15～30	20	15～35	25
锚杆(m)/(环×纵)	2.5～3.5/(1.0×1.0)	3.0/(1.0×1.0)	3～6/(0.8×1)	3.5/(0.8×0.8)	4.5～6.5/(1.0×0.8)	4.5/(1.0×1.0)
钢支撑型号/间距(m)	H250/1.5	用格栅替换	H250/1.0	用格栅替换	H250/0.8	用格栅替换
预支护	小导管注浆，管棚	小导管注浆，管棚	小导管注浆，管棚，基脚注浆，旋喷导管	小导管注浆，管棚，基脚注浆，旋喷导管	小导管注浆，管棚，基脚注浆，旋喷导管，顶衬砌	小导管注浆，管棚，基脚注浆，旋喷导管，顶衬砌
衬砌厚度(m)(拱部/仰拱)	(0.3～0.5)/(0.3～0.6)	0.4/0.4	(0.4～1)/(0.4～1)	0.4/0.5	(0.4～2)/(0.4～2)	0.6/0.7

①扁平率随跨度增加而减小，说明设计者在设计时要兼顾净空高度和经济合理性要求。在跨度加大时，若以加强初期支护和衬砌厚度来减少开挖面积比较经济时，说明是合理的。这也说明研究扁平率是个经济问题。

②由于在施工中，软岩相对硬岩拱顶稳定性较差，两侧壁松弛压力和底鼓较大，所以在设计时应考虑采取相对较小的曲率半径。

③隧道扁平率越小，衬砌轴力越小，而衬砌两侧的负弯矩越大，拱顶的正弯矩几乎不变。这说明衬砌两侧的应力也增大了，因此加大衬砌的两侧厚度有利于控制隧道衬砌应力。

④使用长锚杆、基脚和拱脚注浆锚杆等加强初期支护的措施，有利于加固围岩，防止围岩松弛变形，保证施工安全。

⑤在工序上对于Ⅱ级及其以下围岩均先设仰拱，以便及时封闭和稳定整个结构。

另外，超前锚杆设计、小导管注浆设计、管棚设计等可参考王梦恕院士的著作《地下工程浅埋暗挖技术通论》相关内容。

在浅埋地段修建隧道时，往往受周围环境等因素限制，必须采用暗挖法施工。浅埋暗挖法是一种综合施工技术，其特点是在开挖过程中采用多种预支护施工措施加固围岩，合理调动围岩的自承能力，开挖后及时支护，封闭成环，使其与围岩共同作用用形成联合支护体系，有效地抑制围岩过大变形。

采用浅埋暗挖法施工时，常见的典型施工方法是正台阶法以及适用于特殊地层条件的其他施工方法，如全断面法、单侧壁导坑超前正台阶法、双侧壁导坑正台阶法(眼睛工法)、中隔墙法等。施工方法见表 2-11。

浅埋暗挖法修建隧道及地下工程主要开挖方法　　表 2-11

施工方法	示意图	重要指标比较					
		适用条件	沉降	工期	防水	一次支护拆除量	造价
全断面法		地层好 跨度≤8m	一般	最短	好	无	低
正台阶法		地层较差 跨度≤12m	一般	短	好	无	低
上半断面临时封闭正台阶法	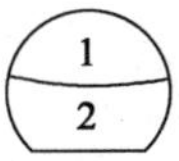	地层差 跨度≤12m	一般	短	好	小	低
正台阶环形开挖法		地层差 跨度≤12m	一般	短	好	无	低
单侧壁导坑正台阶法		地层差 跨度≤14m	较大	较短	好	小	低
中隔墙法(CD 法)		地层差 跨度≤18m	较大	较短	好	小	偏高
交叉中隔墙法(CRD 法)	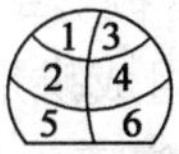	地层差 跨度≤20m	较小	长	好	大	高
双侧壁导坑法(眼睛工法)	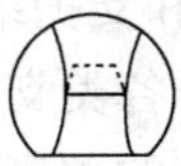	小跨度，连续使用可扩成大跨度	大	长	效果差	大	高
中洞法	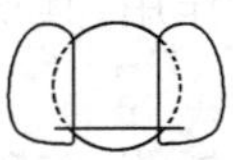	小跨度，连续使用可扩成大跨度	小	长	效果差	大	较高
侧洞法	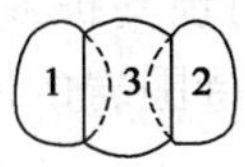	小跨度，连续使用可扩成大跨度	大	长	效果差	大	高
柱洞法		多层多跨	大	长	效果差	大	高
盖挖逆筑法		多跨	小	短	效果好	小	低

应当引起注意的是，浅埋暗挖工程是在应力岩(土)体中开拓的地下空间施工。在选择施工方法时，应当根据具体地下工程的各方面条件综合考虑，选择最经济、最理想的设计和施工方案，或将多种方案综合应用。因此，这个过程也是一个受多因素影响的动态的择优过程。

浅埋暗挖工程施工中，应根据不同的围岩工程地质条件、水文地质条件、工程建筑要求、机具设备、施工技术条件、施工技术水平、施工经验等多种因素，选择一种或多种行之有效的施工方法。当围岩较稳定且岩体较坚硬时，施工往往先开挖隧道坑道断面，然后修筑支护结构，并且在有条件时可以争取一次把全断面挖成。衬砌修筑也可以先修筑边墙，之后再修筑拱圈，即为采用先墙后拱法施工。当围岩稳定性较差时，则需要随开挖随支撑，防止围岩变形及产生坍塌。开挖坑道后，及时修筑永久性支护结构，尤其是坑道开挖的顶部，一般在上部断面挖成后先修筑拱圈，在拱圈的保护下再开挖坑道下部断面，即称为先拱后墙法。总之，在选择施工方法时，要根据各种因素并结合地质条件变化的实际情况，采取有效的施工方法。

2.6 深埋自稳性差的围岩预支护原理应用

2.6.1 概述

深埋破碎围岩自稳性差，特别是拱部围岩，围岩自稳时间很短或基本没有自稳时间，在隧道施工失去支承后极易发生坍落，形成工程事故。如何在此类围岩中安全经济地施工隧道，一直是工程界关注的问题。

工程实践表明，通过在破碎围岩中实施预支护，围岩在发生位移之前即受到维护，施工暴露出的围岩是经过改造强化的岩体，围岩自承能力得到提高，在一定时间内实现围岩自稳，为进一步施加支护和衬砌创造了条件。预支护结构中的锚杆、小导管、管棚、插板等金属构件与周围的注浆体或岩土体共同组成沿隧道纵向的构件，在断面内各构件组成拱形的连续壳体，壳体承担上方破碎围岩的自重，起到支护作用。这里所说的预支护是指隧道工程中常提到的超前支护，不同于第3章中提到的预支护。预支护原理阐述了隧道围岩和支护结构的作用机理。预支护是广义的支护理念，涵盖了超前支护、初期支护以及二次支护等各类支护结构。预支护包含超前支护，因此它不等同于超前支护。可以说，超前支护是狭义上的预支护。本章的研究对象主要是深埋破碎围岩，重点强调其超前支护(即狭义的预支护)的作用，其初期支护结构在此不再阐述。

根据岩体力学理论，单向应力状态下岩石破坏消耗的能量是必要耗能，工程中实际耗能远大于该能量。因此，对于稳定性较差的III、IV、V级破碎围岩，应采用预支护或分步施工并及时支护。施工时要采用弱爆破，应尽可能减轻对围岩的扰动，基本维持围岩的原始状态，从而达到维持围岩稳定的目的。

对稳定性较差的III、IV、V级围岩，下导洞适度超前预支护全断面施工方法是一种行之有效的技术，取得了良好的技术经济效益。此外，根据破碎围岩类型采取不同的预支护方案，也是下导洞适度超前全断面施工方法的前提。常用的预支护方案有以下几种：

①对于Ⅳ级围岩稳定性较好的硬岩，可用超前锚杆和超前小导管注浆配合格栅拱预支护，才能进行下导洞适度超前全断面施工作业。

②对于Ⅳ、Ⅴ级围岩稳定性较好的软岩，可用超前短管棚（小钢管）或插板配合钢拱架预支护，才能进行下导洞适度超前全断面施工作业。

③对于Ⅳ、Ⅴ级围岩稳定性较差的软岩，可用超前长管棚或插板配合钢拱架预支护，才能进行下导洞适度超前全断面施工作业。

④对于下述特殊情况宜采用刚性支护（背板法）或改良地层后，才能进行下导洞适度超前全断面施工作业。

a. 未胶结的松散岩体或人工堆积碎石土；

b. 浅埋但不宜明挖地段；

c. 膨胀性岩体或含有膨胀因子、节理发育、较松散岩体；

d. 地下水活动较强，造成大面积淋水地段。

对于上述 4 类不良地质条件的隧道开挖，不宜直接使用锚喷支护，而宜采用浅埋暗挖法或类似软土隧道盾构施工原理的刚性支护，如采用超前管棚、小钢管或插板、钢拱架和喷混凝土的联合支护体系或改良地层的办法加固围岩。尽可能减少和约束围岩的不利变形，以充分调动和保护围岩的自承能力。

鉴于隧道工程的特点，即与地质关系密切，动态设计、理论偏于定性指导和设计仍以工程类比法为主等，选择设计和施工方法时，采用什么理论和方法并不重要，而应根据具体工程的各方面综合条件，选用经济合理的设计和施工方案，甚至是多种方法的综合运用。其目的是在必要时采取预支护措施加固围岩，以减少和约束围岩的不利变形，尽可能保持围岩原始状态，充分保护和调动围岩的自承能力。

破碎围岩隧道的特点是围岩整体性差、强度低，围岩所能吸收的变形能很低，开挖后自稳时间短，易形成塌落。通过施加预支护，预支护结构、初次支护和二次衬砌形成支护结构体系，共同承载。采用浅埋暗挖法或类似软土隧道盾构施工原理的预支护，可以防止松弛坍塌和产生“松弛压力”。但其机理与锚喷支护不同，可参照普氏理论和泰沙基理论进行设计。因此，选取适当的预支护刚度和喷射混凝土的时间也是十分重要的。

在Ⅳ、Ⅴ级破碎围岩条件下，分部开挖是大断面的隧道、连拱隧道、小净距隧道常用的施工方法。如前述破碎围岩隧道施工时，围岩所能吸收的变形能很低，围岩容易塌落，导致衬砌荷载显著增大。理论研究表明，通过分部开挖，缩小单次开挖断面，可以降低围岩应力集中程度，减少围岩吸收的变形能，实现开挖后围岩在短时间内保持稳定，为施加支护创造有利条件。

2.6.2　钢拱架的受力分析和支护形式的确定

2.6.2.1　钢拱架的受力分析

在隧道的建设过程中，破碎岩体的分布位置往往是随机的，可能出现在洞顶，也有可能出现在两侧壁上。对洞顶和两侧壁均有破碎岩体的复杂情况进行简化，按荷载垂直作用在钢拱架边界上，得到如图 2-36 所示的钢拱架受力简图。

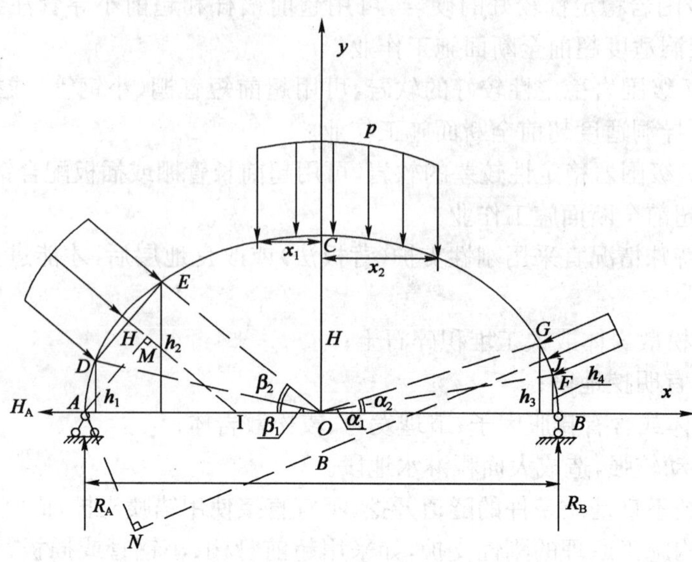

图 2-36　洞顶和两侧壁均有破碎岩体时钢拱架的受力图

建立如图 2-36 所示的坐标系，得到隧道轮廓的曲线方程为：

$$\frac{x^2}{(\frac{B}{2})^2}+\frac{y^2}{H^2}=1$$

从曲线方程中可以求出：

$$x=\pm\frac{B}{2H}\sqrt{H^2-y^2} \tag{2-4}$$

将 D、E、F、G 的纵坐标代入上式，可以分别得到各个点的坐标为：

$D(-\frac{B}{2H}\sqrt{H^2-h_1^2},h_1)$；　　$E(-\frac{B}{2H}\sqrt{H^2-h_2^2},h_2)$；

$F(\frac{B}{2H}\sqrt{H^2-h_3^2},h_3)$；　　$G(\frac{B}{2H}\sqrt{H^2-h_4^2},h_4)$

根据两点间的距离公式，得：

$$\begin{aligned}\overline{DE}&=\sqrt{\left(-\frac{B}{2H}\sqrt{H^2-h_2^2}+\frac{B}{2H}\sqrt{H^2-h_1^2}\right)^2+(h_2-h_1)^2}\\&=\sqrt{\frac{B^2}{4H^2}(\sqrt{H^2-h_1^2}-\sqrt{H^2-h_2^2})^2+(h_2-h_1)^2}\end{aligned} \tag{2-5}$$

$$\overline{FG}=\sqrt{\frac{B^2}{4H^2}(\sqrt{H^2-h_4^2}-\sqrt{H^2-h_3^2})^2+(h_4-h_3)^2} \tag{2-6}$$

将隧道曲线转换为极坐标方程：

$$\begin{cases} x=\dfrac{B}{2}\cos\alpha \\ y=H\sin\alpha \end{cases} \tag{2-7}$$

将 F 点坐标代入上式，可以得到：

$$\alpha_1 = \arcsin\frac{h_4}{H} \tag{2-8}$$

同理可以得到：

$$\alpha_2 = \arcsin\frac{h_3}{H};\beta_1 = \arcsin\frac{h_1}{H};\beta_2 = \arcsin\frac{h_2}{H} \tag{2-9}$$

弧长 $\widehat{FG} = s_1$

$$= \int_{\alpha_1}^{\alpha_2}\sqrt{\left(\frac{B}{2}\sin\alpha\right)^2 + (H\cos\alpha)^2}d_\alpha = \int_{\arcsin\frac{h_4}{H}}^{\arcsin\frac{h_3}{H}}\sqrt{\left(\frac{B}{2}\sin\alpha\right)^2 + (H\cos\alpha)^2}d_\alpha \tag{2-10}$$

弧长 $\widehat{DE} = s_2$

$$= \int_{\beta_1}^{\beta_2}\sqrt{\left(\frac{B}{2}\sin\alpha\right)^2 + (H\cos\alpha)^2}d_\alpha = \int_{\arcsin\frac{h_1}{H}}^{\arcsin\frac{h_2}{H}}\sqrt{\left(\frac{B}{2}\sin\alpha\right)^2 + (H\cos\alpha)^2}d_\alpha \tag{2-11}$$

根据水平方向受力平衡，得到：

$$p \cdot s_1 \cdot \frac{h_2 - h_1}{\overline{DE}} - H_A - p \cdot s_2 \cdot \frac{h_2 - h_1}{\overline{FG}} = 0 \tag{2-12}$$

解上式，得到：
$$H_A = p\left(\frac{s_1}{\overline{DE}} - \frac{s_2}{\overline{FG}}\right)(h_2 - h_1) \tag{2-13}$$

将式(2-5)、式(2-6)、式(2-10)、式(2-11)代入上式，可以得到：

$$H_A = p(h_2 - h_1) \cdot \left(\frac{\int_{\arcsin\frac{h_4}{H}}^{\arcsin\frac{h_3}{H}}\sqrt{\left(\frac{B}{2}\sin\alpha\right)^2 + (H\cos\alpha)^2}d_\alpha}{\sqrt{\frac{B^2}{4H^2}\left(\sqrt{H^2-h_1^2}-\sqrt{H^2-h_2^2}\right)^2 + (h_2-h_1)^2}} - \frac{\int_{\arcsin\frac{h_1}{H}}^{\arcsin\frac{h_2}{H}}\sqrt{\left(\frac{B}{2}\sin\alpha\right)^2 + (H\cos\alpha)^2}d_\alpha}{\sqrt{\frac{B^2}{4H^2}\left(\sqrt{H^2-h_4^2}-\sqrt{H^2-h_3^2}\right)^2 + (h_4-h_3)^2}}\right) \tag{2-14}$$

根据竖向受力平衡，得：

$$R_A + R_B - p(x_1 + x_2) - ps_1\frac{\frac{B}{2H}\left(\sqrt{H^2-h_1^2}-\sqrt{H^2-h_2^2}\right)}{\overline{DE}} - ps_2\frac{\frac{B}{2H}\left(\sqrt{H^2-h_4^2}-\sqrt{H^2-h_3^2}\right)}{\overline{FG}} = 0 \tag{2-15}$$

线段 DE 的中点 H 坐标为 $\left(\frac{x_D + x_E}{2}, \frac{y_D + y_E}{2}\right)$

将 D、E 点的坐标代入，得 H 点坐标为 $\left[-\frac{B}{4H}\left(\sqrt{H^2-h_1^2}+\sqrt{H^2-h_2^2}\right), \frac{h_1+h_2}{2}\right]$

即 $x_H = -\frac{B}{4H}\left(\sqrt{H^2-h_1^2}+\sqrt{H^2-h_2^2}\right), y_H = \frac{h_1+h_2}{2}$

线段 DE 的斜率为：

$$k_{DE} = \frac{y_E - y_D}{x_E - x_D} \tag{2-16}$$

直线 HI 的方程为：

$$y-y_{\mathrm{H}}=-\frac{1}{k_{\mathrm{DE}}}(x-x_{\mathrm{H}}),\text{即}$$

$$x+k_{\mathrm{DE}}y-k_{\mathrm{DE}}y_{\mathrm{H}}-x_{\mathrm{H}}=0 \tag{2-17}$$

所以 A 点到直线 HI 的距离为：

$$\overline{AM}=\frac{\left|-\frac{B}{2}-y_{H}k_{\mathrm{DE}}-x_{\mathrm{H}}\right|}{\sqrt{1+k_{\mathrm{DE}}^{2}}}$$

$$=\frac{\left|-\frac{B}{2}-\frac{h_1+h_2}{2}\frac{h_2-h_1}{\frac{B}{2H}(\sqrt{H^2-h_2^2}-\sqrt{H^2-h_1^2})}+\frac{B}{4H}(\sqrt{H^2-h_2^2}+\sqrt{H^2-h_1^2})\right|}{\sqrt{1+\left[\frac{h_2-h_1}{\frac{B}{2H}(\sqrt{H^2-h_2^2}-\sqrt{H^2-h_1^2})}\right]^2}}$$

$$=\frac{\left|-\frac{B}{2}-\frac{H(h_2^2-h_1^2)}{B(\sqrt{H^2-h_2^2}-\sqrt{H^2-h_1^2})}+\frac{B}{4H}(\sqrt{H^2-h_2^2}+\sqrt{H^2-h_1^2})\right|}{\sqrt{1+\frac{4H^2(h_2-h_1)^2}{B^2(\sqrt{H^2-h_2^2}-\sqrt{H^2-h_1^2})^2}}} \tag{2-18}$$

线段 GF 的中点 J 坐标为 $\left(\frac{x_{\mathrm{G}}+x_{\mathrm{F}}}{2},\frac{y_{\mathrm{G}}+y_{\mathrm{F}}}{2}\right)$

即 $\left[\frac{B}{4H}(\sqrt{H^2-h_3^2}+\sqrt{H^2-h_4^2}),\frac{h_3+h_4}{2}\right]$

线段 GF 的斜率为：

$$k_{\mathrm{GF}}=\frac{y_{\mathrm{F}}-y_{\mathrm{G}}}{x_{\mathrm{F}}-x_{\mathrm{G}}} \tag{2-19}$$

直线 NJ 的方程为：

$$y-y_{\mathrm{J}}=-\frac{1}{k_{\mathrm{GF}}}(x-x_{\mathrm{J}}),\text{即}$$

$$x+k_{\mathrm{GF}}y-k_{\mathrm{GF}}y_{\mathrm{J}}-x_{\mathrm{J}}=0 \tag{2-20}$$

所以 A 点到直线 NJ 的距离为：

$$\overline{AN}=\frac{\left|-\frac{B}{2}-y_{\mathrm{J}}\cdot k_{\mathrm{GF}}-x_{\mathrm{J}}\right|}{\sqrt{1+k_{\mathrm{GF}}^{2}}}$$

$$=\frac{\left|-\frac{B}{2}-\frac{H(h_4^2-h_3^2)}{B(\sqrt{H^2-h_4^2}-\sqrt{H^2-h_3^2})}+\frac{B}{4H}(\sqrt{H^2-h_4^2}+\sqrt{H^2-h_3^2})\right|}{\sqrt{1+\frac{4H^2(h_4-h_3)^2}{B^2(\sqrt{H^2-h_4^2}-\sqrt{H^2-h_3^2})^2}}} \tag{2-21}$$

根据力矩平衡，对 A 点的弯矩为零，$\sum M_{\mathrm{A}}=0$

$$R_{\mathrm{B}}\cdot B-p(x_1+x_2)\left(\frac{B}{2}-x_1+\frac{x_1+x_2}{2}\right)-ps_1\cdot\overline{AN}-ps_2\cdot\overline{AM}=0$$

可以求得：

$$R_B=\frac{p}{B}\left[(x_1+x_2)(\frac{B}{2}-x_1+\frac{x_1+x_2}{2})+s_1\cdot\overline{AN}+s_2\cdot\overline{AM}\right] \tag{2-22}$$

将式(2-10)、式(2-11)、式(2-18)、式(2-21)代入上式可求出 RB。

再根据受力平衡方程式(2-15)，求得：

$$R_A=p(x_1+x_2)+ps_1\frac{\frac{B}{2H}(\sqrt{H^2-h_1^2}-\sqrt{H^2-h_2^2})}{\overline{DE}}+ps_2\frac{\frac{B}{2H}(\sqrt{H^2-h_4^2}-\sqrt{H^2-h_3^2})}{\overline{FG}}-R_B \tag{2-23}$$

将式(2-5)、式(2-6)、式(2-10)、式(2-11)代入上式，可以求出 R_A。

然后对钢拱架进行局部受力分析，见图 2-37。

$$ps_1\frac{h_2-h_1}{\overline{DE}}-H_A+N=0$$

可以求出轴力 $N=H_A-ps_1\frac{h_2-h_1}{\overline{DE}}$　(2-24)

根据竖向受力平衡，得：

$$R_A+Q-px_1-ps_1\frac{\frac{B}{2H}(\sqrt{H^2-h_1^2}-\sqrt{H^2-h_2^2})}{\overline{DE}}=0$$

即可求出剪刀 Q：

$$Q=px_1+ps_1\frac{\frac{B}{2H}(\sqrt{H^2-h_1^2}-\sqrt{H^2-h_2^2})}{\overline{DE}}-R_A \tag{2-25}$$

C 点到直线 HI 的距离为：

$$\overline{CP}=\frac{|k_{DE}\cdot H-k_{DE}y_H-x_H|}{\sqrt{1+k_{DE}^2}} \tag{2-26}$$

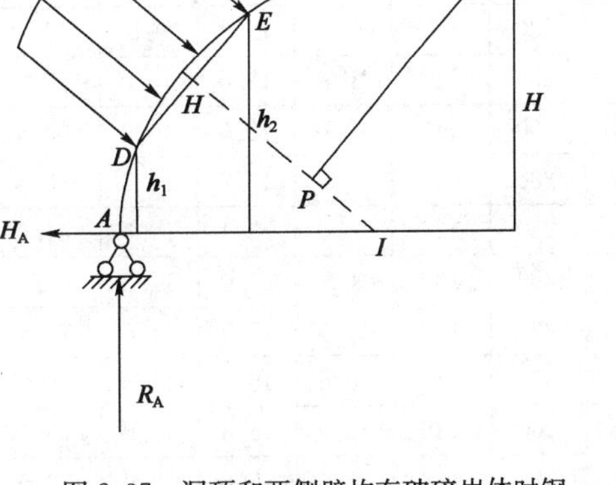

图 2-37　洞顶和两侧壁均有破碎岩体时钢拱架的局部受力分析图

根据力矩平衡，对 C 点的弯矩为零，$\sum M_C=0$

$$p\frac{x_1^2}{2}+ps_2\cdot\overline{AN}-M-R_A\frac{B}{2}-H_A\cdot H=0$$

可以求出洞顶截面上的弯矩为

$$M=p\frac{x_1^2}{2}+ps_2\cdot\overline{AN}-R_A\frac{B}{2}-H_A\cdot H \tag{2-27}$$

将式(2-13)、式(2-15)、式(2-21)、式(2-23)代入上式，即可求得钢拱架的弯矩 M。

2.6.2.2　钢拱架型号的确定

根据弯矩和轴力进行强度校核(式 2-28)可以算出钢拱架的截面积，然后查表 2-12 得到应采用的工字钢的型号或表 2-13 得到 H 形钢的型号。

校核公式：$\frac{N}{A}+\frac{M}{\eta W_x}\leqslant f$　(2-28)

普通工字钢的规格表 表 2-12

符号：h- 高度； i- 回转半径；
b- 翼缘宽度； $S_回$- 半截面的面积矩；
d- 腹板厚； 长度：型号 10~18，
t- 翼缘平均厚度； 长 5~19m；
I- 惯性矩； 型号 20~63，长 6~19m
W- 截面抵抗矩；

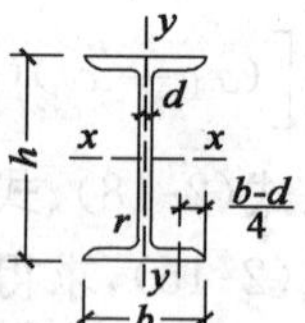

型号	尺寸(mm)					截面积 (cm²)	质量 (kg/cm)	x—x 轴				y—y 轴		
	h	b	d	t	r			I_x (cm⁴)	W_x (cm³)	i_x (cm)	I_x/S_x	I_y (cm⁴)	W_y (cm³)	i_y (cm)
10	100	68	4.5	7.6	6.5	14.3	11.2	245	49	4.14	8.59	33	9.7	1.52
12.6	126	74	5.0	8.4	7.0	18.1	14.2	488	77	5.19	10.8	47	12.7	1.61
14	140	80	5.5	9.1	7.5	21.5	16.9	712	102	5.79	12.0	64	16.1	1.73
16	160	88	6.0	9.9	8.0	26.1	20.5	1 130	141	6.58	13.8	93	21.2	1.89
18	180	94	6.5	10.7	8.5	30.6	24.1	1 660	185	7.36	15.4	122	26.0	2.00
20a	200	100	7.0	11.4	9.0	35.5	27.9	2 370	237	8.15	17.2	158	31.5	2.12
20b	200	102	9.0	11.4	9.0	39.5	31.1	2 500	250	7.96	16.9	169	33.1	2.06
22a	220	110	7.5	12.3	9.5	42.0	33.0	3 400	309	8.99	18.9	225	40.9	2.31
22b	220	112	9.5	12.3	9.5	46.4	36.4	3 570	325	8.78	18.7	239	42.9	2.27
25a	250	116	8.0	13.0	10.0	48.5	38.1	5 020	402	10.18	21.6	280	48.3	2.40
25b	250	118	10.0	13.0	10.0	53.5	42.0	5 280	423	9.94	21.3	309	52.4	2.40
28a	280	122	8.5	13.7	10.5	55.4	43.4	7 110	508	11.3	24.6	345	56.6	2.49
28b	280	124	10.0	13.7	10.5	61.0	47.9	7 480	534	11.1	24.2	379	61.2	2.49
32a	320	130	9.5	15.0	11.5	67.0	52.7	11 080	692	12.8	27.5	460	70.8	2.62
32b	320	132	11.5	15.0	11.5	73.4	57.7	11 620	726	12.6	27.1	502	76.0	2.61
32c	320	134	13.5	15.0	11.5	79.9	62.8	12 170	760	12.3	26.8	544	81.2	2.61
36a	360	136	10.0	15.8	12.0	76.3	59.9	15 760	875	14.4	30.7	552	81.2	2.69
36b	360	138	12.0	15.8	12.0	83.5	65.6	16 530	919	14.1	30.3	582	84.3	2.64
36c	360	140	14.0	15.8	12.0	90.7	71.2	17 310	962	13.8	29.9	612	87.4	2.60
40a	400	142	10.5	16.5	12.5	86.1	67.6	21 720	1 090	15.9	34.1	660	93.2	2.77
40b	400	144	12.5	16.5	12.5	94.1	73.8	22 780	1 140	15.6	33.6	692	96.2	2.71
40c	400	146	14.5	16.5	12.5	102	80.1	23 850	1 190	15.2	33.2	727	99.6	2.65
45a	450	150	11.5	18.0	13.5	102	80.4	32 240	1 430	17.7	38.6	855	114	2.89
45b	450	152	13.5	18.0	13.5	111	87.4	33 760	1 500	17.4	38.0	894	118	2.84
45c	450	154	15.5	18.0	13.5	120	94.5	35 280	1 570	17.1	37.6	938	122	2.79
50a	500	158	12.0	20	14	119	93.6	46 470	1 860	19.7	42.8	1 120	142	3.07
50b	500	160	14.0	20	14	129	101	48 560	1 940	19.4	42.4	1 170	146	3.01
50c	500	162	16.0	20	14	139	109	50 640	2 080	19.0	41.8	1 220	151	2.96
56a	560	166	12.5	21	14.5	135	106	65 590	2 342	22.0	47.7	1 370	165	3.18
56b	560	168	14.5	21	14.5	146	115	68 510	2 447	21.6	47.2	1 487	174	3.16
56c	560	170	16.5	21	14.5	158	124	71 440	2 551	21.3	46.7	1 558	183	3.16
63a	630	176	13.0	22	15	155	122	93 920	2 981	24.6	54.2	1 701	193	3.31
63b	630	178	15.0	22	15	167	131	98 080	3 164	24.2	53.5	1 812	204	3.29
63c	630	180	17.0	22	15	180	141	102 250	3 298	23.8	52.9	1 925	214	3.27

宽、中、窄翼缘 H 形钢截面尺寸和截面特性 表 2-13

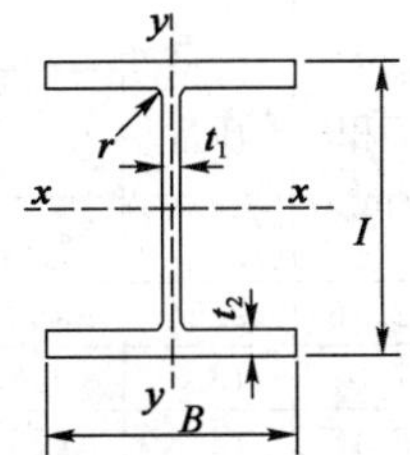

类别	型号（高度×宽度）(mm)	截面尺寸(mm)				截面面积 (cm²)	理论质量 (kg/cm)	截面特性					
								惯性矩 (cm⁴)		回转半径 (cm)		截面模量 (cm³)	
		$H\times B$	t_1	t_2	r			I_x	I_y	i_x	i_y	W_x	W_y
HW	100×100	100×100	6	8	10	21.90	17.2	383	134	4.18	2.47	76.5	26.7
	125×125	125×125	6.5	9	10	30.31	23.8	847	294	5.29	3.11	136	47.0
	150×150	150×150	7	10	13	40.55	31.9	1 660	564	6.39	3.73	221	75.1
	175×175	175×175	7.5	11	13	51.43	40.3	2 900	984	7.50	4.37	331	112
	200×200	200×200	8	12	16	64.28	50.5	4 770	1 600	8.61	4.99	477	160
		#200×204	12	12	16	72.28	56.7	5 030	1 700	8.35	4.85	503	167
	250×250	250×250	9	14	16	92.18	72.4	10 800	3 650	10.8	6.29	867	292
		#250×255	14	14	16	104.7	82.2	11 500	3 880	10.5	6.09	919	304
	300×300	#294×302	12	12	20	108.3	85.0	17 000	5 520	12.5	7.14	1 160	365
		300×300	10	15	20	120.4	94.5	20 500	6 760	13.1	7.49	1 370	450
		300×305	15	15	20	135.4	106	21 600	7 100	12.6	7.24	1 440	466
	350×350	#344×348	10	16	20	146.0	115	33 300	11 200	15.1	8.78	1 940	646
		350×350	12	19	20	173.9	137	40 300	13 600	15.2	8.84	2 300	776
	400×400	#388×402	15	15	24	179.2	141	49 200	16 300	16.6	9.52	2 540	809
		#394×398	11	18	24	187.6	147	56 400	18 900	17.3	10.0	2 860	951
		400×400	13	21	24	219.5	172	66 900	22 400	17.5	10.1	3 340	1 120
		#400×408	21	21	24	251.5	197	71 100	23 800	16.8	9.73	3 560	1 170
		#414×405	18	28	24	296.2	233	93 000	31 000	17.7	10.2	4 490	1 530
		#428×407	20	35	24	361.4	284	11 900	39 400	18.2	10.4	5 580	1 930
		#458×417	30	50	24	529.3	415	187 000	60 500	18.8	10.7	8 180	2 900
		#498×432	45	70	24	770.8	605	298 000	94 400	19.7	11.1	12 000	4 370
HM	150×100	148×100	6	9	13	27.25	21.4	1 040	151	6.17	2.35	140	30.2
	200×150	194×150	6	9	16	39.76	31.2	2 740	508	8.30	3.57	283	67.7
	250×175	244×175	7	11	16	56.24	44.1	6 120	985	10.4	4.18	502	113
	300×200	294×200	8	12	20	73.03	57.3	11 400	1 600	12.5	4.69	779	160
	350×250	340×250	9	14	20	101.5	79.7	21 700	3 650	14.6	6.00	1 280	292
	400×300	390×300	10	16	24	136.7	107	38 900	7 210	16.9	7.26	2 000	481
	450×300	440×300	11	18	24	157.4	124	56 100	8 110	18.9	7.18	2 550	541
	500×300	482×300	11	15	28	146.4	115	60 800	6 770	20.4	6.80	2 520	451
		488×300	11	18	28	164.4	129	71 400	8 120	20.8	7.03	2 930	541
	600×300	582×300	12	17	28	174.5	137	103 000	7 670	24.3	6.63	3 530	511
		588×300	12	20	28	192.5	151	118 000	9 020	24.8	6.85	4 020	601
		#594×302	14	23	28	222.4	175	137 000	10 600	24.9	6.90	4 620	701

续上表

类别	型号（高度×宽度）(mm)	截面尺寸(mm)				截面面积(cm^2)	理论质量(kg/cm)	截面特性					
								惯性矩(cm^4)		回转半径(cm)		截面模量(cm^3)	
		$H\times B$	t_1	t_2	r			I_x	I_y	i_x	i_y	W_x	W_y
HN	100×50	100×50	5	7	10	12.16	9.54	192	14.9	3.98	1.11	38.5	5.96
	125×60	125×60	6	8	10	17.01	13.3	417	29.3	4.95	1.31	66.8	9.75
	150×75	150×75	5	7	10	18.16	14.3	679	49.6	6.12	1.65	90.6	13.2
	175×90	175×90	5	8	10	23.21	18.2	1 220	97.6	7.26	2.05	140	21.7
	200×100	198×99	4.5	7	13	23.59	18.5	1 610	114	8.27	2.20	163	23.0
		200×100	5.5	8	13	27.57	21.7	1 880	134	8.25	2.21	188	26.8
	250×125	248×124	5	8	13	32.89	25.8	3 560	255	10.4	2.78	287	41.1
		250×125	6	9	13	37.87	29.7	4 080	294	10.4	2.79	326	47.0
	300×150	298×149	5.5	8	16	41.55	32.6	6 460	443	12.4	3.26	433	59.4
		300×150	6.5	9	16	47.53	37.3	7 350	508	12.4	3.27	490	67.7
	350×175	346×174	6	9	16	53.19	41.8	11 200	792	14.5	3.86	649	91.0
		350×175	7	11	16	63.66	50.0	13 700	985	14.7	3.93	782	113
	#400×150	#400×150	8	13	16	71.12	55.8	18 800	734	16.3	3.21	946	97.9
	450×200	396×199	7	11	16	72.16	56.7	20 000	1 450	16.7	4.48	1 010	145
		450×200	8	13	16	84.12	66.0	23 700	1 740	16.8	4.54	1 190	174
	#450×150	#450×150	9	14	20	83.41	65.5	27 100	793	18.0	3.08	1 200	106
	450×200	446×199	8	12	20	84.95	66.7	29 000	1 580	18.5	4.31	1 300	159
		450×200	9	14	20	97.41	76.5	33 700	1 870	18.6	4.38	1 500	187
	#500×150	#500×150	10	16	20	98.23	77.1	38 500	907	19.8	3.04	1 540	121
	500×200	496×199	9	14	20	101.3	79.5	41 900	1 840	20.3	4.27	1 690	185
		500×200	10	16	20	114.2	89.6	47 800	2 140	20.5	4.33	1 910	214
		#506×201	11	19	20	131.3	103	56 500	2 580	20.8	4.43	2 230	257
	600×200	596×199	10	15	24	121.2	95.1	69 300	1 980	23.9	4.04	2 330	199
		600×200	11	17	24	135.2	106	78 200	2 280	24.1	4.	2 610	228
		#606×201	12	20	24	153.3	120	91 000	2 720	24.4	4.21	3 000	271
	700×300	#692×300	13	20	28	211.5	166	172 000	9 020	28.6	6.53	4 980	602
		700×300	13	24	28	235.5	185	201 000	10 800	29.3	6.78	57 600	722
	*800×300	*729×300	14	22	28	243.4	191	254 000	9 930	32.3	6.39	6 400	662
		*800×300	14	26	28	267.4	210	292 000	11 700	33.0	6.62	7 290	782
	*900×300	*890×299	15	23	28	270.9	213	345 000	10 300	35.7	6.16	7 760	688
		*900×300	16	28	28	309.8	243	411 000	12 600	36.4	6.39	9 140	843
		*912×302	18	34	28	364.0	286	498 000	15 700	37.0	6.56	10 900	1 040

注：1.“#”表示的规格为非常用规格。

2.“*”表示的规格，目前国内尚未生产。

3.型号属同一方位的产品，其内侧尺寸高度是一致的。

4.标记采用：高度(H)×宽度(B)×腹板厚度(t_1)×翼缘厚度(t_2)。

5.HW为宽翼缘，HM为中翼缘，HN为窄翼缘。

对于主平面受弯的实腹构件抗剪强度的校核，规定为：

$$\tau = \frac{QS_x}{I_x t} \leqslant f_v \tag{2-29}$$

式中：Q——截面上的剪力；

I_x——所计算截面对主轴 x 的毛截面惯性矩；

$S_x = \int_0^s yt\ \mathrm{d}s$，为所计算剪应力处以上或以下毛截面对主轴 x 的面积矩（当计算腹板上任一点的竖向剪应力时）和以左或以右毛截面对主轴 x 的面积矩（当计算翼缘板上任一点的水平剪应力时）；

t——所计算剪应力处的截面厚度，见图 2-38；

f_v——钢材的抗剪强度设计值，见表 2-14。

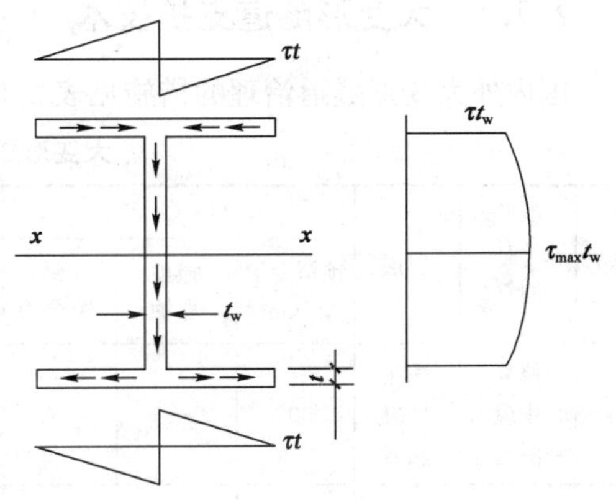

图 2-38　工字形截面上的剪力流

钢材的强度设计值　　表 2-14

钢材 牌号	钢材 厚度或直径(mm)	抗拉、抗压和抗弯强度 f (MPa)	抗剪强度 f_v (MPa)
Q235 钢	<16	215	125
	16～40	205	120
	40～60	200	115
	60～100	190	110
Q345 钢	<16	310	180
	16～35	295	170
	35～50	265	155
	50～100	250	145
Q390 钢	<16	350	205
	16～35	335	190
	35～50	315	180
	50～100	295	170
Q420 钢	<16	380	220
	16～35	360	210
	35～50	340	195
	50～100	325	185

隧道施工过程中，可以利用锚杆和钢拱架共同作用形成承载拱来增加初期支护刚度，通过施工加长锚杆注浆以稳定岩体。当遇特别破碎地段时，可以适当缩小钢拱架之间的间距。

2.7 深埋大变形围岩的预支护原理应用

2.7.1 大变形隧道支护技术

国内外大变形隧道治理的措施见表2-15。

大变形隧道工程施工措施　　表2-15

序号	工程名称	岩层	主要措施							
			预留变形量(mm)	强预支护	(超)短台阶	初次支护	及时施加二衬	仰拱	治水	其他
1	修复中屋隧道	膨胀性凝灰岩	300	—	√	加厚喷层,9m长锚杆,底部与底脚打锚杆,增大锚杆密度	—	√ 增大临时仰拱曲率	√	—
2	修复新宇津隧道	膨胀性凝灰岩		—	—	加厚喷层,6m长锚杆,增大锚杆密度	—	√ 加临时仰拱	√	二衬加筋
3	修复惠那山隧道	破碎,高应力	500	—	—	加厚喷层,9～13.5m长锚杆,可缩式钢加	√	√	—	—
4	乌鞘岭隧道(中国)	断层带高应力	400	√	√	喷层200mm,复喷150mm,6m长锚杆,加I20钢架,锁脚锚杆	√	√	—	加强监测
5	乌鞘岭隧道初次支护	千枚岩	—	√	—	喷层250mm,4m(拱)6m(墙)注浆锚杆,架设H175钢架,金属网	—	√	—	加强监测横向钢管支撑
6	家竹箐隧道(中国)	高应力强度低	拱450; 墙250	√	√	喷层250mm+150mm,8m长锚杆,可缩式钢架	√ 25mm +55mm		—	—
7	火车岭隧道修复初次支护	VI、V级围岩	20～30	—	—	6m长锚杆,锚杆注浆,施加18号工字钢钢架	√	—	—	二衬加钢筋网
8	凉风娅隧道修复初次支护	高应力低强度	300	—	—	喷层250mm,锚杆注浆,施加20b型钢钢架,加锁脚锚杆	√	√	√	二衬厚度800～1 000mm
9	碧溪隧道修复初次支护	低强度	拱400; 墙250; 底部200	—	—	喷层240mm,锚杆注浆,施加I16工字钢钢架,底部加强	二衬强度刚度增大	—	√	增加临时支撑
10	木寨岭公路隧道	泥岩,断层破碎带	500～800	√	√	6～8m锚杆,加密,U形钢可缩钢架,仰拱处加锚	√ 二衬设双层钢筋网	√	—	仰拱配筋并与墙筋连接

从表 2-15 可见，应对大变形隧道采取综合措施，主要技术措施如下：

①隧道掘进断面要预留足够的变形量，允许围岩产生一定的变形。

②通过强预支护或锚注支护强化围岩，提高围岩自承能力。

③采用短台阶法或超短台阶法施工，增加临时仰拱或临时支撑，用喷层及时封闭围岩。

④强化初次支护，采用加长和加密锚杆、增厚喷层、增设底板与脚部锚杆、架设可缩钢架等组合技术，使围岩在较强的初次支护作用下发生可控的位移，起到卸压和向深处转移二次应力的作用。

⑤二次衬砌通过增厚或加筋使其得到强化并及时施加，对围岩施加高强度的支护，促使围岩稳定；对膨胀性软岩要加强治水，对其他类型的大变形隧道也是如此。

2.7.2　大变形支护方案

大变形围岩按照《公路隧道设计规范》(JTG D70—2004)可以归为 VI 级围岩，该级围岩属于软塑状黏性土及潮湿、饱和粉细砂层、软土等。当遇到这种岩层时，由于岩体变形比较大，应采用先柔后刚的双层初期支护形式(图 2-39)。一层柔性支护，使围岩有一定的变形，发挥围岩的自承力，使塑性区得到一定的发展，以完成适度的岩体应力释放和卸压作用，但必须保持岩体不致失稳；另一层刚性支护，控制变形，以免变形过大。这两层支护共同提供支护抗力，保持围岩的稳定。具体施工工法同上面 V 级围岩介绍的 4 种工法。做好一次柔性支护(3～10m)后，隔适当距离(5～20m)后，根据量测反馈及时做好刚性支护，控制围岩变形，以达到基本维持围岩原始状态的目的，见图 2-40。

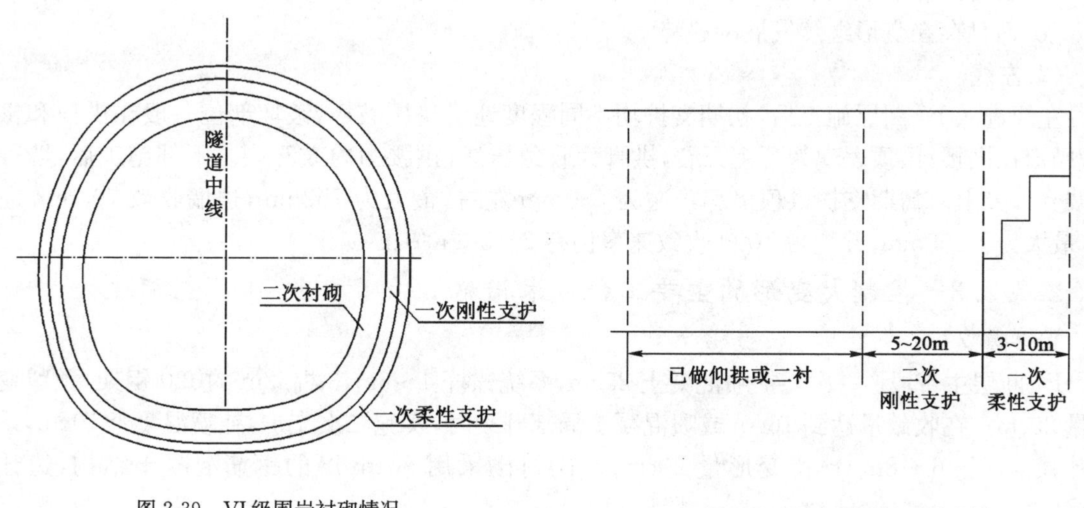

图 2-39　VI 级围岩衬砌情况

图 2-40　VI 级围岩施工示意图

2.7.3　乌鞘岭隧道 F7 断层段软弱围岩大变形控制施工技术

2.7.3.1　地质概况

F7 断层段隧道埋深 400m，围岩以断层泥砾岩为主，局部为碎裂岩，呈灰绿色、灰白色，围岩破碎，挤压现象明显，次生结构面发育，大部分结构面呈垂直状，有扭曲现象；围岩所夹的石英团块由于受挤压影响，手捏呈砂砾、粉末状，岩体完整性差，无明显的地下水出露，呈潮湿状，处于极高、高地应力和复杂应力状态下的极软弱围岩地段。开挖后，物质呈角砾、散土状，局部成粉末散体状，易出现坍塌、变形。根据钻探岩芯取样测定，F7 断层破碎带内岩体波速为 2 630～2 790m/s，视电阻率为 45～550Ω·m，破碎岩 $\delta_0=600$kPa，断层泥砾岩 $\delta_0=300$kPa。

右线洞身通过 F7 断层破碎带为 DK177＋000～DK177＋852，全长为 852m，V 级围岩。其中，DK177＋852～DK177＋125 段为 F7 断层主带，圆形断面；DK177＋105～DK177＋000 段为 F7 断层影响带，马蹄形断面；DK177＋125～DK177＋105（计 20m）为圆形断面与马蹄形断面的过渡段。

左线洞身通过 F7 断层破碎带为 DK177＋050～DK177＋867，全长为 817m，V 级围岩。其中，DK177＋720～DK177＋150（计 570m）为圆形断面；DK177＋867～DK177＋720 和 DK177＋130～DK177＋050（计 227m）为马蹄形断面；DK177＋150～DK177＋130（计 20m）为圆形断面与马蹄形断面的过渡段。

2.7.3.2 初期变形

(1)右线

2004 年 3 月，当右线掌子面施工到 YDK177＋436 处时，发现已施工地段的初期支护开始裂缝、剥落、掉块，继而发展为钢拱架局部扭曲、断裂，变形严重。据 YDK177＋690～YDK177＋436 段二衬前初期支护变形统计，该段拱顶最大下沉 485mm，边拱最大水平收敛 773mm，平均累计水平收敛达 400mm 以上，初期支护完成 3 个月后，平均收敛速率仍有 2～4mm/d，而且存在变形继续发展的趋势。

(2)左线

左线进入 F7 断层施工后，初期支护均不同程度地受挤压破坏，破坏部位一般在拱顶和拱脚，局部在拱腰，拱顶表现为下沉开裂，拱脚为收敛压溃，拱腰为内鼓开裂。下部施工后，墙腰内鼓变形突出。初期支护拱顶下沉普遍为 500mm 左右，最大为 752mm，边墙收敛 700mm 左右，最大为 1 209mm，开挖后 100d 收敛速率仍有 2～3mm/d。

2.7.3.3 控制大变形的主要工程技术措施

1)多重支护

F7 断层主带段。一次支护喷混凝土 25cm，系统锚杆 4～6m，3 榀/2m 的 I20 钢架，预留变形量 20cm。在收敛量达到 16cm 或喷混凝土局部开裂时，实施二次支护，补喷混凝土 10cm，系统补强锚杆长 6～8m，预留变形量 20cm；二次衬砌采用 80cm 厚的钢筋混凝土结构，边让边抗。

F7 断层影响带。全断面设 1 榀/m 的 H175 型钢钢架，超前支护采用 4.5m 长 ϕ42 小导管，环向间距为 30cm。拱墙设砂浆系统锚杆，拱部的为 6.0m，墙部的为 4.0m，间距为 1.0m×1.0m。拱部设 ϕ8mm 的钢筋网，间距为 25mm×25mm。二次衬砌为 50cm 厚的 C30 钢筋混凝土。

图 2-41 所示为 F7 断层分层二次支护及加强衬砌圆形断面图。

2)控制工序工艺

(1) 控制工序间隔距离

由于初期对 F7 断层构造挤压和高地应力的严重性及复杂性认识不足，施工初期左、右线均采用长台阶法施工，不能及时形成封闭的支护体系，变形不能得到有效控制。左、右线都进行了长、短台阶法的对比试验，分析利弊后，改用短台阶法施工，上台阶保持 5～7m，并预留核心土，仰拱距下台阶不超过 15m，及时封闭成环，二衬距仰拱距离不超过 50m，形成完整的支护和结构体系。

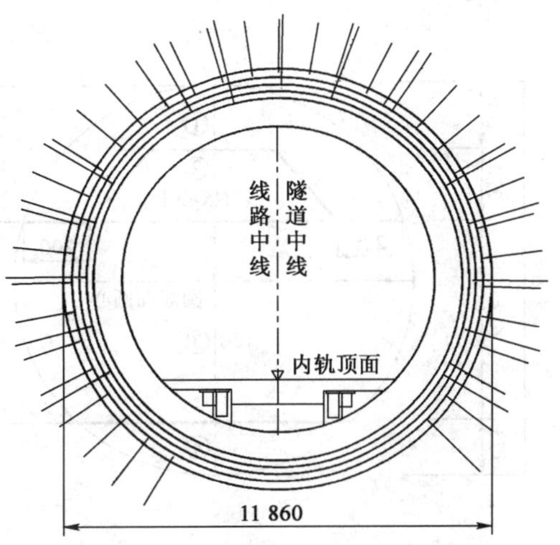

图 2-41　F7 断层分层二次支护和加强衬砌圆形断面图(单位：mm)

(2)控制关键工序间隔时间

在 F7 断层段施工中，开挖(包括超前预支护和上台阶开挖、下台阶开挖)、出渣、初期支护(包括型钢刚架、钢筋网片、锚杆和喷射混凝土)、仰拱和拱墙混凝土衬砌等，是控制施工的关键工序，各工序施工所占时间的长短不仅对施工进度有影响，还直接关系到变形控制。

①开挖时间。开挖为隧道施工的第一道工序，包括超前小导管的施工、钻爆破眼、装药、连线和爆破。F7 断层段开挖占整个施工工序循环时间的 25%左右，一般需要 4h。

②出渣时间。出渣包括上台阶扒渣和下台阶出渣两部分。为减轻人工劳动强度，上台阶采用 130 型挖掘机扒渣，上台阶扒渣时掌子面是单工序作业。而下台阶出渣时上台阶可以进行拱部型钢、钢筋网、锚杆的施工，下部出渣与上台阶初期支护同时进行，因此下部出渣不占用循环时间，故出渣时间(实际为上部扒渣时间)在整个工序循环时间中一般占 5%左右的时间，即 1h。

③初期支护时间。初期支护是软弱围岩隧道施工的关键工序，其施工质量对控制围岩变形有直接作用。在 F7 断层施工中，由于喷混凝土量较大，初期支护一般占到整个工序循环时间的 70%，即 11h 左右。

④仰拱施工时间。F7 断层仰拱的施工是通过搭设仰拱桥进行的，对掌子面的开挖工序有一定干扰与影响，但它不占用整个工序循环时间。由于 F7 断层围岩软弱，仰拱开挖后如不及时封闭，会使边墙型钢长时间暴露、悬空，产生较大的拱顶下沉和水平收敛。因此，仰拱施工的快慢对围岩变形的影响非常大，故在 F7 断层施工中必须对仰拱施工的时间加以控制。一般情况下，每一循环仰拱(6m)从开挖到灌注施工时间控制在 24h 左右。

⑤拱墙混凝土衬砌时间。拱墙混凝土衬砌采用整体式衬砌模板台车对运输干扰较小，不占用掘进工序的循环时间。但 F7 断层存在大变形，型钢钢架、喷锚网支护结构等初期支护对变形的约束有限，需及时施作二衬混凝土承受部分荷载。根据对初期支护和二次衬砌的变形实测及稳定性分析，二次衬砌在变形收敛值为 3～5mm/d 以内时施作。一般情况下，完成一环(6m)拱墙混凝土的施工时间为 3d(包括挂防水板、绑扎钢筋、台车对位、灌注混凝土、拆模等)。

图 2-42 所示为 YDK 177＋400～YDK 177＋125 段施工布置图。

3)完善和创新工艺

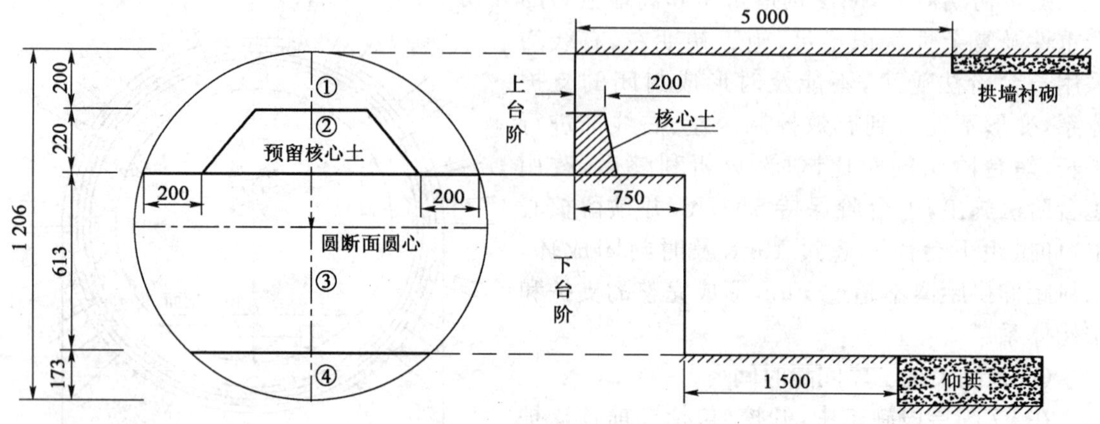

图 2-42　YDK 177+400～YDK 177+125 段施工布置图(尺寸单位:cm)

注:1.采用上、下台阶法施工,上台阶预留核心土。

2.在形成上、下台阶后,上部进行超前支护的同时,下部钻眼,下部爆破后扒渣并挖除上部核心土,上部爆破后立即架设钢支撑,同时下部出渣,上部钢支撑架设完成后喷射混凝土,架设下部钢支撑后喷混凝土封闭。

3.采用 ITC312 挖装机配合 8t 自卸汽车出渣。

4.衬砌采用混凝土泵送入模,脱模时间 40h 左右。

在 F7 断层左、右线施工中,采用 ϕ42mm×3.5mm 小钢管作为超前预支护的加固措施。根据施工中的具体情况,超前小导管每循环长度为 4m,环向间距拱部 120°范围内为 20cm,其他部位间距为 40cm,每循环搭接长度不少于 1m。在拱顶 120°范围内的钢管内填塞锚固剂并插入 ϕ22mm 螺纹钢筋,在型钢中部按标准间距钻孔(ϕ60mm)固定超前小导管的间距。超前小导管的施工控制见图 2-43。

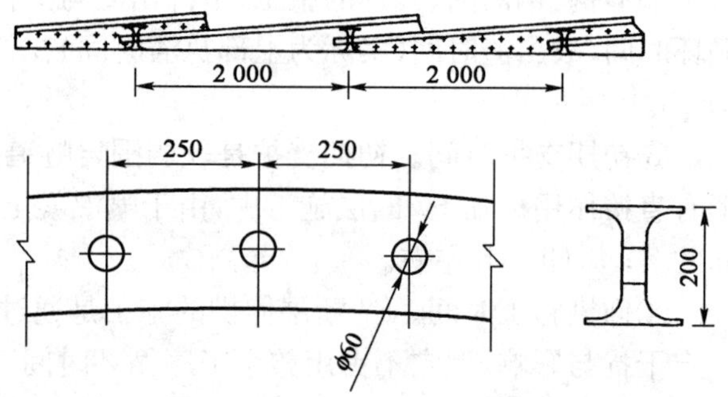

图 2-43　超前小导管的施工控制图(尺寸单位:mm)

超前小导管在增加了 ϕ22mm 螺纹钢筋和锚固剂后,其抗弯曲变形的能力明显得到加强,小导管的最大挠度仅为 3cm,拱顶围岩的松散范围缩小,拱部下沉变形较小。

4)初期支护类型及支护参数

乌鞘岭隧道初期支护采用打设锚杆、架设 I16(或 I20)型型钢及挂网喷射混凝土。应该说初期支护方案是合适的。原设计初期支护参数:全断面喷混凝土 20cm 厚;拱墙设 ϕ22mm 系统锚杆(或 R32N 迈式锚杆),长度 L=4.0m,间距 0.8m×0.8m;拱墙设 ϕ8mm 钢筋网,网格间距 25cm×25cm;全断面架设 3 榀/2m 的 I16 型钢钢架。开挖施工前,首先沿拱部开挖轮廓线外 10cm 打设 R32N 迈式锚杆或 ϕ42mm 的小导管对围岩进行预加固。

隧道发生大变形后,采用地震折射层分析法对隧道通过的 F4、F7 断层带及千枚岩类板岩地段进行围岩松动圈(塑性变形区)测试。测试资料表明,千枚岩类板岩地段的围岩松动圈厚度最大值为 3.1m，F4 断层带围岩松动圈厚度最大值为 4.5m，F7 断层带围岩松动圈厚度最大范围为 4.8～7.9m。此外，9 号斜井工区右线正洞千枚岩类板岩地层中 YDK175＋285～YDK175＋298 段拱顶坍方高度达 4～6m；10 号斜井承担施工的左线隧道 F7 断层 YDK177＋571～YDK177＋581 段发生塌方，坍落高度为 4～6m。由此可见，该隧道设计通过 V、VI 级软弱围岩地段的加固力度不足，拱墙锚杆的长度偏短，大部分锚杆未能打入围岩松动圈外稳定岩层中以形成围岩加固圈，对 V、VI 级围岩的松弛变形范围控制不利。同时，设计预留变形量 10cm 也显得偏小，施工中加大为 20cm 也不够。由于锚杆长度较短(4m)，所以即使施工中将原设计中 3 榀/2m 的 I16 型钢钢架调整为 1 榀/m～3 榀/2m 的 I20 型钢钢架，也不足以抵抗巨大的围岩压力，因而使位于高地应力区的 F7 断层泥砾带及千枚岩类板岩地段(V、VI 级围岩)的初次支护发生了大变形而严重侵入了隧道衬砌净空。

因此，可以认为在乌鞘岭隧道中高地应力区软弱围岩段发生大变形的一个重要因素是初期支护中锚杆长度太短，对围岩加固能力不足。同时，根据前文所述，施工中台阶划分过长，致使初期支护不能尽早封闭成环，也是发生大变形的重要因素之一。

5)开挖断面形状

为了使衬砌结构受力较为合理，隧道进入 F7 断层以后，将断面由马蹄形改为圆形断面是较为合理的，也便于施工。根据地下工程结构理论，由于地层中存在较大的水平构造应力，综合分析断面拱顶下沉和边墙水平收敛值大小关系，将断面改为扁圆形断面似乎更为合理。

6)二衬施作时间及支护参数

乌鞘岭隧道设计采用复合式衬砌，初期支护为锚杆、喷混凝土、设钢支撑，二次衬砌采用 50cm 厚模筑钢筋混凝土。二次衬砌也要作为主要支护受力结构，因此给予高度重视。为了使作用在二次衬砌上的荷载不因过大而造成破坏，施作二衬时应满足下列条件之一：

①洞室周边位移有明显减缓趋势。

②位移速度小于 0.1～0.2mm/d，或拱顶下沉速度小于 0.07～0.15mm/d。

③位移值已达到总位移值的 80%～90%。

④初期支护裂缝不再发展。

⑤当采取一定措施仍难以符合上述条件时，可提前施作二次衬砌，且应予加强。

对于第⑤条来说，应该强调的是，首先要采取措施，如加设长锚杆等，控制围岩变形。

在乌鞘岭隧道前期施工发生变形地段，采取的主要措施是提前施作二衬并予以加强。从目前情况看，其效果还是较好的。

总之，乌鞘岭隧道 F7 断层施工采取“短进尺、弱爆破、强支护、早成环、勤量测、衬砌紧跟”的原则进行施工，即通过短台阶法施工、多重支护和严格工艺的综合控制施工技术，成功地抑制了围岩的变形。

第3章 隧道受力独立性

3.1 隧道结构受力独立性概念

独立式隧道的两个洞体间距较大,两个洞体施工后围岩形成的二次应力场不存在叠加现象或影响甚微,可以将其视为两个独立的隧道分别研究其稳定性。而连拱隧道、小净距隧道的两个洞体间距很近,隧道开挖后围岩的二次应力场相互叠加。由于隧道施工步骤较多,围岩多次扰动,导致衬砌结构内力分布更为复杂。由此可见,与独立式隧道相比,连拱隧道、小净距隧道两个洞体围岩之间存在强烈的相互影响(特别是连拱隧道),这导致围岩稳定性变差、衬砌受力复杂,因此在隧道结构构造设计与施工技术方面如何采取合理的措施,增强连拱隧道、小净距隧道两个洞体围岩和衬砌受力的独立性,减小相互影响是实现隧道围岩稳定的重要思路。

连拱隧道常用施工方案为中导洞工法施工,按传统结构构造形式,由于左右洞施工和衬砌期间中墙顶部不密实而存在空隙和顶部围岩整体性较差等,导致隧道围岩跨度增大,隧道围岩稳定性变差,左右洞结构受力不明确且相互影响。为了克服此类问题,应对连拱隧道结构构造进行改进和优化。合理的结构构造应尽可能确保中墙顶部围岩与中墙的整体性,实现连拱隧道两主洞受力的基本独立,尽可能保持围岩的原始状态,最大限度地发挥围岩的自承能力。小净距隧道常用 CRD(交叉中墙法)工法施工,对中壁岩柱和基础围岩采用加固措施,以确保中壁岩柱和基础围岩强化与稳定,实现小净距隧道两主洞结构构造与周边围岩受力的基本独立,尽可能保持围岩的原始状态,最大限度地发挥围岩的自承能力。

3.2 连拱隧道结构受力独立性的设计与施工

3.2.1 隧道跨度对围岩稳定影响

设围岩的初始地应力为 P_0,连续介质围岩的半径为 a,则圆形单拱隧道应力分布公式为:

$$\sigma_r = P_0\left(1-\frac{a^2}{r^2}\right) \tag{3-1}$$

$$\sigma_\theta = P_0\left(1+\frac{a^2}{r^2}\right) \tag{3-2}$$

深埋条件下,根据普氏冒落拱理论,碎裂介质中的连拱隧道围岩作用于衬砌顶部的压力为:

$$P_v = \frac{2a}{3a_1 f}(3a_1^2 - a^2) \tag{3-3}$$

式中:a_1 ——地下洞室拱跨度的一半;

a——地下洞室底宽。

由式(3-1)和式(3-2)可见,不论是单拱隧道还是连拱隧道,隧道围岩应力或结构受力的近似解析解均与跨度的平方相关,这说明可以通过改善连拱隧道设计与施工使中墙与其上下方围岩结合成整体,中墙起到减跨作用,增强了隧道受力的独立性,对基本维持围岩原始状态有重要作用。

3.2.2　传统结构构造

目前,国内已建成的双连拱隧道很多采用整体式曲中墙的结构构造形式(图 3-1),中墙厚度通常为 1.8～2.0m。它的特点是中墙不仅与左右主洞拱部的初期支护相连接,还与左右洞的二次衬砌及防水层相连接。它的不足之处主要有以下 4 个方面:

①左右洞施工和衬砌期间中墙顶部不密实,有空隙,导致洞室围岩跨度增大,致使隧道两洞体围岩相互影响,独立性差。

②两主洞的拱部支撑在中墙上,其中一个洞体因偏压等原因产生的偏移会对另一个洞体内力产生影响,这种相互影响导致左右洞结构受力不独立,增大了结构设计的难度。

③中墙与顶部注浆后易堵塞排水通道,这是导致中墙渗漏水的主要原因,对隧道耐久性和运行安全造成威胁。

④整体式曲中墙结构受力条件复杂,施工工序多,对围岩形成多次扰动,二次衬砌与中墙非同步施工,形成中墙与主洞二次衬砌之间常存在施工缝。

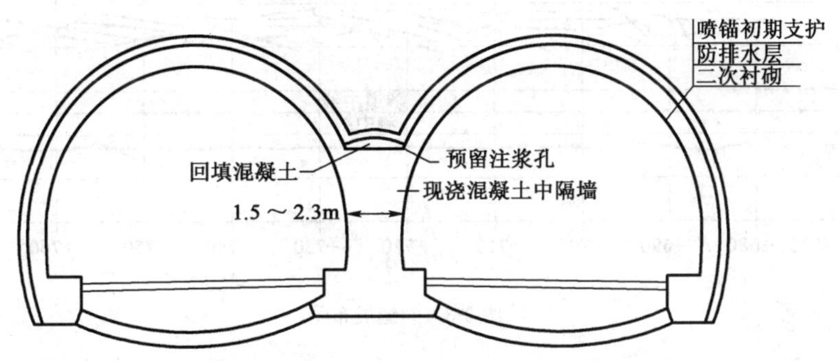

图 3-1　传统结构构造示意图

这种类型的结构存在的主要病害是衬砌开裂和渗漏水。中墙出现纵向或环向裂缝,中墙侧拱脚处渗漏水,若两侧拱部受力不均衡,可能会导致整个结构物的破坏或留下严重病害。例如,飞鱼泽隧道长 215m,最大埋深 71m,整体式双跨连拱结构。隧道所经地段为Ⅴ级围岩,地层岩性为三叠系中统鸟格组黄灰、深灰色泥质粉砂岩夹薄层深灰、灰黑色细砂岩及碎石土,受构造影响岩体破碎,呈碎石状,岩石风化强烈,多为强风化,局部弱风化,裂隙发育,地下水类型为基岩裂隙水。按原设计,隧道采用三导坑法施工,上行隧道应超前于下行隧道并且超前长度不得大于 30m。实际施工过程是,先开挖施作上行线隧道且待其贯通二次衬砌完成后再开挖施作下行线隧道。2004 年 11 月,在下行线隧道开挖过程中,上行线隧道二次衬砌多处出现裂缝(图 3-2)。施工单位的监控量测报告和检测单位的检测结论均表明短期内裂缝的发展已基本稳定。

根据现场裂缝实际的分布情况将其沿纵横向分别展开并体现在图上，纵向即为隧道纵向，横向为与纵向垂直的方向（分别以上下行线的拱顶为零点，沿隧道周向每 5m 一格）。通过裂缝展布图（图 3-3）可以看出，裂缝集中分布的区域为隧道上行线拱顶到中墙之间的拱脚位置，另外在隧道下行线中墙上还分布着一条纵向裂缝，裂缝分布情况横断面图如图 3-4 所示。

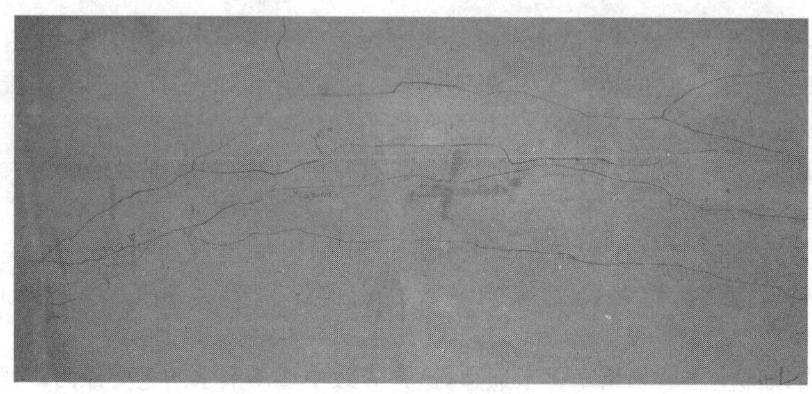

图 3-2　二衬裂缝分布

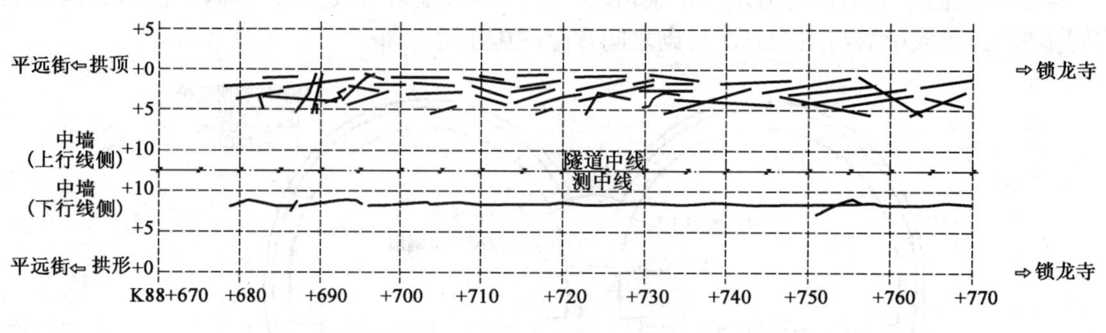

图 3-3　裂缝展布图

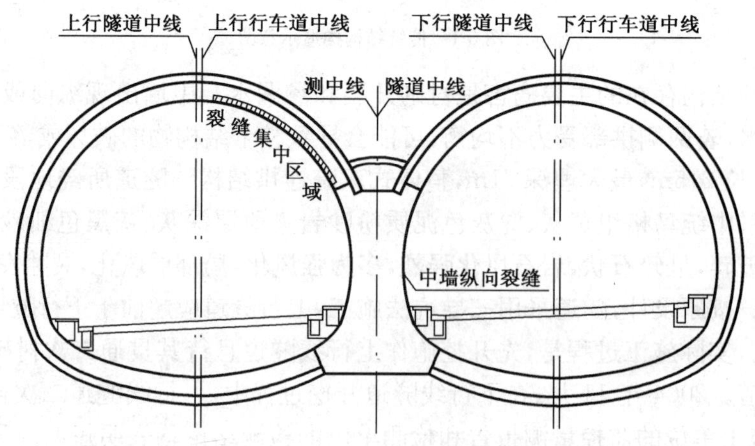

图 3-4　裂缝集中区域图

实际上，飞鱼泽隧道出现纵向分布裂缝的根本原因是在不良地质条件下采用了不合理的整体式双跨连拱结构构造形式以及先开挖施作上行线隧道且待其贯通二次衬砌完成后再开挖施作下行线隧道的施工方法。

3.2.3 改进结构构造

改进后的连拱隧道结构构造形式如图 3-5 所示，左右洞的二次衬砌不搭靠在中墙上，而是独立成环。相对传统结构构造形式，具有以下优点：

①将防水与结构设计统一考虑，衬砌防水效果更理想。

②在不削弱结构的条件下，将两侧二次衬砌各自独立成环，左右洞二次衬砌结构受力明确，相互影响少。

其缺点为：

①左右洞施工和衬砌期间中墙顶部不密实，有空隙，导致洞室围岩跨度增大，使得隧道两洞体围岩相互影响，受力独立性较差。

②中隔顶部注浆易堵塞土工布层排水通道，使得防水效果达不到要求。

九龙连拱隧道就是采用图 3-5 所示的结构形式，隧道二衬为钢筋混凝土结构，出现了二衬开裂。在隧道施工过程中，该隧道左洞拱腰(K6＋265～K6＋295)部分出现坍塌冒顶，塌方段围岩为 IV～V 级。两洞上导洞相隔 50m，下台阶与上导洞距离 30～40m，初期支护与二衬距离 50～100m。左洞开裂部分山体存在断层破碎带，而右洞没有此类现象。

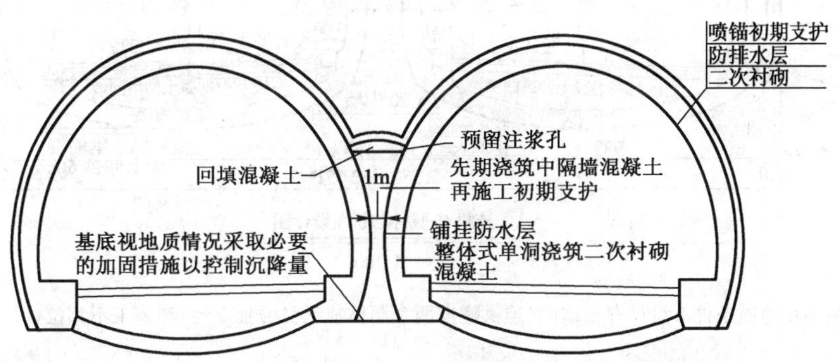

图 3-5 改进结构构造示意图

虽然在九龙连拱隧道施工中进行了隧道变形监测，量测收敛后再做二衬，但应该引起注意的是，目前监控量测的精度只能解决围岩稳定与破坏问题，而不能解决结构(特别是二衬)开裂问题(刚度问题)。如果连拱隧道一次支护较强，让初期支护和围岩的变形自行调整并协调一致(其间也可采用注浆等工艺加固补强)，施工完成并稳定后再做二衬结构可较好地解决二衬开裂问题。在不良地质条件下设计存在缺陷和施工不到位的情况见图 3-6。

3.2.4 前人的经验与教训

图 3-7、图 3-8 所示分别为古人利用或避开节理、根据岩石条件修建的佛龛，至今仍完好如初。古人善于利用工程地质条件，选取合适的地点修建建筑物，值得我们借鉴。

图 3-9 所示为某地下工程施工不当所引起的大街地面连续塌陷。该事故造成了巨大的经济损失和人员伤亡，给社会带来了不良影响。

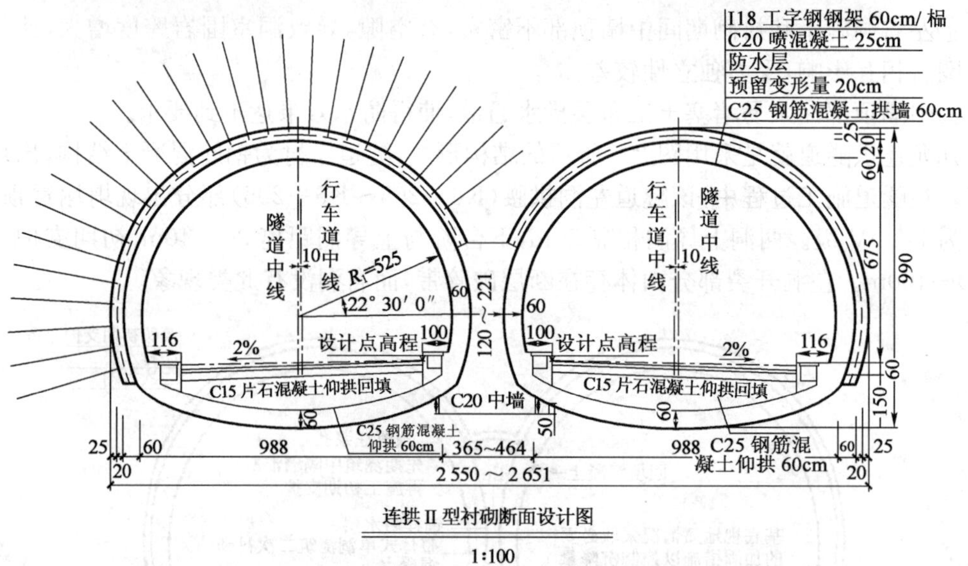

图 3-6　在不良地质条件下设计存在缺陷(连拱隧道两个洞体缺乏受力独立性)和施工不到位(尺寸单位:cm)

图 3-7　洛阳龙门石窟(古人利用或避开节理修建佛龛)

2006 年 5 月 18 日 15:30，某座二层窑洞发生坍塌(图 3-10)，正在现场拆房的部分农民工被压在下面。剩余农民工迅速召集正在附近另一个工地劳动的 20 多名老乡冲进现场展开救援，然而五六分钟后该窟洞发生了更为严重的坍塌。事故造成 26 人不同程度砸伤、5 人死亡。该事故说明在连拱隧道和拱桥(特别是双曲拱桥)养护(甚至拆除)过程中应特别重视安全技术问题(受力独立性问题)。

图 3-8　洛阳龙门石窟(古人根据岩石条件修建佛龛)

图 3-9　地下工程(相互间影响)引起大街地面连续塌陷

洛阳龙门石窟古人根据岩石条件好坏、利用或避开节理等措施修建佛龛(图 3-7、图 3-8)的智慧值得借鉴；而某地下工程(相互之间不独立)引起大街地面连续塌陷或拆除过程中出现安全事故(图 3-9、图 3-10)的教训应引以为戒。这与著名德国桥梁专家莱昂哈特非常注重结构构造的思想吻合。也就是说，传统结构构造(图 3-1)与改进结构构造(图 3-5)在围岩稳定条件较好时修建隧道容易成功，否则容易出现各种问题。公路与铁路隧道选线虽然可以避免大的不良地质构造(断层、滑坡等)，但还可能会遇到局部的不良地质构造(断层、滑坡等)。这时借鉴前人智慧、避免不足、选择隧道结构构造和合理开挖支护工法就至关重要。

图 3-10　事故抢救现场

3.2.5　优化结构构造

某连拱隧道工程地质条件复杂,节理裂隙很发育,岩层产状紊乱,并有 8 条断层破碎带,最大一条宽 22m,岩性主要为粉砂岩、含砾砂岩、砾岩,局部夹泥岩,围岩类别为Ⅲ级或Ⅳ级围岩,隧道顶上方 3m 处有一防空洞,地下水丰富且分布不均。

结合该连拱隧道对隧道结构构造进行优化,如图 3-11 所示。施工时先施工中导洞,根据中导洞拱顶围岩情况,用锚杆或小导管注浆加固中导洞拱顶围岩。然后再做钢筋混凝土中墙,中墙钢筋与加固导洞拱顶锚杆或小导管焊接成整体,从而起到减跨支护的作用。当围岩软弱时,中墙采用扩大基础或基底注浆加固措施,使左右洞施工过程初期支护受力明确且相互影响减小,受力基本独立。

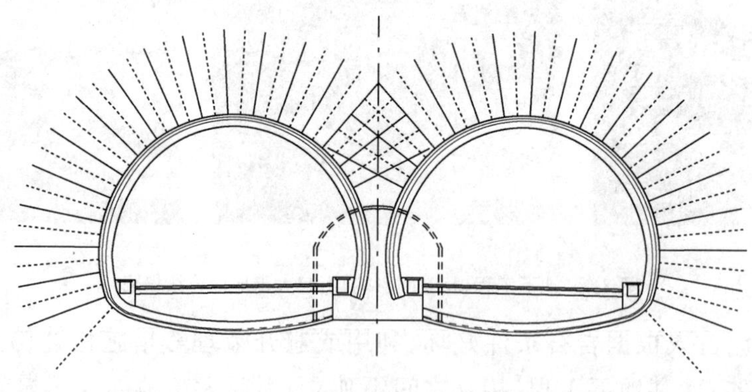

图 3-11　优化结构构造示意图

连拱隧道优化结构构造符合著名德国桥梁专家莱昂哈特注重结构构造的思想。他在《钢筋混凝土及预应力混凝土桥建筑原理》一书中强调:有关桥梁性能的好的构造细节较之复杂的计算更为重要,而隧道好的结构构造细节对隧道的安全同样重要。

3.3 双车道连拱隧道模型合理结构构造试验研究

3.3.1 模型结构构造设计

连拱隧道的常用结构构造如图3-12所示，设计断面直径为10m。模型结构构造选用的几何相似比：$C_l=50$；重度相似比：$C_\gamma=1$；泊松比、应变、摩擦角相似比：$C_\mu=C_\varepsilon=C_\varphi=1$；弹性模量、应力、黏聚力、强度等相似比：$C_R=C_\sigma=C_C=C_E=50$。如图3-13所示，模型的长×宽×高=230cm×20cm×180cm。为了便于肉眼观察，模型正面部分采用钢化玻璃模板。

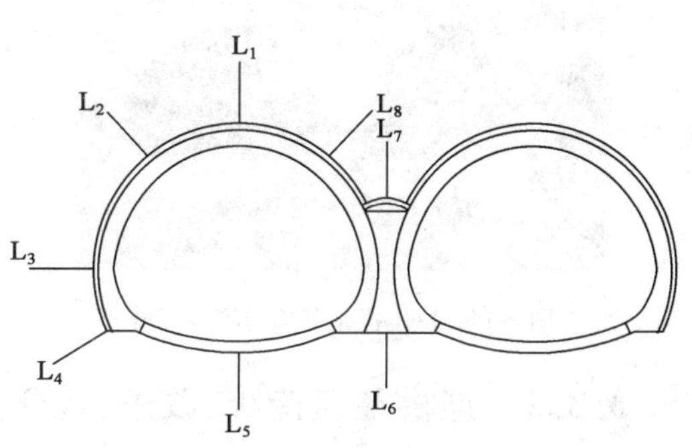

图3-12 模型结构构造图及洞周特征方向

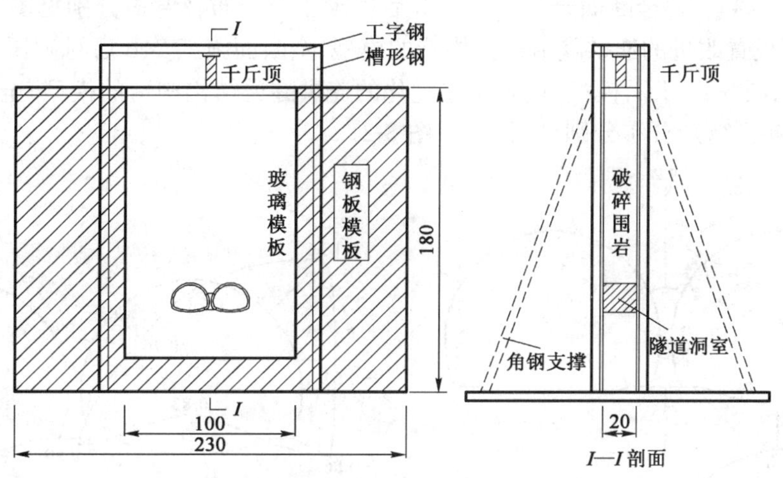

图3-13 模型试验装置简图(尺寸单位：cm)

岩体模拟材料选用表3-1所示的合成材料。考虑到模型的对称性，传感器的布置如图3-12所示，集中放置在单个隧道的周围的特征方向上。

模型材料的重度和力学性能 表3-1

重度 γ(kN/m^3)	弹性模量 E(GPa)	抗压强度 R_c(kPa)	泊松比 μ
23.2	0.067	230	0.31

从毛洞的破坏过程分析，拱顶局部的坍塌是最早产生的，如图3-14(LG_1 代表设置毛洞的模型)所示，继而拱顶岩体产生开裂。从图3-15可见，随着坍塌区的扩大，侧墙岩体向洞内产生剪切破坏。同时，中隔墙存在压剪破坏的迹象，中隔墙底部岩体发生剪切破坏。从毛洞的破坏过程分析可见，拱顶的预支护是必需的，且薄弱的位置依次为拱顶、侧墙和中墙的底部。因此，连拱隧道的关键问题是中墙问题，如中墙的强度不足、顶部不密实、底部岩体压损等都会导

致连拱隧道结构性破坏。

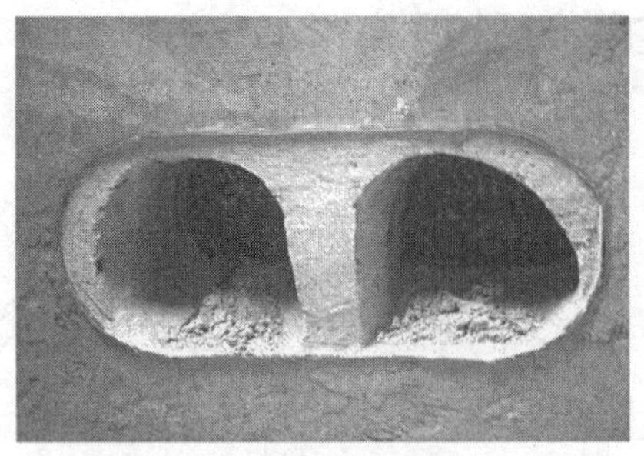
图 3-14 LG_1 拱顶局部坍塌并开裂

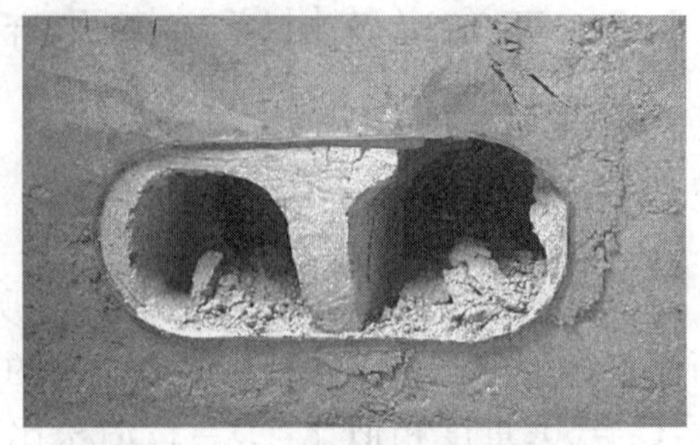
图 3-15 LG_1 侧墙及中墙底部剪切破坏

3.3.2 连拱隧道传统、改进、优化结构构造模型试验

(1)施工试验结果及分析

根据试验方案要求构筑模型、埋设元器件,并进行开挖试验。LG_2模型(代表设置传统连拱隧道结构构造的模型)全断面开挖施工 24h 后衬砌压力分布及弯矩分别见图 3-16、图 3-17;LG_3模型(代表设置改进的连拱隧道结构构造的模型)全断面施工 24h 后衬砌压力分布及弯矩分别见图 3-18、图 3-19;LG_4模型(代表设置优化的连拱隧道结构构造的模型)全断面施工 24h 后衬砌压力分布及弯矩分布分别见图 3-20、图 3-21。

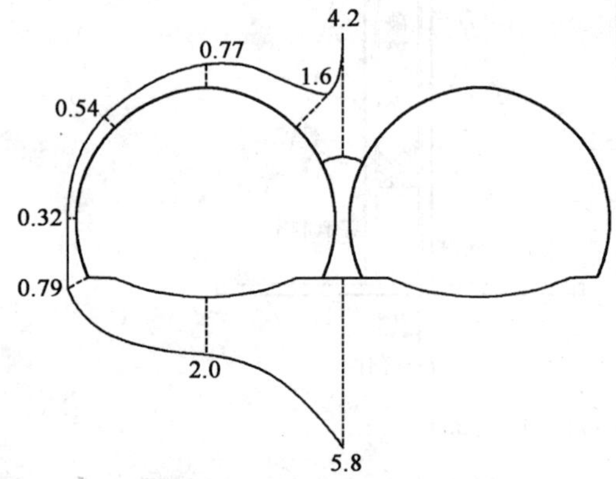

图 3-16 LG_2 模型衬砌压力(σ)分布(单位:MPa)

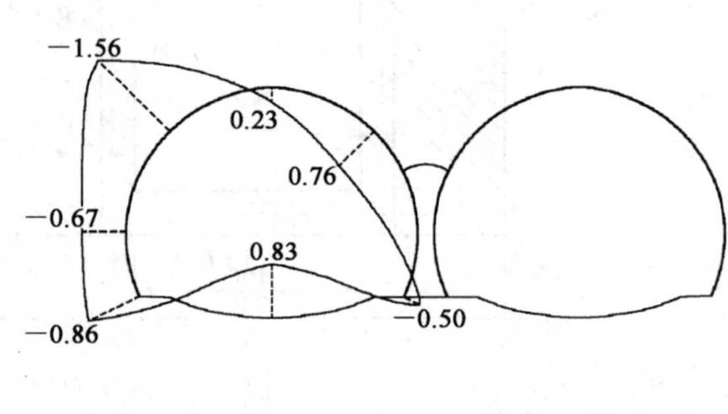

图 3-17 LG_2 模型衬砌弯矩(M)分布(单位:MN·m)

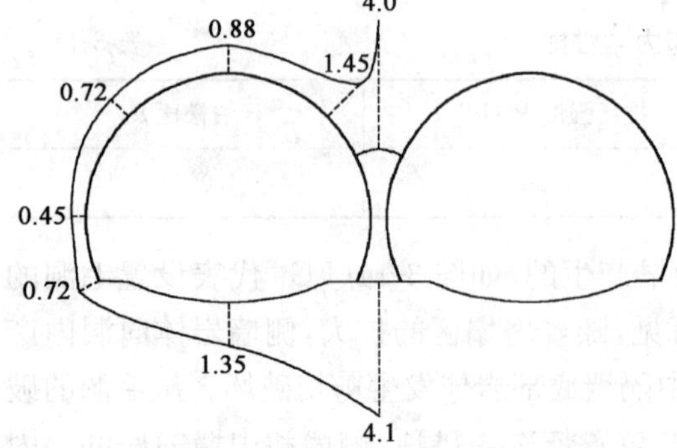

图 3-18 LG_3 模型衬砌压力(σ)分布(单位:MPa)

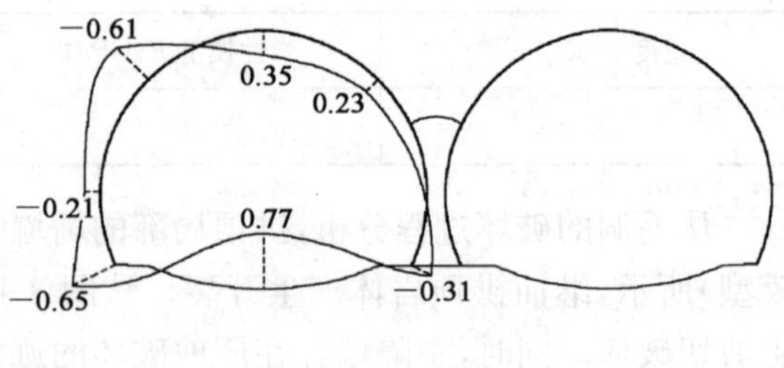

图 3-19 LG_3 模型衬砌弯矩(M)分布(单位:MN·m)

由图3-16可知，传统结构构造衬砌压力分布极不均匀，底板承受有2.0MPa的压力，L_8方向的压应力也高达1.6MPa，侧墙附近压力较小。中墙的顶部及底部压应力明显集中，其底部压应力高达4.8MPa，顶部的压应力为4.2MPa。中墙顶部预留有60mm的注浆孔，左右洞施工后引起中墙上方岩体压力松弛，其松弛压力转移给中墙。由图3-17可见，传统结构构造衬砌最大弯矩位于L_2方向，量值达到1.56MN·m，外侧受拉。而侧墙与底板的交界处、底板中间及L_8方向均有0.8MN·m左右的弯矩，前者外侧受拉，后者内侧受拉。显然，该结构受力拱效应不明显。

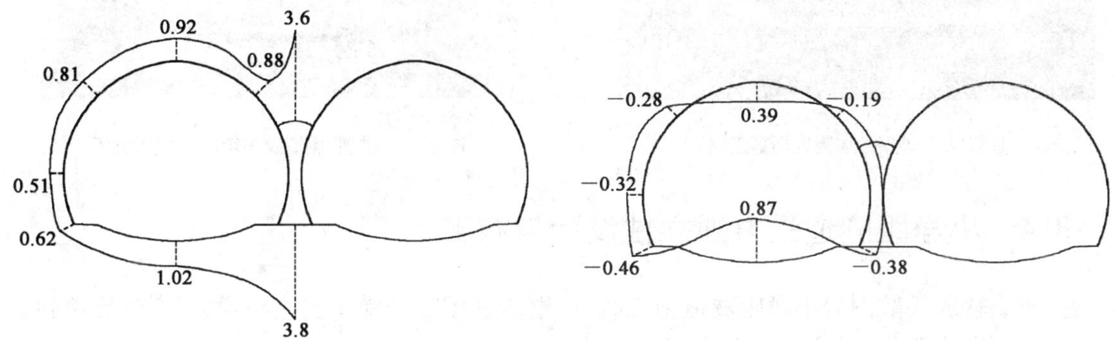

图3-20　LG_4模型衬砌压力(σ)分布(单位:MPa)　　图3-21　LG_4模型衬砌弯矩(M)分布(单位:MN·m)

从图3-18可以看出，改进结构构造衬砌上的高压力主要分布在底板及L_8方向，中墙的压应力为4MPa左右。由图3-19可知，改进结构构造最大弯矩发生在底板，这是底板的拱效应不明显引起的；L_2、L_4方向均有较高的外侧受拉弯矩，量值达到0.65MN·m。由此可见，L_5、L_4、L_2方向依次为衬砌的薄弱位置，但结构受力较传统结构构造得到了明显的改善。

由图3-20可见，与上两种结构构造情况比较，优化结构构造衬砌径向压应力较为均匀，最大的位于底板，量值为1.02MPa，而边墙处为最低，量值为0.51MPa，中墙的压应力仅为3.8MPa。对于拱结构来说，压力分布较为均匀，弱化了结构的应力集中，极大地提高了拱结构的承载能力。从图3-21可知，优化结构构造衬砌弯矩最大值位于底板，量值为0.87MN·m，表明此处拱效应不足。从弯矩的分布形态分析，与上两种结构构造比较，优化结构构造衬砌弯矩分布较为对称，衬砌结构受力较为有利，与独立隧道弯矩分布较为接近。由此可见，优化结构构造基本实现了两主洞受力的独立性，按优化结构构造设计和施工两个隧洞是合理的。

(2)破坏试验结果及分析

对传统结构构造隧道进行破坏试验加压，压力通过隧洞上方的千斤顶施加，其破坏特征见图3-22、图3-23。

从图3-22、图3-23可看出，首先是中墙顶部附近的围岩发生局部坍塌，随着荷载的增加，拱顶相继发生大的坍塌以及侧墙上方岩体发生开裂，开裂区域约为$1D$，同时，中墙底部产生冲剪破坏。因此，治理连拱隧道必须注意中墙底部岩体的强度问题，部分岩体的破坏或失稳会直接导致中墙顶岩体的过多下沉，从而造成过大的松弛压力，导致整个结构的破坏。

图 3-22　拱顶中墙附近局部坍塌

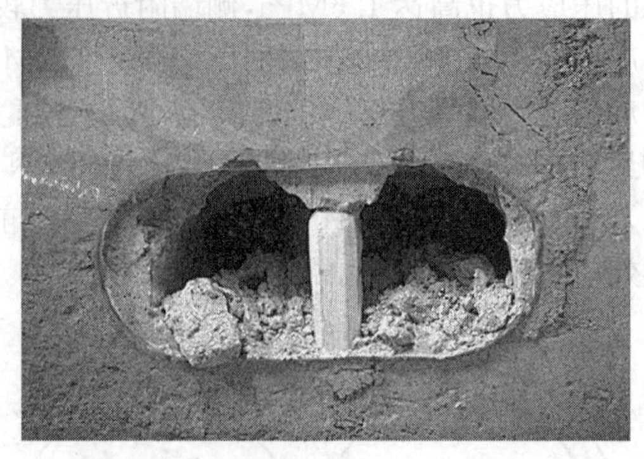

图 3-23　拱顶、侧墙及中墙底部剪切破坏

3.4　小净距隧道受力独立性设计与施工

土质或软弱松散围岩小净距隧道施工时，中壁岩柱围岩经受多次扰动，其状态远比单独的洞室施工时大为恶化，因此施加在中壁岩柱的压力比另一侧要大得多。尤其是当两洞相邻的分部开挖同时通过某一尚未支护断面时，中壁岩柱极易形成楔形体态破坏，如不及时处理极易发生扰动坍方，如图 3-24 所示。常采取的工程措施有以下几个方面：

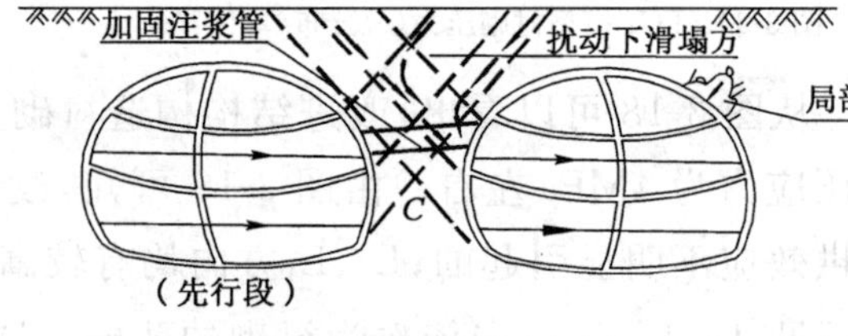

图 3-24　中壁岩柱加固

①应避免两洞同时同向开挖。若两洞同向开挖，除彼此要错开一段 $L \geqslant D$（D 为单洞开挖洞径）的距离外，还应注意：如果中壁岩柱形成的楔形体是土质或软弱松散围岩，则开挖外侧；如果中壁岩柱形成的楔形体是稳定土质或岩质围岩，则开挖内侧（图 3-24）；如果中壁岩柱形成的楔形体是稳定硬岩质围岩，则采用图 3-25 中导洞适度超前分步扩挖法施工。

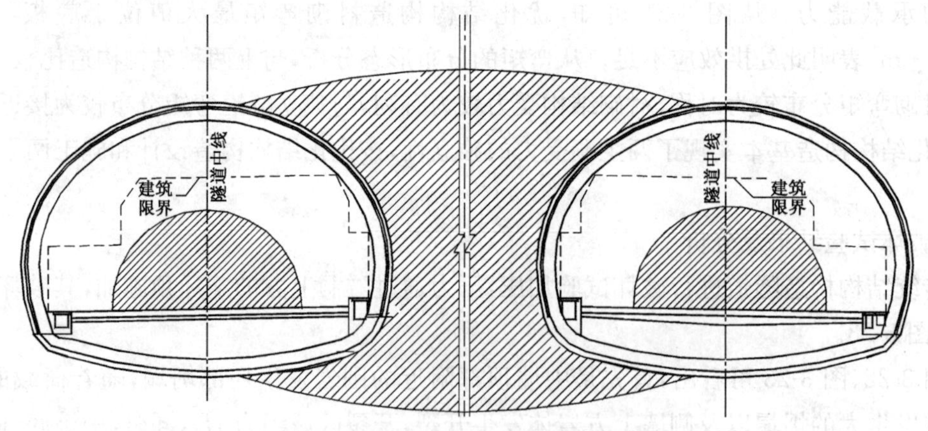

图 3-25　石质围岩小净距隧道中导洞适度超前分步扩挖再加固中壁岩柱施工法

②在施工过程中应利用两洞先行开挖段，进行洞内注浆来加固此中壁岩柱及附近围岩，即要求两洞在先行开挖段进行第Ⅳ步序施工时，在围岩中安设 3～3.5m 后加固注浆。

③施工作业时要以快为主，即快开挖，快封闭，以赢得时间。

④在破碎围岩条件下，小净距隧道施工要采用正向单侧壁导洞法和上下台阶与正向单侧壁导洞组合法施工方案。两种施工方案的共同特点是能尽早对中壁岩柱进行支护加固。加固方案包括锚杆、注浆、对拉锚索等。

石质围岩小净距隧道施工时中壁岩柱围岩虽然经受了多次扰动，但其中壁岩柱破坏形态比土质或软弱松散围岩小净距隧道施工时要好得多，如果采用中导洞适度超前分步扩挖法施工再进行洞内锚杆、注浆、对拉锚索等来加固中壁岩柱效果会更好(图 3-25)。

因此，在隧道施工中，采用什么理论和工法并不重要，而应根据具体隧道围岩地质的综合条件，采用经济合理的设计和施工方法，甚至将多种方法综合运用。但是隧道合理施工方法或多种施工方法的综合运用，必须同时满足隧道合理工法判别原则。

3.5　小净距隧道受力独立性研究

3.5.1　试验装置

试验采用平面应变模型。模型试验在专门制作的模型试验台上进行。模型台前后用两组 20 号工字钢以对模型槽前后进行约束，可以对模型在竖向和水平方向加载。模型试验台的净空尺寸为 4.0m×2.0m×0.4m。为方便观察，在模型试验槽的两端采用了有机玻璃，玻璃的尺寸一张为 1.2m×2.4m×0.02m(正面)，一张为 1.2m×2.4m×0.01m(背面)。正面玻璃中下部预留开挖孔，开挖孔的尺寸分别根据设计的隧道截面确定。试验台如图 3-26 所示。

图 3-26　模型试验台外观

3.5.2　模型试验方案

由于模型试验台尺寸较大，可以通过选择合适的几何比来布置多个隧道，试验共设计了 4 个隧道，编号如图 3-27 所示，1～4 号隧道间距依次分别为 0.5D、1.0D、1.5D，这样可以实现在相同地质条件、相同加载条件下对不同净距中岩墙稳定性开展研究。隧道布置情况如图 3-27、图 3-28 所示。

本次模型试验的几何相似比为 38，重度相似比为 1。根据模型试验的相似准则，有：

$$\alpha_\sigma = \alpha_l \times \alpha_\gamma \tag{3-4}$$

式中：α_σ ——应力相似比；

α_l ——几何相似比；

α_γ ——重度相似比。

将数据代入式(3-4)得应力相似比为338。

模型试验围岩选为Ⅴ级。根据《公路隧道设计规范》,Ⅴ级围岩的物理力学参数见表3-2。配制的模型材料的密度、弹性模量、泊松比、内摩擦角等与Ⅴ级围岩原型性质满足相似关系,见表3-2。模型材料以机油作为黏结剂、重晶石粉和标准砂为骨料拌和而成,其力学性质基本满足要求。

Ⅴ级围岩物理力学指标标准值　　表3-2

围岩级别	重度 γ(kN/m³)	变形模量 E(MPa)	泊松比	内摩擦角 φ(°)	黏聚力 c(kPa)	计算摩擦角 φ_c(°)
原型	17～20	1 000～2 000	0.35～0.45	20～27	50～200	40～50
模型	17～20	26.3～52.6	0.35～0.45	20～27	1.32～5.26	40～50

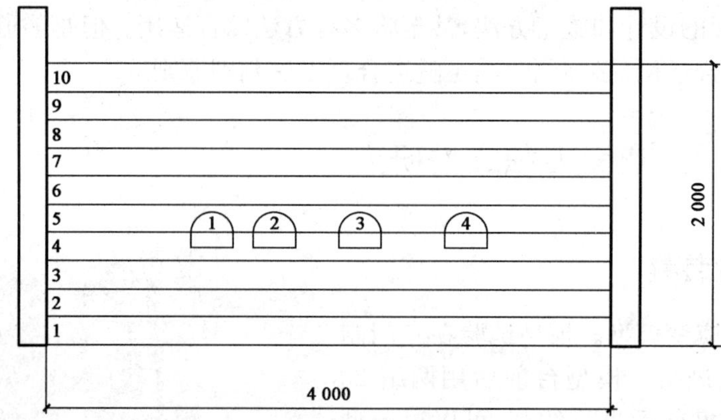

图3-27　隧道模型位置图(尺寸单位:mm)

图3-28　小净距隧道模型

3.5.3　试验结果与分析

(1)单洞破坏情况

试验中逐步增加竖向荷载,观察隧道围岩、中岩墙的变形和破坏情况。1号洞在不同荷载下的破坏情况如图3-29所示,其他隧道模型的破坏工程与1号隧道相一致。由图可见,模型围岩破坏首先发生在墙体部位。在自重应力场作用下，隧道周边围岩中墙体部位应力最高，切向应力是第1主应力，径向应力是第3主应力。两种应力差导致墙体围岩剪切破坏，随着荷载升高，破坏不断加剧。

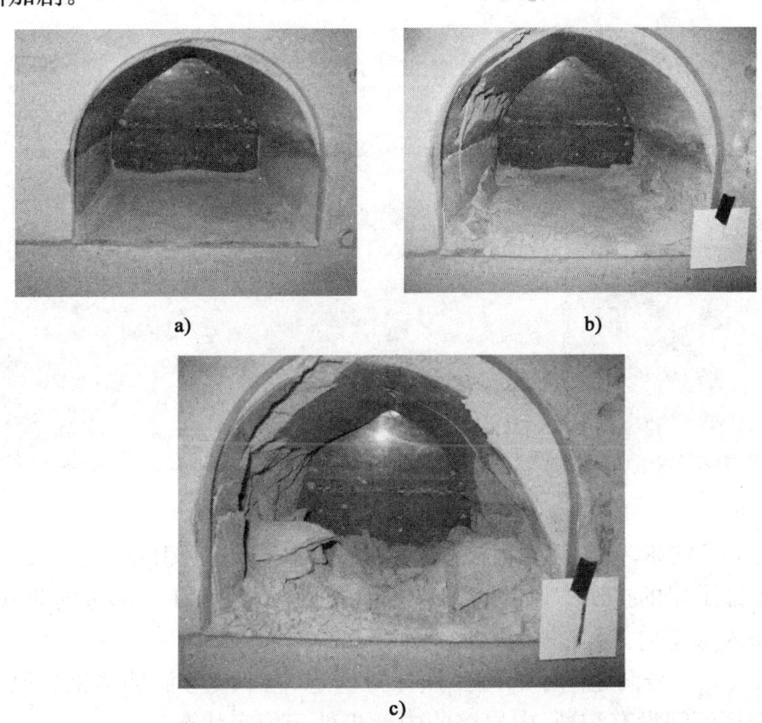

a)　b)　c)

图3-29　1号洞在不同载荷下的破坏情况

a)1号洞初始状态；b)1号洞在280kN时的破坏情况；c)1号洞在350kN时的破坏情况

(2)中岩墙破坏分析

受左右两洞叠加应力场作用，中岩墙处于应力集中状态，因此中岩墙是小净距隧道围岩中应力最高和最先失稳的部位。中岩墙破坏形态如图3-30、图3-31所示。

由图3-31可见，在隧道变形过程中，中岩墙内形成了较密的竖向裂缝，从而造成中岩墙承载力下降，最终两个洞体上部围岩发生整体下陷，隧道完全失稳。

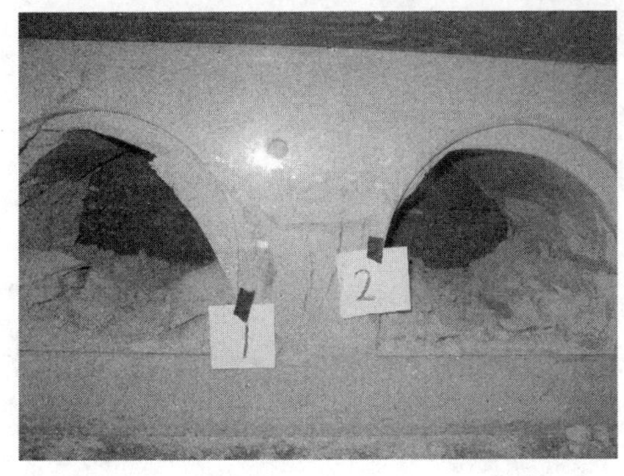

图3-30　1、2号洞间中岩墙350kN时的破坏形态

图3-31　1、2号洞间中岩墙最终破坏形态

(3)中岩墙厚度影响分析

模型破坏形态如图 3-32 所示。1、2 号洞之间的中岩墙厚度为 0.5D，已完全破坏；2、3 号洞之间中岩墙厚度为 1.0D，处于稳定状态；3、4 号洞之间中岩墙厚度为 1.5D，处于稳定状态。

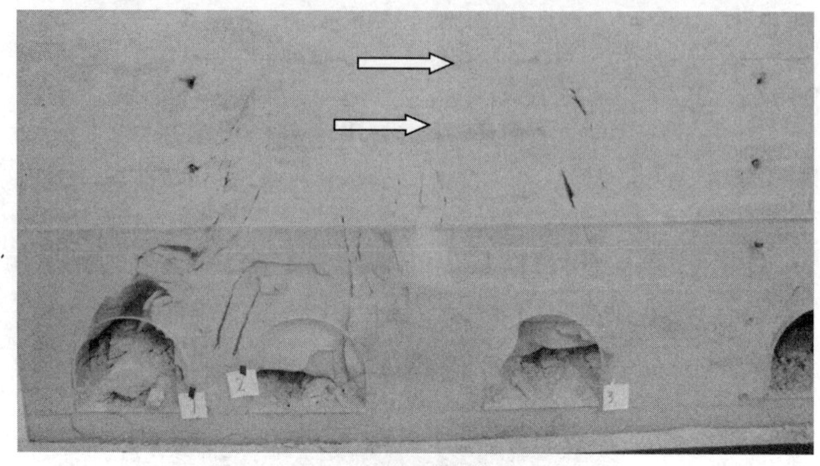

图 3-32　模型破坏形态

3 号洞虽发生了破坏，但破坏是由 1、2 号洞顶部围岩下陷所引发的。1、2 号洞顶部围岩下陷后对 3 号洞上部围岩的挤压力(如图 3-32 中箭头所示)减小，在上部竖向荷载作用下，3 号洞上部围岩下陷挤入隧道内。

2、3 号洞以及 3、4 号洞之间中岩墙虽然保持稳定，但 3、4 号洞墙体围岩已经发生破坏，只是相邻隧道的破坏区间没有沟通，中岩墙的中部仍处于稳定状态。

从上述分析中可见，当中岩墙厚度达到 1.0D 时，中岩墙可以保持稳定。

3.5.4　模型试验基本认识

中岩墙厚度是隧道围岩稳定状态的决定性因素，当中岩墙厚度较薄时(如 0.5D)，中岩墙发生破坏，导致两个隧道顶部整体性塌陷；当中岩墙厚度达到 1.0D 时，相邻隧道墙体围岩破坏区没有沟通，中岩墙的中部仍处于稳定状态，保证中岩墙整体稳定。

第 4 章　隧道施工合理工法选择

4.1　隧道工法合理性判别原则

隧道施工是在有原始应力场的介质内构筑结构，即“先有荷载，后有结构”，隧道工程结构的受力是不确定的，隧道开挖方法、支护时间、支护刚度对结构受力影响很大，设计是以工程类比为主、计算为辅，实行动态设计，而隧道围岩和支护衬砌变形及受力状态的监测与地面建筑对钢结构和钢筋混凝土结构的静力计算同样重要。

每一种隧道施工工法都不是万能的，都有其各自的使用条件，必须根据围岩类别选用不同的工法。即使同一级围岩，由于所处的工程地质环境的差异，岩体完整程度也不是完全相同的，选用的施工工法也是有差别的。无论选用怎样的工法或综合其他工法，一个共同的目标就是要用最经济的手段维持隧道围岩的稳定，保证洞室的安全施工。该问题关键在于科学实用融合与对症下药，即施工与养护过程中的每一步骤或使用过程中的每一时段，隧道围岩和支护系统都必须满足三维力学平衡、三维力与变形协调和三维变形协调与稳定，如图 4-1～图 4-5 所示。

图 4-1　20 世纪 70 年代由于资金受限群众用不规则块石修建拱桥出现裂缝（三维力与变形不协调和三维变形不协调与稳定）

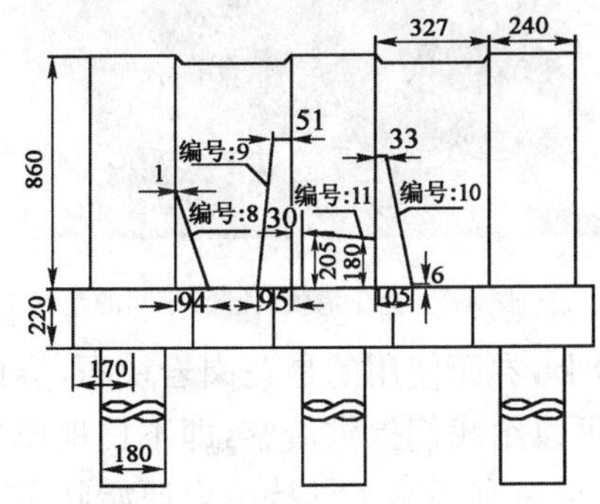

图 4-2　摩擦桩桥梁加宽横梁连续不均匀沉降造成横梁开裂、桩上结构刚度较大造成连接板开裂（三维力与变形不协调和三维变形不协调与稳定）（尺寸单位：cm）

图 4-3 所示为天台山欢岙高桥。该桥于乾隆四十六年正月建造,是一椭圆形双曲古石桥,全长 15m,拱顶桥宽 3.8m,拱脚宽 4.70m,净跨径 9.60m。这座桥的拱脚直接砌筑在溪床两侧

图 4-3 天台山欢岙高桥(三维力与变形协调和三维变形协调与稳定)

图 4-4 建于隋朝(公元 605～公元 618)年间的赵州桥(三维力与变形协调和三维变形协调与稳定)

图 4-5 建于清朝(乾隆)年间的地宫(三维力与变形协调和三维变形协调与稳定)

的裸露基岩上,券面使用的是花岗岩块石,券内则用大河卵石,具有古色古香的气息。该桥的成功建设,可以给我们提供借鉴,即不良地质条件下,采用圆形或椭圆形开挖支护形式分大断面为小断面更有利于基本维持围岩原始状态。

在选取施工工法时应遵循的基本原则:充分发挥围岩的自承能力和基本维持围岩的原始状态,预支护原理等的正确运用,预防和严控特殊地质隧道局部失稳引发整体失稳问题,使隧

道开挖消耗能量最小。上述原则虽然理论上与目前采用的隧道施工方法几乎没有差别，但看问题的出发点不同，特别是在工法判别方面。实际应用中，现代工法是用点的变形和平衡来反映整体问题，不便考虑突变问题，存在工程安全隐患。而较好的隧道设计理论和工法是控制整体变形和各点平衡问题，即使产生局部变形突变也不会影响整体稳定，正如同“小历史”与“大视野”和生产力与生产关系相适应一样，任何有效理论与工法都必须站得高、措施有效，并且与当前生产力水平相适应。

4.2　遵循基本理念

遵循基本理念：充分发挥围岩的自承能力与基本维持围岩原始状态。以新奥法等为代表的现代工法的核心是充分发挥围岩的自承能力。这一提法从力学角度提出了保持围岩稳定的思路，决定围岩稳定性的关键是围岩与支护系统共同作用达到稳定平衡。在实际工程中，由于岩土介质和地质条件的复杂性、岩土特性的不均匀性，施工过程中，围岩力学性能随时间、空间发生变化，岩体物理力学参数有很大的不确定性，又由于构造应力等复杂因素影响，围岩的初始应力场具有不均匀性，隧道开挖后围岩应力会重分布，特别是存在塑性区时围岩的应力还会产生转移。因此，对围岩应力的集中区分布、围岩稳定性可能出现突变点的位置的把握是十分困难的。如果用量测手段来控制，存在量测精度、量测点不好掌握等问题，更无法用应力控制手段实现围岩的稳定性判断。而新修订的《公路隧道施工技术规范》中 1.0.3 条规定：应通过监控量测调整支护参数，控制围岩变形，充分利用围岩的自承载能力。其中，必须测量测的项目有：

①地质及支护状况观察描述。

②地表沉降观测。

③拱顶下沉量测。

④围岩周边位移量测。

在围岩稳定性评价中，关键是要控制变形异常，即 III 级中等偏好围岩主要控制块体掉落和稳定平衡。对应“好墙如豆腐”即包含三层意思：块体三维力学平衡、三维力与变形协调和三维变形协调与稳定；而 III 级中等偏差围岩主要控制变形协调、不产生有害变形导致坍塌等和稳定平衡。

基本维持围岩原始状态的理念直接面对围岩的稳定和平衡，从整体稳定的视角出发，既是保持原有围岩与支护系统共同作用达到稳定平衡和控制变形异常，又是充分发挥围岩自承能力的充分必要条件。因此，工程实践中“充分发挥围岩的自承能力”和“基本维持围岩原始状态”两者理念相同，而“基本维持围岩原始状态”理念更便于实践应用，并控制围岩稳定。

4.3　正确运用预支护原理

隧道支护结构是要解决如何有效地控制变形问题：既要允许围岩有一定的变形(也包括结构的变形)，不要试图阻止围岩变形，使支护承受过大压力，又要限制围岩变形，防止围岩过大变形，发生垮塌。应在适宜的时机，构筑适宜的支护结构，避免在围岩中出现不利的应力状态。

由隧道预支护原理核心内容可知，不论哪种情况，预支护力都要足够大，从而使隧道“基本维持围岩原始状态”。这样保持围岩与支护系统共同作用达到围岩的三维应力状态平衡就是达到隧道“充分发挥围岩的自承能力”的基础。

对于极限自承能力比较大的完整围岩,只要发挥围岩自身的承载能力,就足以保持洞室的稳定。因此,在这类围岩中施工隧道时,要允许围岩发生一定的变形,不进行初期支护或提供比较小的初期支护力即可。

对于有一定自承能力的围岩,要注意适时支护。因为遇到这种围岩,隧道开挖后围岩不会立即松弛垮塌,围岩压力还处于形变压力阶段,因此允许围岩发生一定的变形。但如果变形过大,围岩压力转化为松弛压力以后,要求提供的支护抗力反而会加大,故选择好支护时机非常重要。

对于土质或软弱松散等破碎围岩,要注意采用超前小导管、超前管棚等预支护措施,因为在这种围岩中开挖隧道,洞室开挖后围岩会很快进入松弛状态,所以只有预先强化围岩,才能保证开挖过程中围岩的稳定。

4.4 预防隧道局部破坏引发整体失稳问题

隧道围岩变形是岩体内能量的释放过程,其监控量测的重点是关注突变值(异常变形或状态),最终变形值以规范规定值控制,否则要加强支护。以 2004 年 5 月 23 日法国戴高乐机场顶棚坍塌事故为例,由于薄壁钢结构局部与整体失稳,拱形顶棚中的一个弧度结构出现了折痕,而弧度结构上的裂痕使这个构件逐渐穿过了顶棚,难以支撑数十吨重的顶棚,最终导致拱形顶棚发生坍塌,如图 4-6 所示。

图 4-6 2004 年 5 月 23 日法国戴高乐机场顶棚坍塌

因此,在处理稳定性差、地下水丰富等特殊地质条件的隧道围岩稳定问题,应该借鉴上述思路,如条件允许应尽量强化围岩。施工中必须灵活应用小断面开挖和空间支护系统(图 4-7),从而预防和严控隧道围岩局部破坏或失稳引发隧道整体失稳问题(大面积塌坍或严重变形等)。

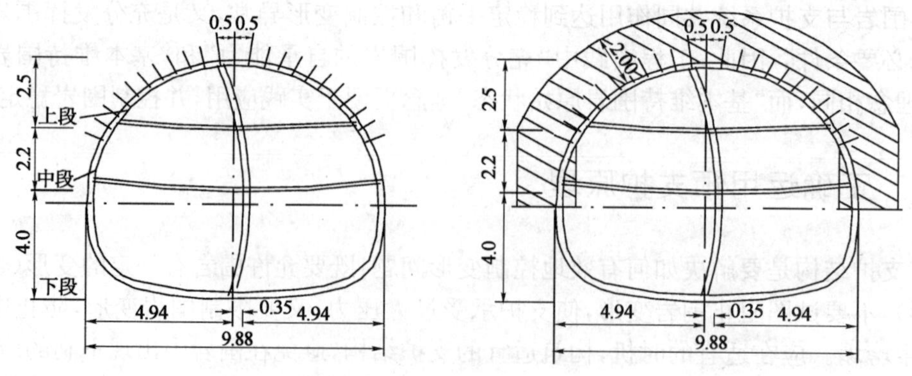

图 4-7 小断面开挖和空间支护体系(尺寸单位:m)

4.5 开挖能量最小原理

土质或软弱松散围岩隧道施工中常采用分部施工留核心土工法、CD 法(中隔墙法)、双侧壁导坑法(眼镜法)、CRD 法(交叉中隔墙法)等工法,这些工法基本无需或只需少量爆破,常采用机械和人工开挖施工。石质隧道目前主要采用钻爆法施工。这两种隧道施工过程消耗的能量 E 都可表达为三部分:

$$E = E_1 + E_2 + E_3 \tag{4-1}$$

式中:E_1——破碎隧道断面内岩体与抛掷碎石耗能或机械和人工施工的耗能,是有效耗能;

E_2——对围岩及预支护结构扰动及保持围岩变形临界稳定的耗能和恢复破坏与变形不稳定围岩的稳定性的耗能;

E_3——其他耗能,其量值小,一般可忽略不计。

石质隧道施工中,实施爆破需要解决两个同等重要的问题:一是用最有效的方法将隧道断面内的岩石适度破碎,并将碎石适度抛掷;二是降低爆破对围岩的扰动,最大限度地维持围岩原始状态,以有利于隧道的长期稳定。开挖能量最小原理可表述为:在实现爆破效果良好的前提下,对围岩及预支护结构扰动耗能 E_2 最小的施工开挖方案最优,针对围岩扰动最小。

土质或软弱松散围岩隧道施工中,采用分部施工留核心土等工法,其核心是控制围岩变形,以实现基本维持围岩原始状态的目标,否则隧道围岩局部失稳破坏会诱发更大范围的围岩失稳破坏。针对此种情况,保障隧道建设消耗能量最小的基本要求是防止围岩产生大范围的破坏。当围岩发生破坏后,重新实现围岩稳定性所需做的功将远大于预支护维持围岩稳定所需做的功。因此,采用直接机械和人工开挖的方式施工隧道,其能量消耗主要是施工洞体的能量消耗和预支护结构实施的能量消耗。施工过程中需解决两个重要的问题:一是降低施工过程对围岩及预支护体系的扰动,最大限度地维持围岩的原始状态及发挥预支护结构的效能;二是防止施工过程产生大范围岩土体的失稳。因此,土质或软弱松散围岩隧道,开挖能量最小原理表述为:在实现分部施工及支护结构控制围岩变形良好的前提下,对发生破坏或变形不稳定围岩恢复稳定的耗能 E_2 最小的方案最优。

4.6 应用说明

4.6.1 几种施工方法的应用

(1)导坑超前+扩挖施工法

在大断面隧道施工中,采用钻爆法或小型掘进机先行施工一个导坑(图 4-8),然后用爆破方法进行扩挖。此时扩挖是在有导坑临空面条件下进行的,爆破临空面大,夹制作用小,爆破耗能少,大大降低了对隧道围岩的扰动。

(2)硬岩预裂爆破与光面爆破

预裂爆破是在隧道施工爆破前,预先沿设计轮廓爆出一条具有一定宽度的裂缝。当主爆区爆破时,裂缝对应力波起到反射作用,减少应力波对围岩的破坏作用。因此,轮廓孔爆破时,围岩和断面轮廓线内的岩石对爆破具有相同的夹制作用,爆破对围岩的破坏作用较大,特别是在岩石强度较高的情况下,轮廓孔装药较多,耗能较大,破坏作用更为明显。当围岩存在节理裂隙而容易产生掉块导致安全事故,更不宜采用预裂爆破。而光面爆破是先爆破中央部分时对围岩影响较小,后爆破周边时已有临空面对围岩影响也较小。因此,在岩体强度较高的情况下,应采用全断面光面爆破。

(3)软弱围岩弱爆破分步施工

在隧道施工中,经常遇到强度低、易风化、破碎的软弱围岩,在隧道围岩稳定性分级中属于稳定性较差的III、IV、V级围岩,易出现坍塌等工程事故。实践表明,爆破工序对此类围岩的稳定性有重要影响,爆破震动经常是围岩坍塌的诱导原因。因此,应降低爆破震动强度,尽可能减轻对围岩的扰动,最大限度地维持围岩的原始状态。

软弱围岩隧道一般采取台阶法施工。上部台阶施工时拱部采用光面爆破,岩石自重有助于拱部岩面沿周边眼的开裂,适当降低炸药消耗,降低耗能,既可保证爆破效果,又有利于降低周边眼起爆对围岩的震动强度。在下台阶施工时,为了及时对围岩支护,需要先施工边墙部分,施工顺序如图4-9所示。因岩体强度低,此时采用弱爆破即可实现施工,对边墙围岩的扰动较小。

在隧道断面内岩石性质差别显著时,要注意调整施工方案。如果上部岩体软弱而下部岩体坚硬时,下台阶分部施工顺序要相应调整,应采用图4-10所示的施工顺序。如果按图4-9所示的施工顺序,下台阶两侧岩体(边墙)水平方向受到较强的夹制作用,由于岩石坚硬,需采用较强的爆破才能破碎岩体,耗能较高,对围岩的扰动也较显著。

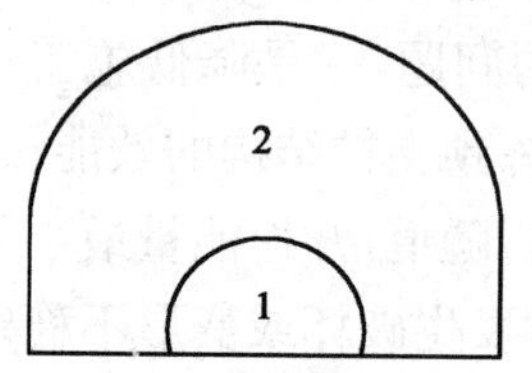

图4-8 导坑超前+扩挖施工法施工顺序

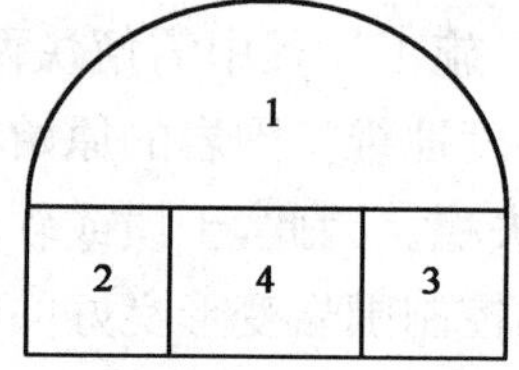

图4-9 上下台阶法施工顺序

1-上台阶施工与支护;2-左边墙施工与支护;3-右边墙施工与支护;4-下台阶施工与支护

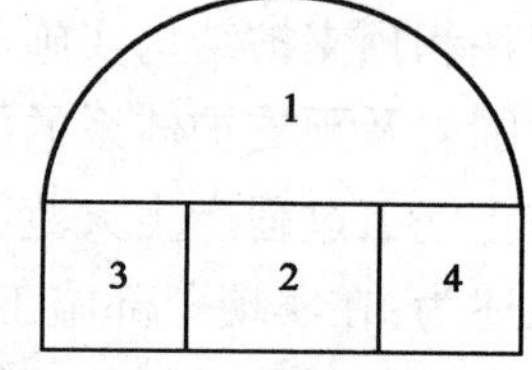

图4-10 下台阶是硬岩时施工顺序

1-上台阶施工与支护;2-下台阶中部施工;3-左边墙施工与支护;4-右边墙施工与支护

4.6.2 具体案例说明

下面通过典型的工程案例来说明施工工法选择的重要性。

图4-11所示为雪山隧道。该隧道埋深比较浅,在浅埋和超浅埋隧道中,如果上覆岩土层较破碎时,极易发生坍塌冒顶事故。在该隧道施工过程中,针对其特殊的地质条件,很好地运用了预支护原理,采用了小断面、多台阶、短进尺、弱爆破、强支护的施工方案(图4-12),避免

了冒顶事故的发生。

图 4-11　雪山隧道

某隧道建设过程中，洞口段发生了整体下沉，最大下沉量近 1m，如图 4-13 所示。该隧道使用环形开挖留核心土的施工方法进行开挖(图 4-14)。该施工方案在该地质环境下不能有效控制围岩变形，达不到“基本维持围岩原始状态”的目的。

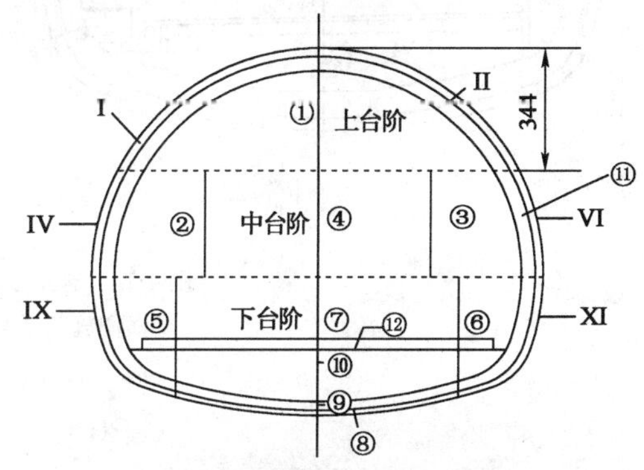

图 4-12　三台阶七步流水作业法(单位：cm)

1-大管棚(小导管)超前支护；2-上台阶①开挖；3-I、II 扩大拱脚、初期支护；4-中台阶左②、右③马口开挖；5-IV、VI 扩大拱脚马口初期支护；6-开挖中部④核心土；7-IX、XI 下台阶马口初期支护；8-开挖下台阶中部核心土⑦开挖；9-施作仰拱⑧、支护⑨、回填⑩；10-施作防水层、二次衬砌⑪；11-沟漕路面⑫施工

由图 4-15 可以看出，隧道稳定的前提首先是洞口边坡稳定问题，只要采用相应技术措施和改变施工顺序，就能改变山体不稳定平衡状态，从而保证隧道稳定平衡。

在隧道施工中，经常遇到强度低、易风化、破碎的软弱围岩，易出现松弛坍塌等工程事故。实践表明，爆破工序对此类围岩的稳定性有重要影响，爆破震动是围岩坍塌的主要诱导原因。因此，应降低爆破震动强度，尽可能减轻对围岩的扰动，最大限度地维持围岩的原始状态。而对于较好的石质隧道，留核心土环行开挖工法则没有下导洞适度超前全断面工法好，见图 4-16。

图 4-13　某隧道洞口下沉情况

图 4-17 所示为大枫坑口隧道在进洞时，由于上覆岩土体局部较破碎，施工时没有采用超前支护措施，从而出现了坍塌冒顶事故。因此，遇到类似围岩，应该首先处理破碎带，采取及时

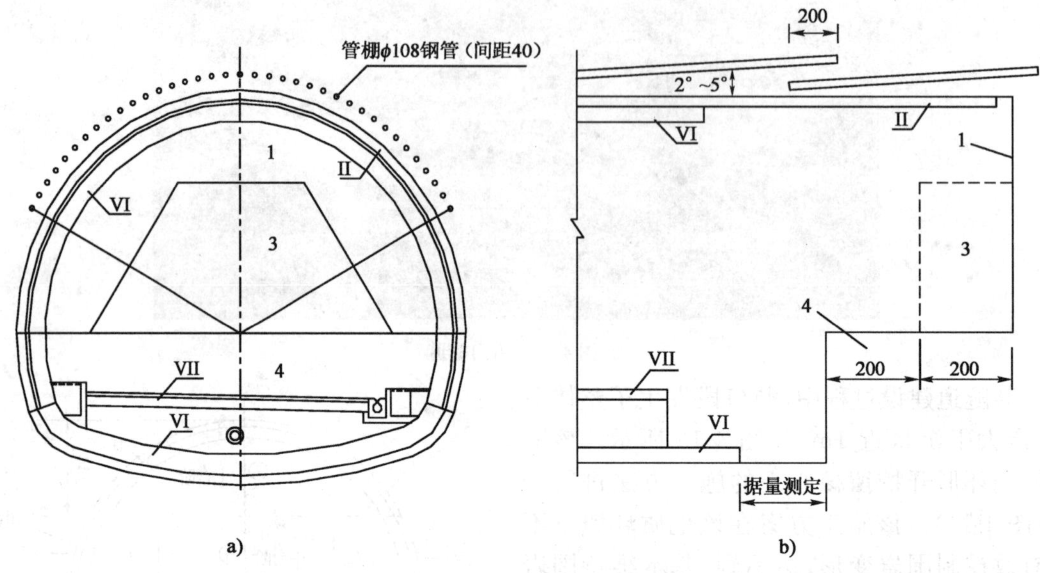

图 4-14 施工示意图(尺寸单位:cm)

a)横向施工示意;b)纵向施工示意

图 4-15 边坡与隧道稳定关系

有效的超前支护措施(如超前管棚、超前锚杆等)，提供足够的预支护力(图 4-18)，从而保证围岩的稳定。相似的隧道塌方事故都有一个共同的特征，隧道穿越的岩土体，往往下部为坚硬的基岩，上部为结构松散的土体。隧道进洞后，爆破震动一方面对本来就比较松散的土体进行扰动，另一方面隧道的开挖出现临空面，使上部土体失去了支撑，破坏了其力学平衡，从而引起边仰坡发生滑塌，出现了隧道塌方冒顶的工程事故。

当围岩为土或松散破碎围岩时，应采用图 4-19 的所示的开挖顺序进行施工。此时应预留核心土，保护掌子面的安全。第 1 步开挖完成后，迅速施作初期支护。当围岩为较完整岩石时，应采用图 4-20 所示的开挖方式。此时应首先爆破开挖隧道的核心部分 1，然后逐渐扩大断面，从而减少对围岩的扰动，同时使爆破能最小，符合开挖能量最小原理。在规范的留核心土

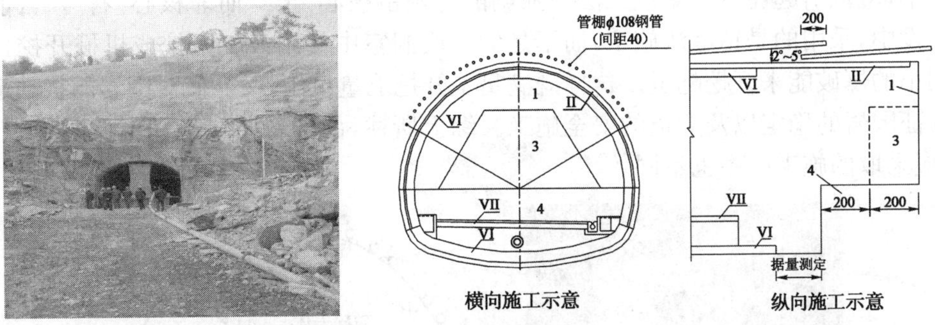

a)

b)

c)

图 4-16　较好石质围岩隧道施工工法效果比较

a) 留核心土环行开挖工法；b) 下导洞适度超前全断面工法；c) 台阶法半断面工法

图 4-17　大枫坑口隧道洞口塌方事故

开挖工法中,应该引起注意的是该工法中强调的是预留核心“土”,而非核心“石”。目前,在山岭隧道建设中,采用的是钻爆法施工,而不是像土质洞室中使用人工开挖或机械开挖,所以应尽量使用小的爆破能来开挖隧道。这样既满足了开挖能量最小,又能使对围岩的扰动最小,从而可以保证围岩的稳定以及隧道的安全施工。综上所述,由于石质隧道和土质隧道中开挖工艺不同,应采取的施工顺序也不同。

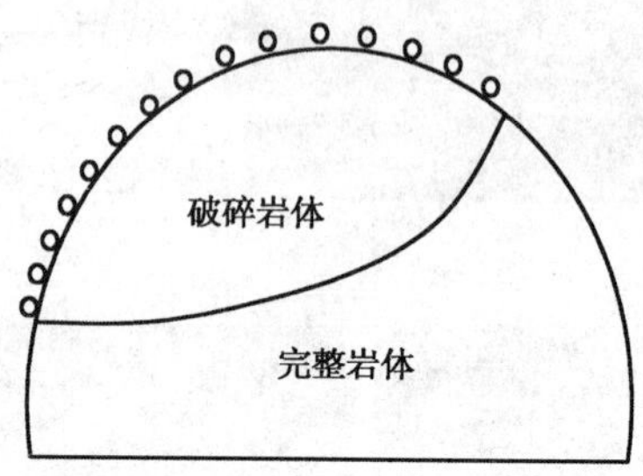

图 4-18 大枫坑口隧道洞口塌方事故及处理方案

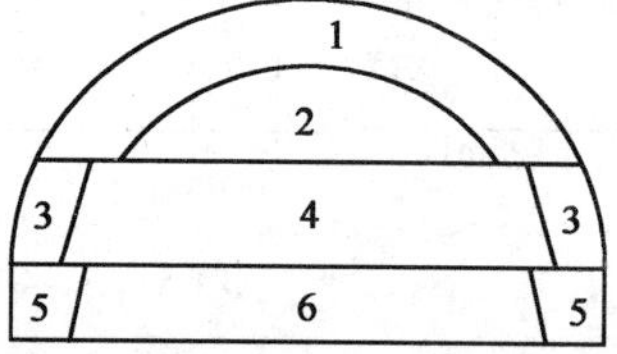

图 4-19 土质隧道中开挖顺序

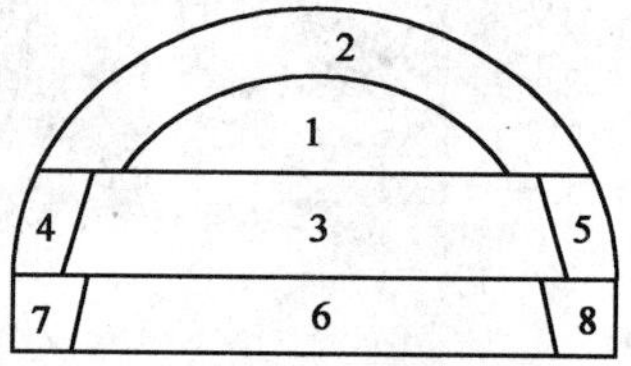

图 4-20 岩质隧道中开挖顺序

4.6.3 小净距隧道的开挖

在小净距隧道施工时,应注意两洞的相互影响问题,尽量使受力保持一定的独立性。目前在小净距隧道的开挖过程中,超前导洞预留光爆层法是比较常用的施工工法,具体的开挖顺序如图 4-21 所示。这种工法适用于 I、II、III 级围岩。I、II、III 级围岩自稳性好,适于全断面开挖,由于超前导洞临空面的存在,有效地降低了二次扩挖的炸药消耗量,同时也降低了爆破对围岩特别是中壁岩柱的扰动。图 4-22 为该工法在小净距隧道中的具体应用案例。

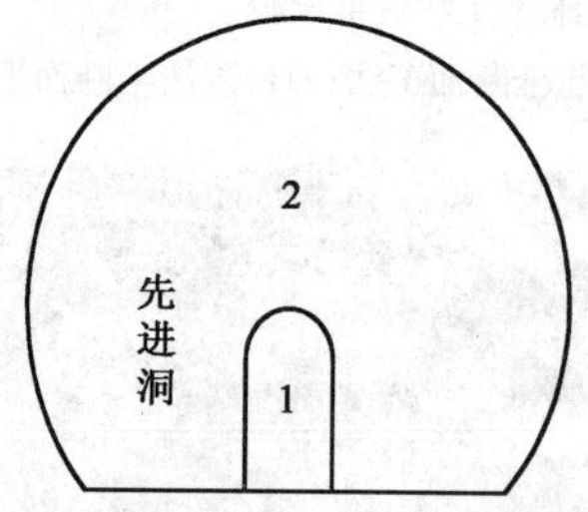

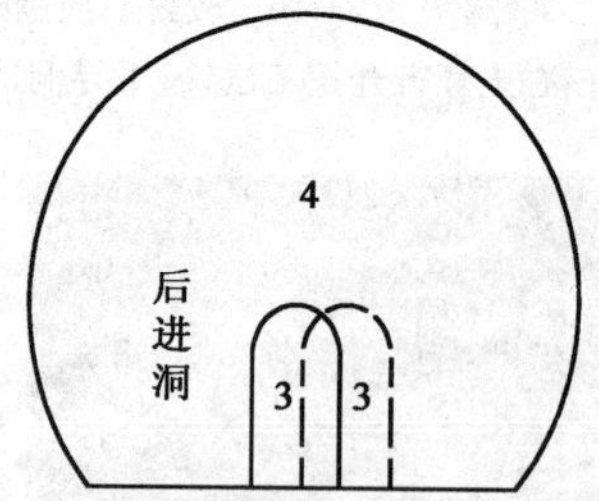

图 4-21 超前导洞法开挖小净距隧道示意图

在使用超前导洞预留光爆层开挖小净距隧道时,要注意导坑的位置,尤其是后进洞导坑的施作位置,应尽量远离中夹岩一定的距离,如图 4-21 虚线所示,以减少爆破对中夹岩柱的影响。使用超前导洞法施工小净距隧道,当隧道较短时,可以先将一个隧洞打通,再施工另外一个隧洞。先进洞的支护和施工工法相当于单洞的情况,后进洞开挖时应注意保护中夹岩,尽量减少对中夹岩柱的扰动，因为中夹岩的稳定直接影响小净距隧道的稳定。以往许多小净距隧道破坏的工程实例都是由于中夹岩发生楔形体破坏所致，因此在后进导洞施工中超前导洞应远离中夹岩一定距离，并采用弱爆破，以减少对中夹岩的扰动，维持围岩的稳定。

图 4-22　超前导洞法开挖小净距隧道示意图

在 20 世纪 90 年代还没有规范的情况下，宁波招宝山小净距隧道采用中导洞适度超前分部扩挖再加固中壁岩柱施工法成功修建(图 4-23、图 4-24)，其主要原因是围岩完整强度较高。因此，石质围岩小净距隧道采用中导洞适度超前分步扩挖再加固中壁岩柱施工法是合适的。

图 4-23　宁波招宝山小净距隧道

可见，小净距隧道受力独立性设计与施工的核心内容就是：小净距隧道合理施工顺序应该根据隧道围岩地质状况，可以选用合理施工顺序的一种或几种组合方法，使隧道“基本维持围岩原始状态”，有利于小净距隧道两个洞体受力的独立性。

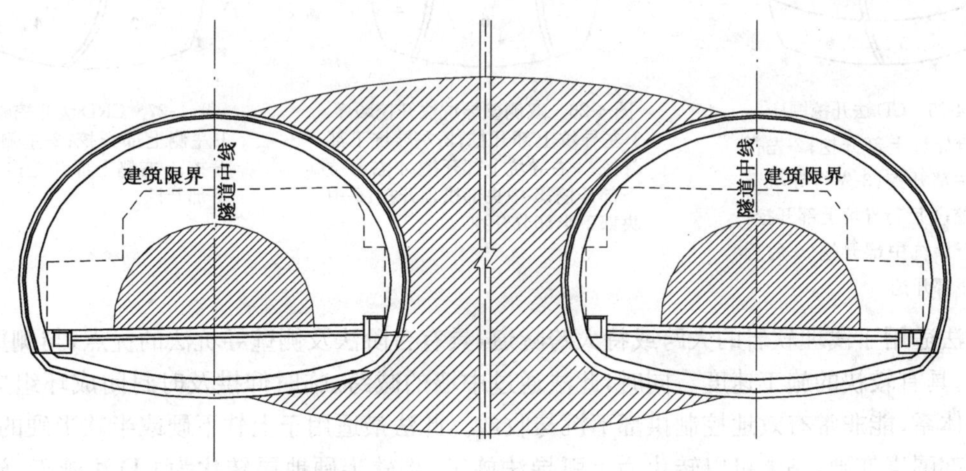

图 4-24　石质围岩小净距隧道中导洞适度超前分步扩挖再加固中壁岩柱施工法

4.6.4 V级围岩施工工法

V级围岩指较破碎或破碎的软岩，极破碎的各类岩体以及呈碎裂状、松散结构的岩体。当隧道中遇到这种稳定性较差的围岩时，应首先采用类似软土隧道盾构施工原理的强预支护，如超前管棚、小钢管等刚性支护或改良地层的设计方法。强预支护起着稳定围岩、控制围岩压力和变形、防止松弛坍塌的作用。施工工法应采用土质隧道中常采用的CD法、眼睛工法、CRD法、三台阶七步流水作业法等，因为V级围岩的物理力学性质非常差，其强度已经和土相差不多，所以当遇到这种围岩时，最好是迅速进行支护，且初期支护刚度要足够大，以提供维持围岩稳定所需要的抗力。下面是各种工法的具体介绍。

(1)CD法(中墙法)

施工顺序见图4-25。对于短隧道，可以先开通侧壁导坑再开挖后行导坑上、中、下三部分，各台阶间的距离可根据围岩情况采用短台阶法或超短台阶法。当围岩类别较好时，每侧导坑均可只设上、下台阶。此法适用于断面跨度大、地表沉陷难以控制的软弱松散围岩中的浅埋隧道。

(2)双侧壁导坑法(眼镜工法)

施工顺序见图4-26。此法虽然开挖断面分块较多，对围岩的扰动次数增加，且初期支护全断面闭合的时间长，但每个分块都是在开挖后立即各自封闭的，所以在施工期间变形几乎不发展。此法施工安全，但进度慢，造价高，适用于断面跨度大、地表沉陷要求严格、围岩条件特别差的浅埋隧道。

(3)CRD法(交叉中墙法)

为了增加掌子面的稳定，控制下沉量，可采用增设临时仰拱的措施封闭成环，即交叉中墙法，施工顺序见图4-27。

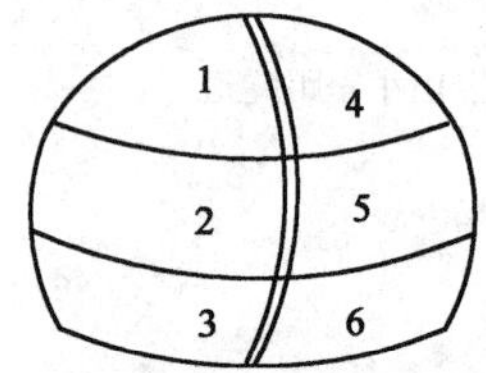

图4-25 CD法开挖顺序

1-先行导坑上部开挖；2-先行导坑中部开挖；3-先行导坑下部开挖；4-后行导坑上部开挖；5-后行导坑中部开挖；6-后行导坑下部开挖

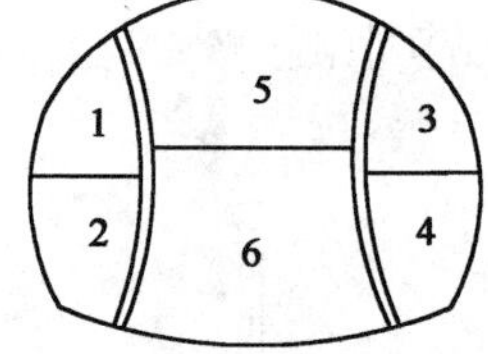

图4-26 双侧壁导坑法开挖顺序

1-左导坑上部开挖；2-左导坑下部开挖；3-右导坑上部开挖；4-右导坑下部开挖；5-中央部拱顶开挖；6-中央部下半部分开挖

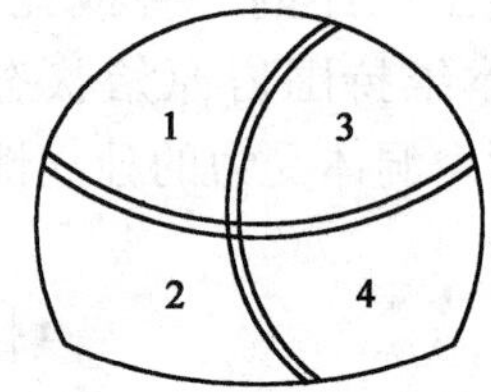

图4-27 CRD法开挖顺序

1-左侧上部开挖；2-左侧下部开挖；3-右侧上部开挖；4-右侧下部开挖

此法适用于浅埋软岩的大跨或特大跨隧道，具有台阶法及侧壁导坑法的优点，与侧壁导坑法相比，具有较快的施工速度。同时，此法通过中墙的减跨、临时仰拱及时封闭成环组成有力的支护体系，能非常有效地控制拱部下沉与收敛。此法最适用于上软下硬或半软半硬的地层，一旦下部围岩变硬，马上可以转化为上弧导法施工，半软半硬地层转化为CD法施工，施工方法比较灵活。

CD 法、双侧壁导坑法和 CRD 工法各有优劣，这三种工法的具体对比见表 4-1。

施工方法比较　　表 4-1

项　　目	CD 法	双侧壁导坑法	CRD 法
工法的安全性	较安全	安全	安全
施工技术难度	较高	高	高
施工机械类型	中、小型	小型	小型
施工工序	较多	多	多
工程造价	较高	高	高
掌子面的稳定性	较好	好	好
地表沉陷	较小	小	小
周边收敛控制	较好	好	好
适用范围	地质条件较差、安全要求高	跨度大、安全要求高	地质条件差、安全要求高

图 4-28、图 4-29 分别为双侧壁导坑法和 CD 法施工现场照片。图 4-30、图 4-31 分别为双侧壁导坑法和 CD 法的支护设计图。

图 4-28　双侧壁导坑法施工现场

图 4-29　CD 法施工现场

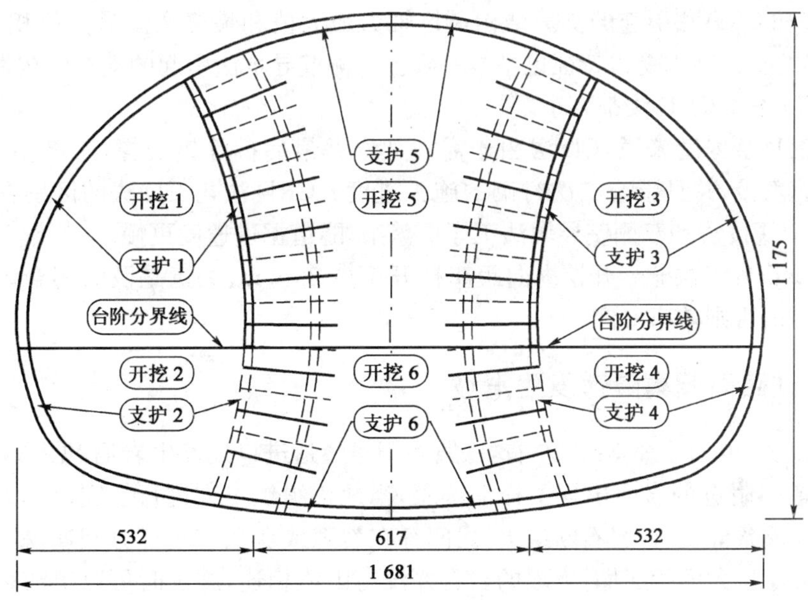

图 4-30　双侧壁导坑施工设计图(尺寸单位:cm)

为了比较上述几种施工方法，对单拱隧道进行弹塑性数值模拟，并对以上三种施工方法分别引起的围岩应力场、位移场以及支护结构受力情况进行分析，得出如下结论：

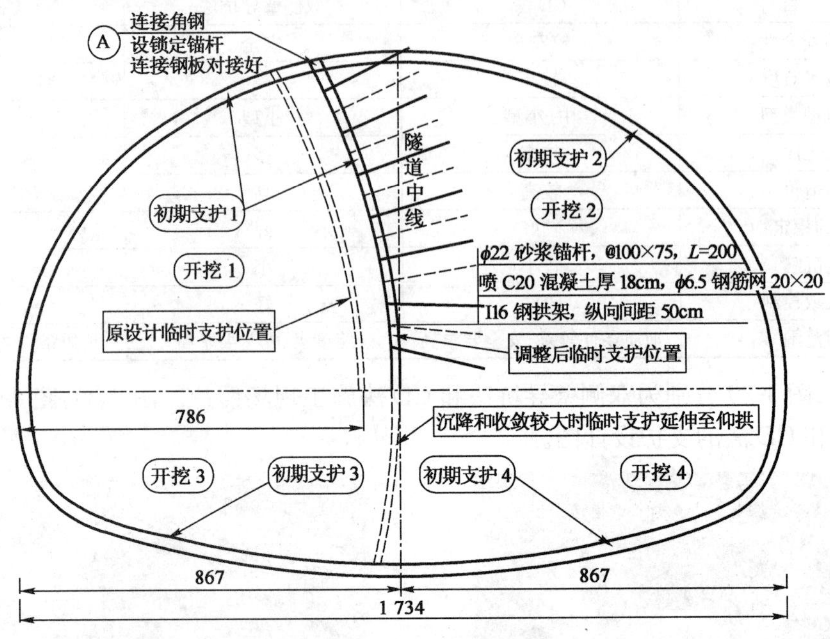

图 4-31　CD 法施工设计图（尺寸单位：cm）

(1)CD 法、CRD 法和双侧壁导坑法所引起的围岩应力和位移的变化较复杂，这三种方法对控制拱顶沉降有较大的成效，但由于加大了竖向约束，使得水平约束相对减弱，导致水平位移增大。

(2)CD 法和 CRD 法引起的支护结构最终轴力最大值和最终弯矩最大值相差不大，这两种方法所引起的支护结构受力特征也基本一致。双侧壁导坑法引起的支护结构最终轴力和弯矩最大值比 CD 法和 CRD 法都要小。

(3)从施工复杂程度来说，CD 法由于需要架立并最后拆除钢支撑，工序多，施工过程复杂，隧道掘进速度慢，并且影响二次衬砌的施工进度。CRD 法与 CD 法的区别在于要用临时仰拱封闭断面，CRD 法和双侧壁导坑法工序更繁杂，隧道掘进速度更慢。

(4)CD、CRD 等工法分步开挖纵向距离拉开至少 3～5m，关键是及时闭合。但是纵向距离不宜大于 20m，否则效率太低。

4.6.5　铁路高阳寨隧道发生滑坡

2007 年 11 月 20 日上午 8:40 左右，铁路高阳寨隧道进口处发生岩崩，见图 4-32。由于事故发生前，隧道口附近的岩面出现了松动迹象，当地正组织工人进行加固整修。据目击者描述，很多地方地质条件复杂，岩石断层多，之间存在裂隙或者只有小部分相连，稍有不慎，破坏了连接点，就会发生大面积崩塌；崩塌的岩石并没与山体相连，施工时可以很清楚地看到中间有个由黄泥连接的断层。在这种情况下，采用加固岩体并不安全，采用爆破卸除岩体反而安全。

图 4-32　铁路高阳寨隧道进口处发生岩崩

4.6.6　二衬开裂有关问题

参照某高速公路建设指挥部的研究成果《连拱公路隧道综合修建技术研究》,《公路隧道设计规范》(JTG D70—2004)建议先施作外侧(浅埋)主洞。在某高速公路东村 2 号连拱隧道施工中,如果先开挖外侧主洞需要花费大量的时间削坡,而先开挖内侧(深埋)主洞则可以大大减少削坡时间,提早开始主洞施工,有利于加快工程进度、缩短总工期和节约费用。从工程总体优化角度出发,先施作内侧主洞更为有利,鉴于该隧道围岩稳定性较好,选择先开挖内侧(深埋)主洞和两洞围岩与支护共同作用稳定后再施工二衬(图 4-33),以避免隧道先行洞二衬开裂现象(图 4-34)。

图 4-33　先开挖内侧(深埋)主洞和两洞围岩与支护共同作用稳定后再施工二衬的方案

4.6.7　山体稳定与隧道稳定

山体稳定是越岭隧道稳定的基础,在进行隧道开挖设计时,不仅要分析隧道围岩的变形破坏情况,而且也要重视隧道所在山体的稳定问题。对于隧道洞口仰坡及傍山隧道的洞体,局部的围岩松弛破坏可能改变边坡的应力场环境和水文地质环境,从而引起边坡的变形和破坏。边坡的不稳定直接会导致隧道结构的破坏。图 4-35 为某小净距隧道两洞口底部围岩

图 4-34　某小净距隧道先行洞施工二衬后再开挖后先行洞导致先行洞二衬开裂现象

软弱没有处理到位导致隧道底板和衬砌开裂现象。这方面的教训还有很多。南昆铁路小德江隧道、赣龙铁路古田隧道和马蹄迳隧道、杭新景高速公路横路头隧道、徽杭高速公路竹岭隧道、上三高速公路任胡岭隧道等均出现了隧道失稳和山体滑坡的地质灾害。此类问题属于边坡和隧道的相互作用问题，为了避免隧道开挖引起隧道洞口仰坡和所在边坡的失稳破坏，对仰坡和所在边坡岩体结构特征及稳定性应进行全面的评价，当潜在滑移面稳定性安全余度较低时，首先应加固山体，在确保山体稳定后，再进行隧道施工。

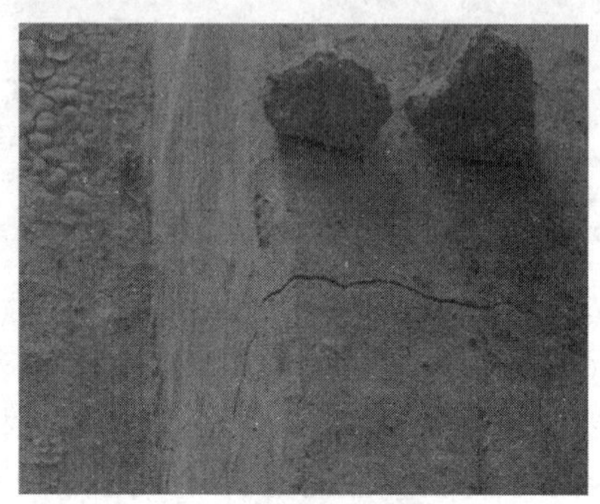

图 4-35　两洞口底部围岩软弱没有处理到位导致隧道底板和衬砌开裂现象

龙瀑隧道为了保护沿途环境和生态，采取了半明半暗、通透式拱形肋梁结构的建造方案，见图 4-36。岩石结构和地质状况稳定，周围景观保护良好。但如果岩石结构和地质状况欠稳定，则该方案就不妥，所以任何施工方案都有其适用条件。

图 4-36　龙瀑隧道

酒家垭隧道坍塌区超前管棚末端已下沉 15～20cm(图 4-37)，只能重新打超前管棚，并支撑管棚末端，做好后面 15～20m 衬砌(图 4-38)。末端一定要加强支撑并和开挖工法相匹配，使超前管棚形成类似桥梁或棚架作用，防止坍塌。

4.6.8　其他专家或工程经验的借鉴

(1)铁路专家吴成三解决隧道技术难题的启示

1984 年，衡广复线的南岭隧道正在京广线下 40m 处通过。该处岩溶发育富水，隧道掘进中突水冒泥阻碍施工，地面上坍陷，形成十几个大坑，危及京广线行车安全。铁路专家吴成三吸取了贵昆线梅花山隧道、湘黔线新牌隧道排水的教训，认为排水造成了地面坍陷，对有压力的水应采取封闭，即“以堵为主”，提出预注浆形成帷幕堵水，再行掘进。注浆后，地面水位逐渐恢复，不再发生坍陷。该方法打破了我国隧道工程中多年来“以排为主”的惯例，走出了隧道施工的一条新路。该方法后来被推广应用于大瑶山隧道通过 9 号断层、军都山隧道通过泥石流和大秦线的花果山等隧道，都取得了令人满意的结果。

图 4-37　酒家垭隧道

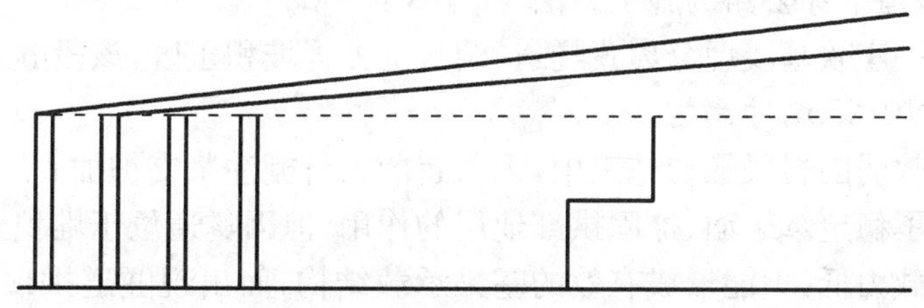

图 4-38　超前管棚支护示意图

1979 年，青藏铁路关角隧道通车后，因一段整体道床凸起 30cm，造成行车中断。一位资深地质专家认为这是由高地应力引起，早晚要坏，建议另修一座隧道。吴成三根据自己多年的实践经验和国外的研究，建议加做强大仰拱成环，形成抗弯、抗扭性能强的整体结构。该方法最终被采纳。隧道经修整后安全运营至今未发生问题。17 年后，该方法被吴成三加以改进，再次用于家竹箐隧道，又取得了成功。

1996 年，被称为“天下第一险洞”的南昆线家竹箐隧道是集“高地应力、大涌水、高瓦斯”于一身的施工“拦路虎”。高地应力引起的大变形地段坍塌不止，严重影响了施工进度和人身安全。吴成三及时建议采用加仰拱成环措施（著名的“成环法”），画出成环的施工草图，标明钢筋直径，用以指导施工。照此施工后，大变形随即停止，附近几座隧道也采用此法，施工效果明显。由于改变了施工方法，减少了计划使用的锚杆 64 191 延米，仅此一项节省资金 2 540 万元。吴成三提出的成环法，成功地解决了隧道变形的难题，使工程提前建成通车。

(2)南京地铁软流塑地层暗挖隧道施工的借鉴

为解决地铁隧道在软土中矿山法暗挖掘进的技术难题，结合南京地铁鼓玄区间软流塑地层的工程特点和难点，阐述国内首次在城市建筑物下的地铁软流塑暗挖隧道施工的具体措施，即大管棚＋小导管超前支护，掌子面超前注浆加固，并通过监测信息反馈施工结果。

软流塑地层隧道施工以“管超前、严注浆、短开挖、强支护、早封闭、勤量测”十八字方针为基本的指导原则；施工流程遵循“先加固后开挖、先附属后主体”的先后顺序；工艺控制以“动态管理、动态控制，加强量测、信息指导，总结经验、优化方案”作为控制手段。施工步骤见图4-39。

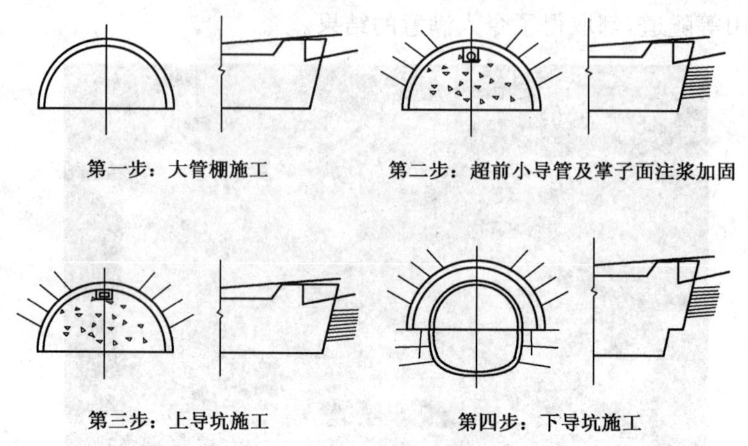

图4-39 施工步骤

(3)浅埋软弱隧道下穿公路的施工方法

豆子坪隧道是一座软基浅埋分离式隧道，洞身上方为坡积土区，该段隧道埋深为2～17m。隧道建筑限界宽为10.25m，净高为5m。

隧道进口浅埋软弱围岩段最初施工中，采取超前大管棚注浆支护加固地层后，按台阶法施工。该项方案起到了稳定掌子面、加固拱部地层的作用，但因隧道位于堆积土中，且土层松软、松散、含水，地基承载力低，不能形成有效的基梁承载结构，而出现隧道拱顶下沉、围岩收敛量超出设计预留量、地表出现不同程度的下沉及开裂、拱脚局部有开裂的现象。从已支护成型的支护结构看，拱脚喷射混凝土开裂、脱落、拱脚钢架扭曲，拱顶支护未见大的异常。这说明拱顶的垂直压力通过拱架整体下沉进行释放，拱脚部位属于开口结构(未封闭成环)，同时土体松软无法提供足够水平摩擦力，导致拱脚向内侧变形，最终导致初期支护结构的喷射混凝土开裂，钢架扭曲。台阶法拱架受力如图4-40所示。

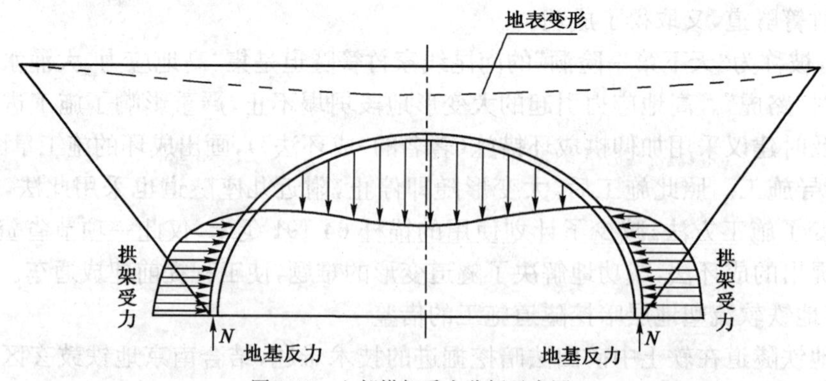

图4-40 上部拱架受力分析示意图

为此，从产生问题的基本原因入手，修改施工方案，采用双下侧导坑施工方案。此方案与双侧壁导坑方案有相同之处，但此方案更着重于基础的处理。导坑的施工先行，可超前探明地质情况，提前处理基础，为隧道支护提供足够的地基承载力，从而为安全施工创造条件。

双下侧导坑的施工工序具体如下[图4-41a)]：

①开挖双下侧导坑，并施作条形基础。

②开挖拱部的环形土体，并施作初期支护。

③开挖核心土。

④开挖下部土体，回填左右侧导坑，并施作下部初期支护。

⑤施作二次衬砌。

双下侧导坑方案具体的传力过程如图4-41b)所示。

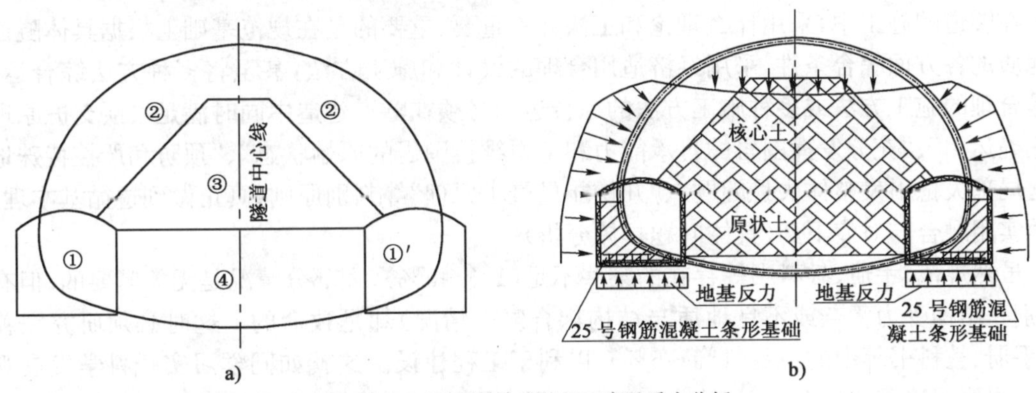

图4-41　双下侧导坑的施工工序及受力分析

a)双下侧导坑的开挖工序；b)施工受力

①隧道垂直压力是通过拱架传至整体的条形基础，从而大大减少了拱架及地表下沉的可能性。

②隧道的侧压力通过条形基础底部传至下部原状土再传至另一侧的条形基础，形成了一个封闭的结构，围岩变形也因此大大改善。下部中心土开挖时因设计有底部仰拱，所以结构仍是封闭成环的。

进洞开挖前沿隧道上方公路路肩外1m约20m长范围打长度为13m的两排ϕ89mm×8mm有孔钢花管注浆，呈梅花形布置，间距1m，外露1m，钢管要求深入强风化砂岩1.5m。有孔钢花管应从两侧向中间施工，必须保证注浆完成后才能施作下一根。注浆采用水泥—水玻璃浆液。水泥与水玻璃体积比为1∶0.5，水泥浆水灰比为1∶1，水玻璃浓度为35玻镁度，水玻璃模数为2.4，注浆压力保证初压0.5～1.0MPa，终压2.0MPa。注浆结束后，应及时清除管内浆液，并用30号水泥砂浆紧密填充，以增加钢管的刚度和强度。注浆参数应在施工中不断调整，以尽量保证钢管之间浆液充填饱满，形成稳定壳体。

施工时先进行双下侧小导坑开挖，小导坑明挖段和过渡段采用全断面I20a工字钢和挂网喷射混凝土支护，暗挖断采用钢格栅、挂网喷射混凝土支护。小导坑开挖穿过二级公路后，进行小导坑内部混凝土条形基础施工，混凝土条形基础施工时从洞内向洞外施工，采用混凝土输送泵进行模筑。根据工地条件，导坑条形基础施工，钢筋在导坑内绑扎关模后，采用泵送C25混凝土进行施工，先施工水平条形基础后，安装拱脚，再施工竖直条形基础。基础施工完成后进行正洞上半断面开挖，上半断面与下半断面间距不大于15m。两条隧道的双下侧小导坑开挖和支护方法基本相同。

在导坑整体条形边墙基础施作完毕后，进行洞身开挖。首先对隧道周边围岩按施工设计进行超前预加固，然后进行分步平行开挖。开挖按照“短进尺、强支护、早成环、勤量测”的施工原则进行施工作业管理。

针对下穿公路的软基浅埋隧道，提出以处理基础为主的双下侧导坑工法，并给出此段隧道的辅助施工措施与工序。目前，该隧道工程已经竣工通车，表明本文提出的施工方法及工艺是合理的。双下侧导坑的施工先行，不仅可提前处理基础，为隧道支护提供足够的地基承载力，还能超前探明地质情况，从而为安全施工创造条件，取得较好的经济价值和社会效应，同时可为其他类似的工程提供参考，具有重大的工程意义。

在隧道的施工中，采用什么理论和工法并不重要，重要的是在规范基础上根据具体隧道围岩地质的各方面综合条件，采用经济适用合理的设计和施工方法，甚至将多种方法综合运用。但是合理的施工方法或多种施工方法的综合运用必须在隧道建造中同时满足“预支护原理等的正确运用”、“充分发挥围岩的自承能力和基本维持围岩的原始状态”、“预防和严控特殊地质隧道局部失稳引发整体失稳问题”、“开挖能量最小原理”等判别原则，真正做到遵循基本理念、科学实用融合与对症下药(具体问题具体分析)。

虽然规范、手册、教科书等存在的某些不足(1%～5%)，大部分情况是无关紧要的；但有时(特别是结构受力复杂或不良地质与结构耦合复杂情况)却是致命的。这时必须研究完善规范、手册、教科书等中的不足(1%～5%)，以利于工程建设。这就如同学习实践科学发展观一样，首先要明确基本理念，而具体应用则应根据不同地区、不同行业、不同层次等实际情况加以研究并认真实践，即具体问题具体分析。

第 5 章　不合理工法导致的灾害问题

海恩法则指出，每一起严重事故的背后，必然有 29 次轻微事故，300 起未遂先兆，以及 1 000起事故隐患。法则强调两点：一是事故的发生是量的积累的结果；二是再好的技术、再完美的规章，在实际操作层面，也无法取代人自身的素质和责任心。

墨菲定律指出，只要存在发生事故的原因，事故就一定会发生，而且不管其可能性多么小，总会发生，并造成最大可能的损失。

工程灾害也遵循“海恩法则”与“墨菲定律”，因此要求建设者认真研究合理工法，并贯彻实施。

5.1　某些公路隧道工程实践与认识

乌竹岭隧道 III 级围岩地段施工过程中，采用图 5-1 所示的柔性支护结构形式，一段时间后柔性支护喷射混凝土开裂，再一段时间后突然坍塌，说明“初次支护要强，承受部分水压和全部土荷载，浅埋和海底隧道则承受全部水荷载和土荷载，使隧道‘基本维持围岩原始状态’，保持围岩的自承状态，防止严重的松弛和卸载；二次模筑初砌作为安全储备”的重要性。

a)

b)

图 5-1　乌竹岭隧道塌方

a)初次支护开裂；b)坍塌

铜锣形隧道(图 5-2)建设过程中，为了满足道路的选线要求，不得不采用小净距隧道的形式。在该隧道的施工过程中，在下台阶施工完毕后，没有及时将钢拱架放到底，使钢拱架底脚处于悬空状态，不能提供足够的支护力，钢拱架不能很好地发挥作用，所以无法提供足够的支护抗力来维持围岩的稳定，从而引发围岩失稳灾害。

图 5-3 所示为某偏压双连拱隧道。在施工洞口段时，为了减小偏压的影响，在双连拱隧道浅埋侧修建了加大基础的小挡墙，从而保证了隧道的顺利安全施工。

图 5-4 所示为横支隧道。该隧道修建于一斜坡上，在隧道修建之初，山顶出现了裂缝，边坡有失稳的趋势。因此，首先采用喷混凝土、挂网、打锚杆等措施来加固坡体(图 5-5)，然后进行隧道的开挖，防止隧道的开挖引发整个山体的滑塌。实践证明，这种施工处理措施是恰当的。

图 5-2　铜锣形隧道

图 5-3　偏压双连拱隧道

图 5-4　横支隧道洞口位于不稳定山坡上

图 5-6 所示为某隧道洞口现场照片。为了保证隧道施工过程中围岩的稳定，采取了以下施工步骤：

①先修筑洞口路堑挡墙,如图 5-6 中①所示,确保隧道施工通道畅通。

②施工超前管棚,如图 5-6 中②所示,并进行上半断面施工,视稳定情况及时进行初期支护,封闭上半断面。

③进行下半断面施工,并及时进行初期支护。通过以上施工措施,保证了该隧道的安全顺利施工。

图 5-5　横支隧道所在坡体处理后

图 5-6　某隧道洞口工程处理措施

5.2　某城市地铁或道路隧道塌陷问题

5.2.1　工程事故分析

某城市道路发生大面积塌陷事故,坍塌面积约几十平方米,深十几米,一辆出租车掉在坑洞内,如图 5-7 所示。事故造成一乘客死亡。事故原因经分析判定为地下隧道支护体系强度或刚度不足而引起塌方。该隧道地质条件复杂,沿线基本以碎石夹亚黏土为主,且富水量大,多处溶洞及古井,而且地处国家五 A 级风景区,整个工程好比在爆米花里开挖,成为当地迄今为止最难挖的一条隧道。

2009 年 3 月 18 日晚上 10:30 左右,突现大坑的地段临近锦江,将一辆过往出租车“吞”下,见图 5-8。该处地下水位高,局部含粉细砂透镜体,盾构机通过该地段时,因特殊地层原因造成局部地层损失，现有的回填注浆技术水平难以达到充分回填加固效果。但这属于特殊地层、特殊点位出现的偶然现象，对地铁隧道工程本身没有任何安全影响。

图 5-7　城市道路隧道大面积塌陷

图 5-8　地铁施工突然地表沉陷

某城市地铁施工工地发生塌陷，两车陷入，如图 5-9 所示。

图 5-9　地铁施工引起突然地表沉陷

许多地铁工地分别发生塌陷情况，如图 5-10 所示。

a)　b)　c)　d)　e)　f)　g)　h)　i)

图 5-10　地铁施工不当造成的地表塌陷

地铁施工过程中一旦造成工程事故,往往会带来巨大的经济损失。

2003 年 7 月 1 日,某轨道交通 4 号线旁通道工程施工作业面内,因大量水及流砂涌入,引起隧道部分结构损坏及周边地区地面沉降,造成三栋建筑物严重倾斜,防汛墙局部塌陷,导致防汛墙围堰管涌,直接经济损失约 1.5 亿元;

2007 年 3 月 28 日晨,某街附近的地铁 10 号线工程发生塌方,6 名施工人员被埋身亡;

2007 年 5 月 28 日 8 时左右,某市地铁 2 号线茶亭站西基坑东端约 $500m^3$ 土体发生滑坡,造成 2 名工人死亡;

2008 年 1 月 17 日下午,某地铁 5 号线施工中突然涌水,发生塌方,导致珠江大桥引桥下的双桥路旁地面突然下陷;

2008 年 4 月 1 日,某地铁 3 号线工地进行桥墩浇铸混凝土施工时,母板突然发生坍塌,混凝土倾泻而下,造成三死两伤……

大小事故不断,惨剧接二连三,施工事故似乎成了地铁发展绕不开的梦魇,但血的教训却没能警醒那些责任者。地下作业使地铁建设施工本身存在风险,对施工技术的成熟、施工人员的素质提出了更高要求。但是灾难本有征兆,只要防微杜渐,事故即可避免,关键是要安全意识不"坍塌",良心不"溃坝"。

巴黎四通八达的地铁、纵横交错的地下水渠、大面积的地下商城、停车场、隧道、地窖、各种管线以及古代遗弃的矿穴,使得巴黎的地下快被掏空了。巴黎开发地下空间过程中所暴露出来的问题不容忽视。随着城市化建设速度加快,地上地下双向"开花",对巴黎的地基构成了严重的损害。由于未摸清的古矿井在演变老化,地下工程的混乱挖掘,以及在地下施工中留下的隐患,巴黎大区约 1 000 多处的安全受到威胁。从过去到现在,地面裂缝、下陷、坍塌的事时有发生。1937 年,巴黎 19 区一次塌陷面积相当于一个足球场大,下陷深度达 30m。1975 年,在巴黎北站的一次偶然挖掘中,发现一个巨大的地下深坑,为填平它最终用去了 7 $000m^3$ 水泥。仅 2000 年一年,巴黎大大小小的塌陷事故就有 30 多起。2000 年 3 月,巴黎 18 区的街道出现倒塌;4 月,13 区地面坍陷;5 月,14 区某校园里的一块场地下沉……据统计,20 世纪末的一段时间内,因地面突然塌陷已造成 85 人伤亡。在对地下空间的利用方面,巴黎虽有不少可圈可点之处,但也存在缺乏整体规划,各特权单位随便开挖、互不通气、各行其是等问题。据巴黎市有关部门负责人透露,合理利用地下空间普遍不被看重,作业的随意性导致市内街道和人行道每年被"开膛破肚"1 万～1.5 万次,好端端的路面上东填一处,西补一块。

5.2.2 防止事故的工程措施

5.2.2.1 改进的盾构工法

因特殊地层原因造成局部地层损失,现有的回填注浆技术水平难以达到充分回填加固效果,容易导致淤泥质粉质黏土或砂性土等软土层移位,影响周边管线和建筑安全,可改进盾构工法中的背后注浆工艺,隧道暂时不平衡区等问题处理。

对于盾构隧道穿越自立性极差的超软弱土质或接近坍塌的渗水沙砾层等软弱围岩时,衬砌结构与围岩之间空隙存在暂时不平衡区(图 5-11),其稳定性通过对衬砌结构背后及时注浆达不到预期效果,容易导致淤泥质粉质黏土或砂性土等软土层移位,影响周边管线和建筑安全。而对于地层变形或沉降有严格要求的穿越城市盾构隧道或运营交通公路铁路隧道等情况，就必须引起高度重视暂时不平衡区的稳定性。这些暂时不平衡区稳定性的累积作用导致许多地面塌陷或江河等外部水体涌入盾构内部等工程事故。

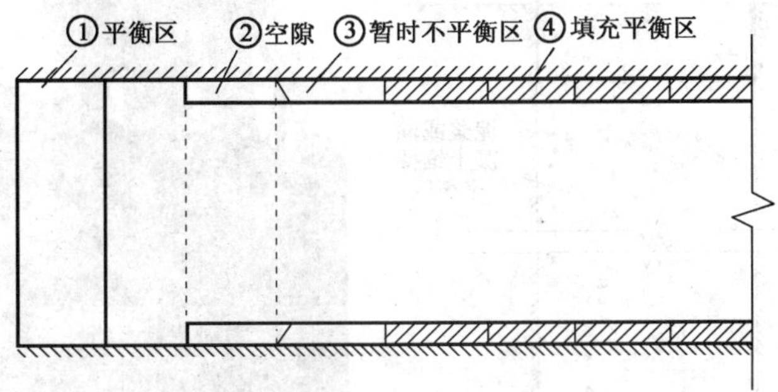

图 5-11 原盾构隧道施工过程模拟

为防止上述事故发生，可通过改进盾构工法中的背后注浆工艺，对图 5-11 所示的暂时不平衡区进行填充(图 5-12)，以达到有利于控制地层变形的目的。可以说，图 5-12 是改进盾构隧道施工过程。图 5-13 为钻孔灌注桩自始至终都基本维持平衡状态的力学平衡原理，在图 5-11 为原盾构隧道施工过程模拟的基础上，可边掘进移动盾构边充填泡沫粒或泡沫混凝土(图 5-14)填充暂时不平衡区空隙，这种及时填充暂时不平衡区只有微小缝隙而转为暂时填充区，然后给泡沫粒注浆密实回填形成泡沫混凝土等混合体，有利于控制地层变形。原机械工艺同步注浆(图5-15)，一般采用只注水泥、粉煤灰和高岭土等混合浆液的做法。在压力状况下会流入围岩内部，同样会产生暂时不平衡区，这样就不能起到很好的注浆加固效果，不利于地层变形的控制。因此，可通过水泥等混合浆液中掺入 80%～90%泡沫等颗粒等骨架材料，一方面防止浆液流失，另一方面使注浆体产生一定的"上浮"作用，从而防止地面出现较大的沉降。

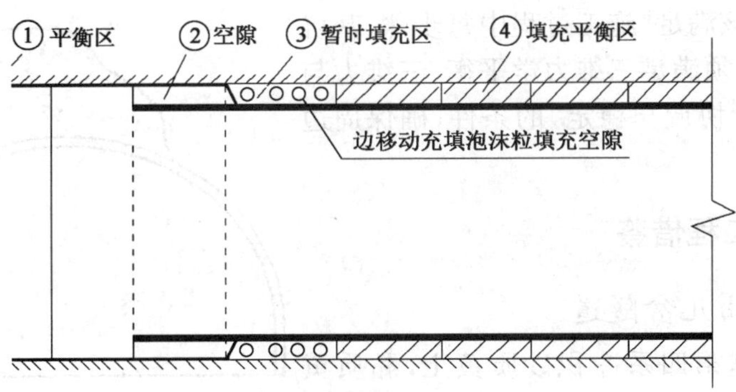

图 5-12 改进盾构隧道施工过程模拟

图 5-16 所示的隧道塌方区或空隙区填充泡沫混凝土等混合体同样有利于控制地层变形。

5.2.2.2 隧道等基坑工程坍塌事故等问题处理

当遇到淤泥质黏土和含水流失性强等地带修建隧道等基坑工程，出现坍塌事故风险很高，一旦发生，造成的损失触目惊心，见图 5-17。

为防止类似图 5-17 的工程事故发生，可采取以下工程措施：

(1)要避开或保护高楼大厦等结构的桩基础,就要进行拔桩或护桩等措施处理。

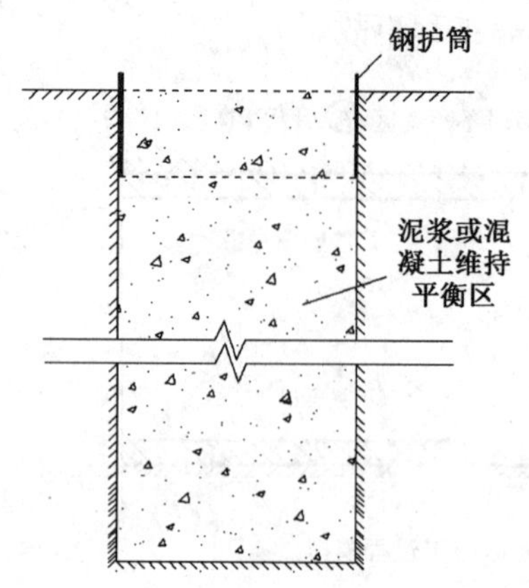

图 5-13　钻孔灌注桩自始至终都基本维持平衡状态

图 5-14　EPS 混凝土试块和标准泡沫块体

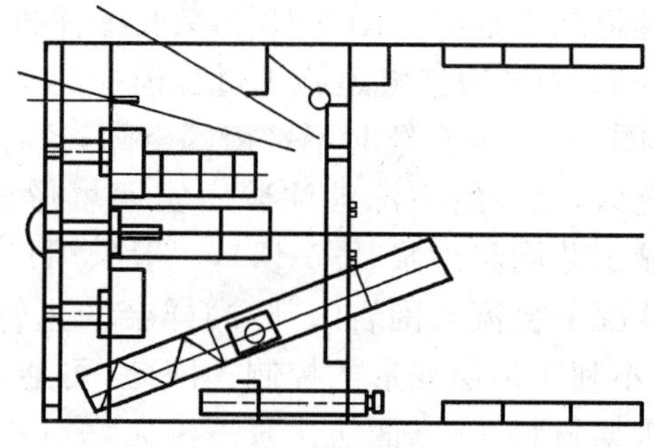

图 5-15　盾构机同步注浆工艺示意图

(2)基坑工程应该满足“施工过程中每步骤,基坑围岩和支护系统都必须满足三维力学平衡、三维力与变形协调和三维变形协调与稳定”的条件,确保周边管线和建筑安全。

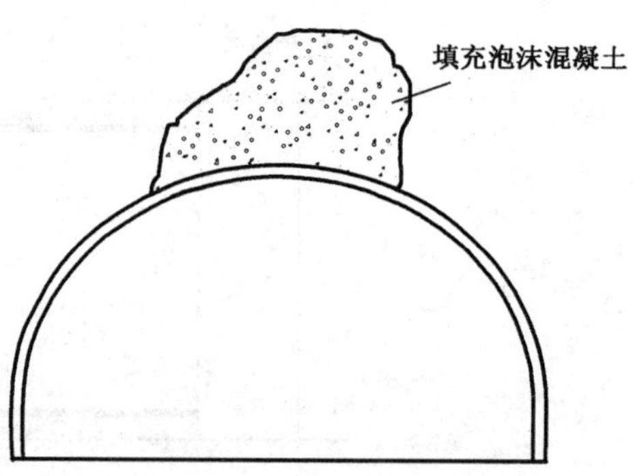

图 5-16　隧道塌方区填充泡沫混凝土

5.2.3　同类工程借鉴

5.2.3.1　新曲儿岔隧道

洞口段隧道穿越第四系冲积砂质黄土,黏质黄土,浅黄色,土质均匀,具孔隙,半干硬至硬塑,有自重湿陷性,为新黄土,属Ⅴ级围岩,含水率 20.16%～24.11%,自稳能力差。

在软弱围岩且有动荷载的浅埋大跨度隧道中,确保施工安全与上部结构设备稳定的关键在于支护结构的迅速成环。CRD 法施工,即在隧道断面中部设置中隔墙,将断面分块,达到降低开挖跨度和开挖高度的效果,进行分部开挖,分块成环,化大为小,步步封闭,环环相扣形成全断面初期支护封闭结构,如图 5-18 所示。同时,在施工中,加强监控量测,依靠量测数据进行支护与施工。

图 5-17　隧道等基坑工程坍塌事故

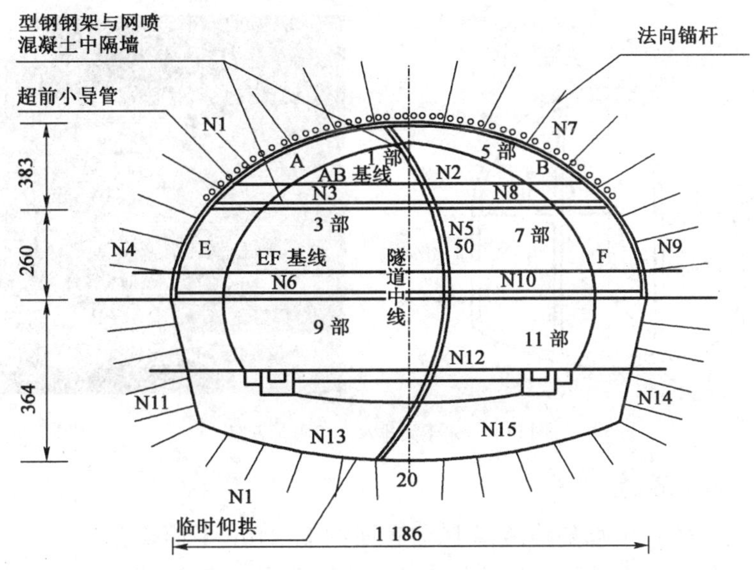

图 5-18　新曲儿岔隧道施工方案(尺寸单位:cm)

5.2.3.2　八米塬隧道

隧道通过地层主要为第四系上更新统风化黏质黄土,中更新统卵石土、漂石土、碎裂花岗岩及碎裂片岩,隧道下穿既有线段地质条件较差,为Ⅵ级围岩。隧道下穿既有线段围岩软弱且浅埋,自承能力极差,同时受运营列车振动的影响,洞身开挖后围岩的稳定性更差,因此必须采取较为稳妥的施工方法(图 5-19),以确保隧道的施工安全。隧道在既有的铁路线下穿过,施工中必须严格控制地表沉降,确保既有铁路运营安全。

5.2.3.3　东干渠排水工程下穿洛界高速公路路基

工程场地内分布的地层为第四系全新统,由人工填筑土、冲洪积形成的粉质黏土、砂和卵石组成,地下水位高程为 124.5m,埋深 10.60m,水位变化幅度为 2m 左右,见图 5-20。

5.2.3.4　前黄隧道下穿高速公路

岩体为花岗岩,表层为全风化,呈砂状,厚约 8 m;其下为强风化,呈碎块状,厚约 7 m;以下为弱风化,节理发育,岩层较为破碎。地下水为基岩裂隙水,稍发育,基岩裂隙水与地表水相通。隧道下穿段围岩级别设计为Ⅴ级,其设计施工方案如图 5-21 所示。

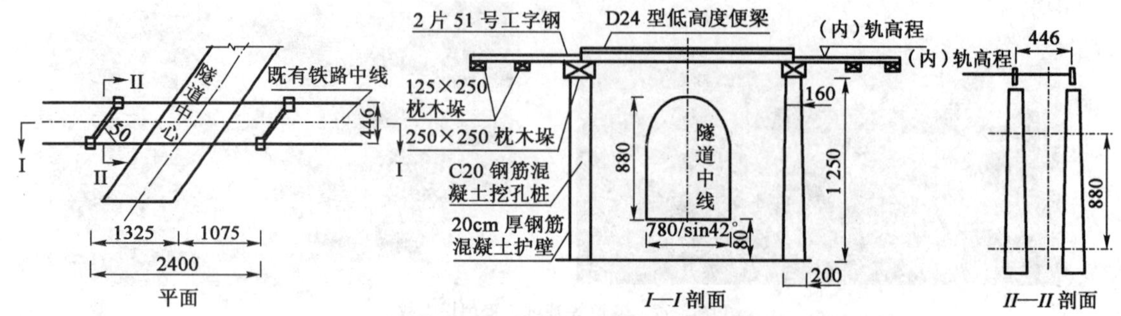

图 5-19　八米塬隧道施工方案(尺寸单位:cm)

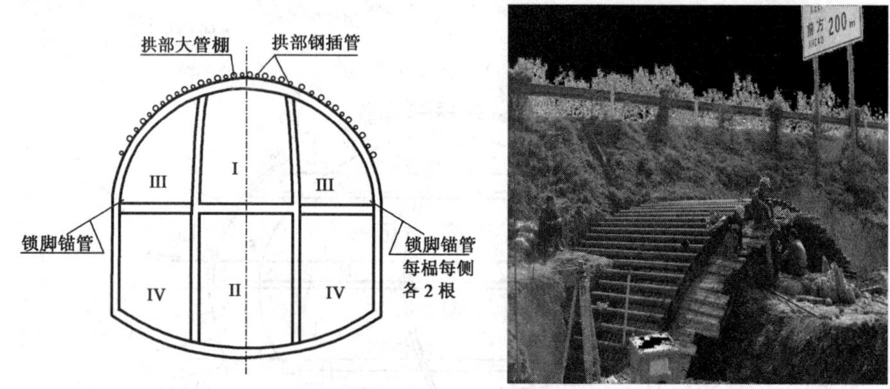

图 5-20　东干渠排水工程施工方案

5.2.3.5　头岭隧道

新建隧道拱顶距既有高速公路隧道基础底面约 3.24m,平面交角约 54°。此段地质状况为:晶屑凝灰岩、凝灰熔岩,弱风化,岩体较完整,岩石质地较坚硬,基岩裂隙水不发育,按现行《铁路隧道设计规范》围岩划分标准,此段围岩级别属 III 级。该隧道施工方案如图 5-22 所示。

5.2.3.6　广州地铁三号线北延段隧道施工案例

广州地铁三号线北延段在施工过程中曾遇顽固"绊脚石",最终采用人工挖孔的方法战胜了困难(工法适用最好)。备受关注的广州地铁三号线北延段施工进度受困于孤石阵,这些孤石密密麻麻,且非常坚硬,把盾构机前进的路堵得严严实实。

孤石群位置特殊,先进办法不能用。根据广州地铁以往的建设经验,处理孤石的方法有很多,比如冲孔法、深孔爆破法、旋挖法、连续墙成槽机抓取法、人工挖孔爆破取出法、人工挖孔人工破除法、施作一竖井取出法、地面预注浆加固后盾构破除法等。但是由于该孤石区位于南方医院住院部大楼旁,如果采取冲孔法、爆破法等效率较高的施工法,则会产生较大的震动和噪声,对医院的病人影响较大,从而被否决了。如果采用噪声稍小的潜孔锤冲孔法、旋挖法、连续墙成槽机抓取法等办法,因为施工场地小,大型设备又无法进场作业,也不可行。最后,建设者只能采取最"原始"也是最艰苦的办法,即人工挖孔人工破除法。

人工挖孔桩,最艰苦,却最有效。在紧靠南方医院住院大楼的一侧,地铁建设者在孤石群

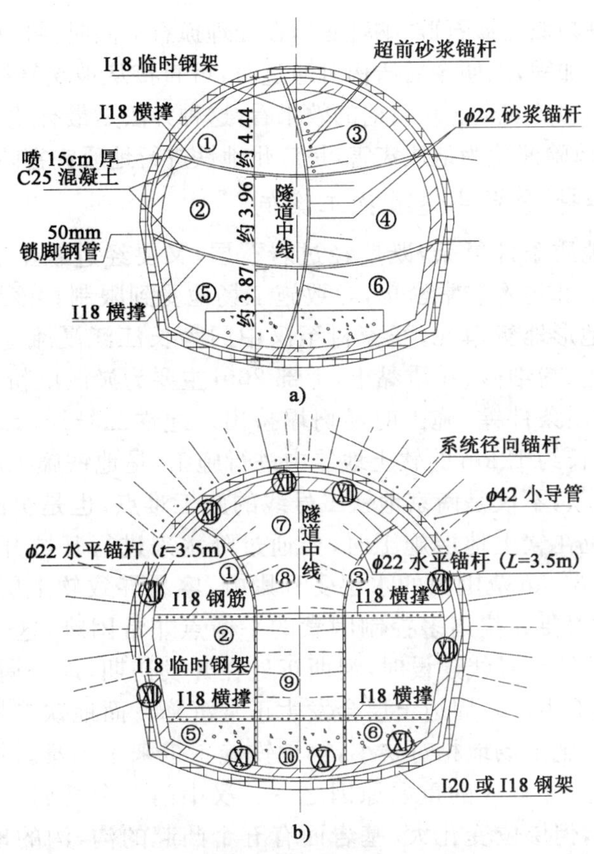

图 5-21　前黄隧道施工方案

a)设计施工方法；b)实际施工方法

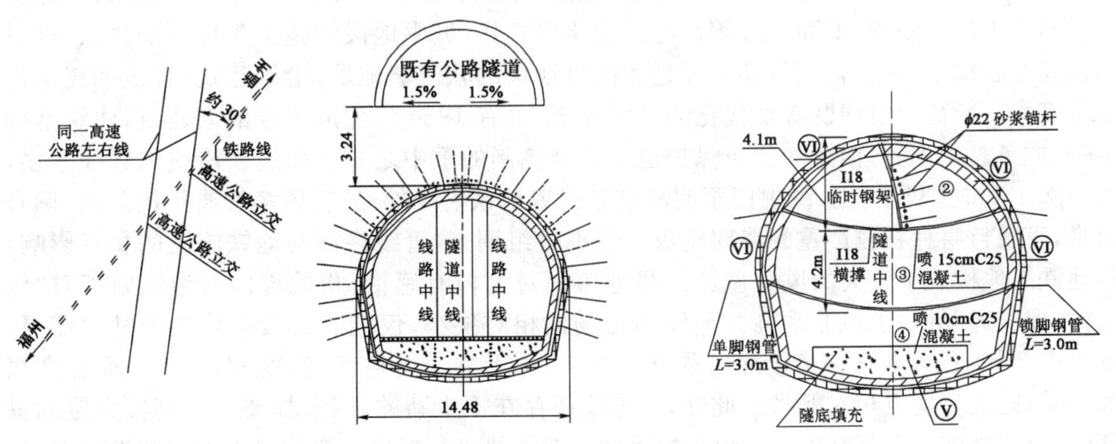

图 5-22　头岭隧道施工方案

区域“排兵布阵”，开挖了 21 个直径为 2m、深度为 18m 的人工挖孔桩，先把孔内的高强度孤石用水钻出裂缝，再通过岩石劈裂机劈开，然后再一块一块地从地下的钻孔内拉到地面。这种施工办法是对周边影响最小、但也是最艰苦的一种办法。人工挖孔桩，施工时通常是一个人在井下挖，另一个人在井上摇“辘辘”，每天挖“井”的速度只有 10cm 左右，艰苦程度是其他工法无法比拟的。人工挖孔桩颇似在孤石群"纳鞋底",在处理孤石的同时,将每个孔壁用玻璃纤维筋(一种代替钢筋的材料)加固,以便今后盾构机通过时,可直接从玻璃纤维筋处切削过去,可以保证盾构掘进过程中周边的安全。从目前的效果看,这种办法是最有效的,既对周边环境影响小,又有效防止了地质风险演化为地质灾害,是广州地铁进行地质灾害防范的成功案例。

5.2.3.7 复杂地质条件隧道施工案例

某地铁二号线的地质条件复杂,既要经过岩石层,又要经过软土层,施工难度很大,加上沿线部分地段的建筑和树木非常密集,导致施工场地受到限制。该地铁二号线自西向东所经地段可分为4个地形地貌单元,汪家村至汉中门为长江江漫滩地貌单元,主要为淤泥质粉质黏土、粉砂、粉土、粉细砂、粉质黏土,上部20m主要为淤泥质粉质黏土,其含水率高、压缩层厚度大,工程地质条件差,施工时易坍塌挤出。地铁二号线沿线有占总长近一半线路经过河西地块,要在长约12km的软土地层中进行施工,是地铁施工的最大难点。河西地质呈欠固结状,地基松软,不仅是南京地铁二号线的施工难点,也是全国范围地铁施工遇到的一大难题。施工单位在软土地层施工时,要通过降水来进行基坑开挖,然而在对基坑进行降水时,又会使直径300m范围内的水层受到影响,容易导致软土层移位,影响周边管线和建筑安全。在施工中,要寻找诸多控制因素的平衡点非常困难,这也是全国地铁隧道建设中的一大难题。而地铁一号线建设时,河西正处在开发初期,地铁周边并没有大型建筑,施工不受场地限制,也不用担心周边土层会发生正常沉降。而地铁二号线沿线不仅高楼林立,而且交通流量很大,施工场地相对狭小,给地铁施工带来了困难。这是自地铁二号线开工以来,河西地块发生意外事故的重要原因之一。汉中门至金鹰属五台山岗地,覆盖层仅为粉质黏土,厚度较小,但层位变化大,基岩面有五个凸起的沟,沟的地段为软流塑粉质黏土或淤泥质粉质黏土,强度低。而金鹰至明故宫为秦淮河古河道,覆盖层主要为填土、粉质黏土、粉细砂,上部20m主要为淤泥质粉质黏土或砂性土,含水率高,其砂性土渗水性强,施工时易产生涌水帽顶、地面沉降等。与其他路段相比,城中地段的施工条件更加复杂,这里不仅要穿越汉中路的岩石层,还要穿越新街口地块的软流塑地层,沿线建筑、管线和树木也非常密集。新街口沿线既有现代化的高层建筑,也有1934年建成至今的老建筑,建筑基础不一,质量参差不齐,沿线的建筑保护也是安全控制的重中之重。而地铁沿线的管线繁多,其中除1.2m主供水管从汉中门至明故宫紧挨着地铁沿线外,还有诸多管线年代久远,调查困难,管线自身存在较严重的渗漏现象。经事故组调查,管线渗漏与地铁施工的相互影响,对地铁工地构成了较大的风险威胁。当地市民对大树有感情,相关部门对地铁施工时"保大树、保交通"的要求也非常高。地铁施工场地相对狭小,仅能满足设备停摆的基本需要,隧道内$30m^2$的作业面诸多工序必须交叉施工,加上隧道内空气、湿度、温度与地面存在很大差异,施工环境也相对恶劣。此外,二号线还存在不少新的难题,如要避开高楼大厦的桩基础,仅莫愁湖站至茶亭站的TA07标段就有四处要进行拔桩。沿线遭遇的文物遗迹多,从南京大屠杀遇难同胞纪念馆东侧的茶亭站、汉中门广场的汉中门站、江宁织造府南侧的大行宫站、西安门广场的逸仙桥站,到明故宫遗址附近的明故宫站、中山陵下马坊旁的孝陵卫站等都与文物保护有着密切的关系,在保护文物的同时,也给车站建设带来很大的困难。同时,地铁二号线城东地段要下穿岩石层,其中基坑和隧道必须采用爆破方法施工,而线路上方及周边存有一些违建和危房,施工时必须时刻控制好爆破参数与进度的关系,以免造成危房的倒塌和隧道的坍塌。

科学安排施工方案合理采用施工工艺。该地铁二号线汪家村至汉中门站区间、新街口站至苜蓿园站区间均在软土地层。施工单位在进行科学比选后认为盾构法施工安全度高,对控制地面沉降有利,比较适合在软土地层施工,所以上述地段最终选定用盾构法施工。此前,地铁一号线软土地层已成功采用盾构施工的方式,穿越了秦淮河、玄武湖隧道、龙蟠路隧道、明城墙等特殊地段,为二号线盾构施工积累了一定经验。

汉中门站至新街口站区间穿越地层上部为粉质黏土,下部为粉砂岩、砂岩,由于地层上软下硬,如需用复合盾构法施工,需要增加大量投资,所以该线路最终采用矿山法施工。此外,根据工程设计,该区段内还设有存车线,但考虑到大跨断面施工时沉降难以控制,后将存车线设于新街口站西段,并改用明挖法施工。据地铁专家介绍,矿山法施工时如合理采用分部开挖,并辅助于格栅支撑,大管棚小导管注浆,及时封闭掌子面,是可以控制地面沉降,并保证施工安全的。

二号线全线共 19 个站,一个高架站,一个地面站,其余 17 个站均为地下站。上海路站、新街口站为了保证施工期间道路畅通,将原来的明挖法施工改为铺盖法施工,为此施工难度加大,对安全控制、工期保证带来难度,并增加了巨额工程造价。其余 15 个站虽采用明挖法施工,但根据地质条件和周边环境条件,地下站因地制宜采用了多种围护形式,其中包括连续墙、SMW 法、咬合桩、钻孔灌注桩、人工挖孔桩等。由于连续墙刚度较大,对控制水平位移较好,因此基坑较深,地质条件差、周边控制要求较高的车站,如元通站、逸仙桥站、明故宫站、茶亭站、集庆门站均选用了连续墙围护。SMW 和咬合桩属新工艺,具有施工速度快,造价低,防水效果好,适合于浅基坑,周边环境控制要求低的车站,如中和村站、向兴路站均采用 SMW 围护,而所街站则采用咬合桩围护。

彻查全线风险源头六大节点集中控制。地铁部门会定期对地铁二号线所有施工风险进行梳理,并判别风险出现的事故概率及后果大小,然后针对具体情况拟订控制措施,要求设计、施工、监理单位和业主共同控制,做到每个风险源都有责任人,都有抢险预案。对于全线范围内的六大施工难点,地铁部门都出台了相应的风险控制措施。

①中和村站北风道邻近自来水主水管和大型电缆。为防止水管因地面沉降发生爆裂,施工单位根据专家意见采取了加长 SMW 围护桩、提高水泥含量、增加型钢密度、控制降水等措施。

②元通站要横穿地铁一号线轨行区。为了减少一号线和二号线车站沉降差异,确保一号线行车的安全,在一号线两侧进行了基坑加固,并在新老结构之间设有变形缝,禁止在两车站节点处降水。

③集庆门站是二号线和六号线的换乘站,两站并一,基坑长 300 余米,宽 50 余米,是长大基坑,变形控制难。施工时,要重点控制好承压水降水。设计中,首层采用了钢筋混凝土支撑,以增加支撑刚度。

④汉中门站至新街口站区间施工及对周边管线、金鹰过街通道存在一定风险。施工中要求施工单位加强监测,根据监测数据,及时调整支护参数。

⑤新街口站施工对一号线行车安全、周边管线建筑物的安全、钢边桥的安全都有一定的安全隐患。为此,设计中加大了围护结构的刚度,对一号两侧基坑进行了基坑加固。施工期间要

求施工单位加强监测，加强对钢边桥的维护和安全检查。

⑥为确保城东矿山法隧道施工的安全，设计中要求施工单位控制爆破，短进尺，超前支护，加强监测，根据地质的变化、监测数据及时调整支护参数。

5.3 某深基坑大面积塌陷问题

某深基坑发生大面积塌陷事故：塌陷坑长度约75m，深度约16m，宽约20m，见图5-23。事故原因经分析，初步判定主要是：

①基坑底部没有或没做好预加固层导致突涌（或突出变形）。

②该段采用的是平面支护体系（即使是平面支护，也要设柔性连接，以防止钢管塌落而伤人），而不是空间支护体系（力矩不平衡、支撑垮塌），见图5-23～图5-25。因此，不能使基坑保持“基本维持围岩原始状态”，达到围岩与支护系统共同作用达到平衡（三维力与变形状态）。两者共同作用，致使基坑塌陷。

a)

b)

图5-23　深基坑塌陷现场与支护体系破坏情况

③基坑整体开挖不利于维持基坑稳定（图5-25），应该引以为戒。如果施工工期合理，也可采用台阶法开挖，逐段封底，逐段推进施工，从而维持基坑稳定，防止坍塌事故发生

(图5-26)。

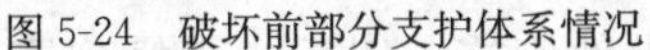

图 5-24　破坏前部分支护体系情况

图 5-25　基坑边墙的旋转变形情况

④该深基坑发生了大面积塌陷,支护体系发生了破坏(图 5-24),基坑边墙失稳(图 5-25)。这主要是由于岩土性质和支撑体系不稳定所引起的。该施工段主要为软土,软土中支撑体系容易发生转动失稳,其转动点位于底部,因此 1 点(而非 2 点)是量测的关键点(图 5-27)。而现场以 2 点的监测结果来指导施工,所以监测工作不到位。如果周边地面发生变形开裂后(变位最大值约 30cm,时间约 40d),施工中及时增加底部支撑,如果有一道底部支撑(图 5-27),就有利于支撑体系的稳定,不易发生小部分突涌,从而避免引发两侧岩土体滑动,造成大面积坍塌事故。

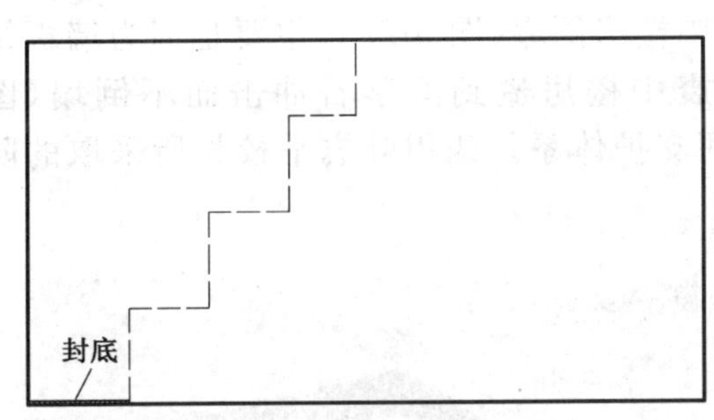

图 5-26　台阶法开挖,逐段封底

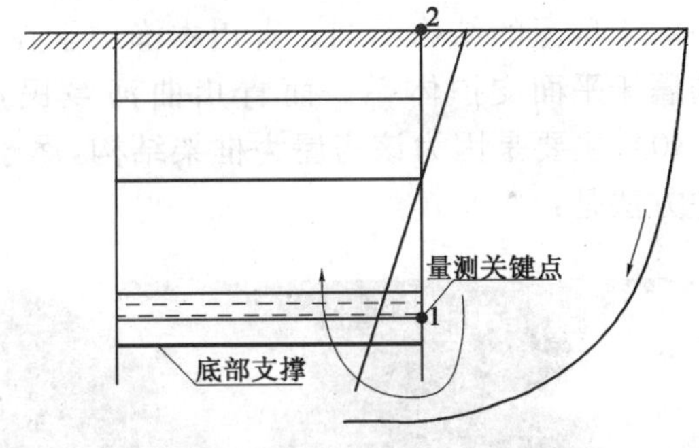

图 5-27　深基坑失稳机制分析示意图

事故发生后,施工方立刻成立了事故调查专家组,对事故原因展开调查。初步得出的原因有三点:一是该地点的土质特殊,经勘测,发生事故的这段路属于淤泥质黏土,含水的流失性强;二是事故坍塌所在地点大道一直作为一条交通主干道来使用,来往车流量大,不少负载量很大的大型客车、货车都来往于这条路上,这给基坑西面的承重墙带来太大冲击;三是今年 10 月该地点出现了一次罕见的持续性降雨过程,使地底沙土地流动性进一步加大。

专家应邀给所有施工、监理单位讲授深基坑施工安全经验。在讲解中,提出了该在建深基坑工程必须遵循的三点原则:

(1)基坑的开挖必须分层、分段,且开挖暴露时间不宜过长,每次分层开挖控制在 3m,分段开挖保证在 15～20m。

(2)基坑必须先支撑后开挖,并把握好支撑的细节,基坑的变形要求在受控的状态。

(3)注意在雨天环境下基坑的及时排水。在完工后,要立即加固混凝土,确保基坑不变形。

图 5-28 所示为某地下车库施工中导致附近发生地陷。在住宅楼左面与工地接触的地方出现许多大小不一的裂缝，最宽处为 2m 左右，深度大约 3m，靠近墙脚的土块掉落到裂缝里面，致使下面埋藏的自来水管爆裂，整个塌方面积为十多平方米。在裂缝旁边用来隔绝工地和住宅楼的围墙也出现大面积的坍塌，塌下来的砖块掉落在已经裂开的地面上，显得十分杂乱。在前两个月工地开工以后，居民们就发现在楼下出现了许多裂缝，施工方用水泥填补过多次。据居民们回忆："以前我们这栋楼的水管本来是竖直安在那里的，可是他们施工以后水管倾斜了多，几次漏水也是他们用水泥补上的"。发生地陷后，施工方立即对附近的地基进行回填，防止地面进一步裂开。至于地陷，施工单位的负责人表示，是因为地下供水管道破裂，把周围的泥沙冲散造成空壳而导致的。

图 5-28 地下车库施工中导致附近发生地陷

5.4 对轨道交通和房屋结构安全类比的思考

在汶川大地震中，有许多房屋经受住了考验，而有些却"不堪一击"。究其原因，主要是由于房屋的结构不同。青川木渔中学在地震中楼房倒塌(图 5-29)，主要是因为墙板结构属于平面支护体系。而青川曲河乡民房地震中楼房遭到滚落石冲击而不倒塌(图 5-30)，主要是因为该房屋为框架结构，属于空间支护体系。四川叶志平校长所采取的防护方法是：

图 5-29 青川木渔中学地震中楼房倒塌

图 5-30 经历过大地震的青川曲河乡民房

①连续几年加固教学楼，将墙板结构(属于平面支护体系)变成框架结构(属于空间支护体系)。

②制订地震等灾害应急预案，常年做好演练工作。

汶川地震中建筑物破坏差异如此之大，最根本的原因是建筑物的抗震性能不同。抗震性能主要取决于房屋的结构和抗震结构。如果房屋的整体性比较差，则在建筑物的一端、楼梯间、转角处等薄弱部位就容易发生倒塌，见图 5-31a)；如果房屋为框架结构，属于空间支护体系，且抗震结构比较合理时就不易倒塌，见图 5-31b)。

a)

b)

图 5-31　汶川地震中建筑物的地震灾害实例

a)整体性差的建筑物在一端、楼梯间、转角处发生倒塌；b)抗震构造措施以及合理的结构可以避免倒塌

据《中国经济周刊》报道，在调查组查访的 384 处建筑中，有 44 处是学校建筑，可以使用的 8 处占 18%，加固后可以使用的 11 处占 25%，停止使用的 10 处占 23%，立即拆除的 15 处占 34%。与此相对应，54 处政府建筑的各项比例为：可以使用的 24 处占 44%，加固后使用的 23 处占 43%，停止使用的 5 处占 9%，立即拆除的 2 处占 4%。从建筑使用用途上来看，学校和工业建筑的震害最严重，震区的学校建筑主要以砌体结构为主，加上建筑上的大开间、大门窗洞、外挑走廊，有时甚至无抗震构造措施，导致其抗震性能较差；乡镇的工业厂房多为砌体结构，规模不大而且多为人员较少的车间，因此其抗震设计的要求也很低，导致震害较为严重；政府机构多用框架结构，其震害最轻；其他类型建筑的震害介于这两类建筑之间。

图 5-32 是某轨道交通工地火灾现场情况。从图中可以看出，虽然该工地发生了火灾，但只是局部发生了破坏，周围支护结构却完好无损，基坑也未出现坍塌等事故。这主要是因为基坑内的空间支护体系起到了良好的作用。

图 5-33 所示的某基坑空间支护体系平面图同样起到了良好的支撑作用。

图 5-32　轨道交通工地火灾现场

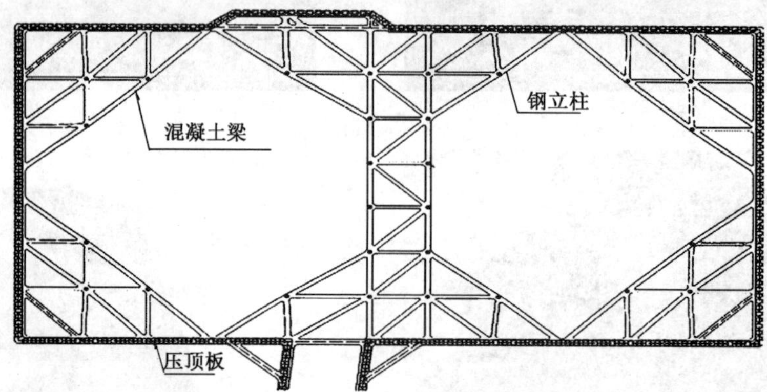

图 5-33　某基坑空间支护体系平面图

图 5-34 为杭州钱江通道支护结构图，其盾构基坑支撑体系有利于基坑的稳定。

图 5-34　杭州钱江通道

继某深基坑发生大面积塌陷事故后，另一深基坑内发生土体纵向滑移事故（图 5-35），但该次事故没有造成重大经济损失和人员伤亡，主要原因如下：

图 5-35　另一深基坑鸟瞰图

①现场监测比较到位。通过实时监测，有关部门通过对监测数据的分析，显示该深基坑内发生的土体纵向滑移，经紧急处置，目前该工段及周边建筑物、道路情况基本稳定。

②事故发生后，现场立即启动了应急预案，采取了一系列应急抢险措施，如补设钢支撑（图 5-36、图 5-37），确保基坑安全，加强对基坑和周边建筑物的监测，对北面土体滑移面的顶部适当进行卸载，调整公共交通，进一步优化深基坑的支撑体系以加强安全性等。核心是施工过程中没有保持纵向土体平衡与稳定。

图 5-36　事故发生后补设钢支撑

图 5-37　基坑内的支护结构

5.5 某隧道整体下沉分析及治理

隧道的开挖势必会造成地表的沉陷，尤其是当隧道埋深比较浅时更加明显。对隧道地表沉降的监测早已引起隧道工程界的关注，通过地表沉降的量测，可以及时掌握围岩的变形动态，以便及时采取相应的治理措施。但隧道的整体下沉事故在隧道施工过程中发生得较少，因为隧道开挖去除了一部分土体的重力。从简单的力学角度看，隧道开挖后出现整体下沉似乎不太合常理。因此，研究这种现象的机制和相应的处置措施具有一定的现实意义。

在某隧道建设过程中，洞口段发生了整体下沉，最大下沉量近 1m，如图 5-38 所示。该隧道使用环形开挖留核心土的施工方法进行开挖。图 5-39 是该隧道的施工方案。

图 5-38 某隧道洞口下沉情况

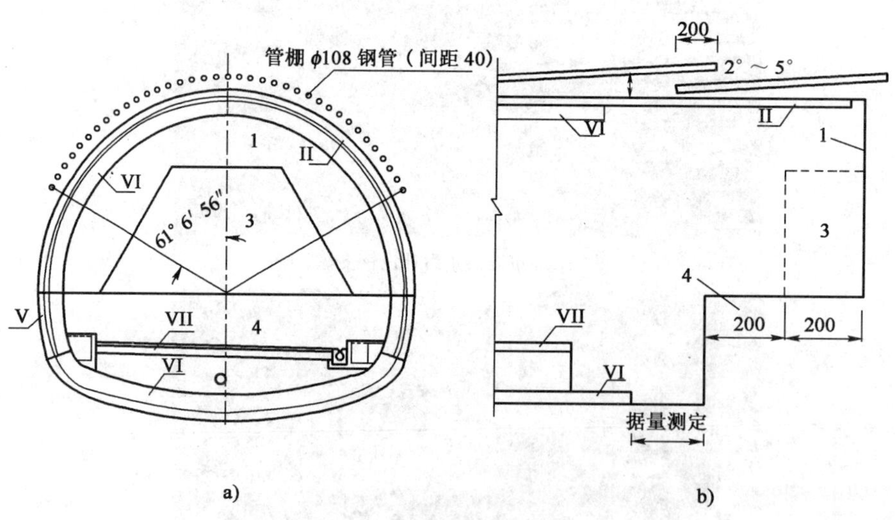

图 5-39 施工示意图(尺寸单位:cm)

a)横向施工示意；b)纵向施工示意

在洞口段隧道使用超前管棚进洞，首先进行上部环形开挖，然后进行及时支护，并使用小导管等超前支护形式来维持洞室的稳定，接下来进行核心土的开挖，具体施工步骤见图 5-40。

图 5-41 为隧道使用的衬砌结构图。出现隧道整体下沉主要是人们对该隧道的特殊地质条件认识不到位和选用施工方法不当所致。开挖断面的大小直接决定了对围岩扰动范围的大小。当采用环形留核心土工法开挖时，围岩塑性区的大致范围如图 5-42a）中阴影部分所示。如果采用 CRD 工法开挖隧道，因为该工法的特点是变大断面为小断面，且步步封闭成环，每一步开挖完成后都是及时支护的，所以每开挖一步都在周围形成比较小的塑性区，最终形成的塑性区范围也就比较小，不会形成很大的塑性区破坏，如图 5-42b）中阴影部分所示。在这种围岩比较差的隧道中（尤其是洞口段），最好使用 CRD 工法或眼睛工法等，采用小断面来开挖隧道。

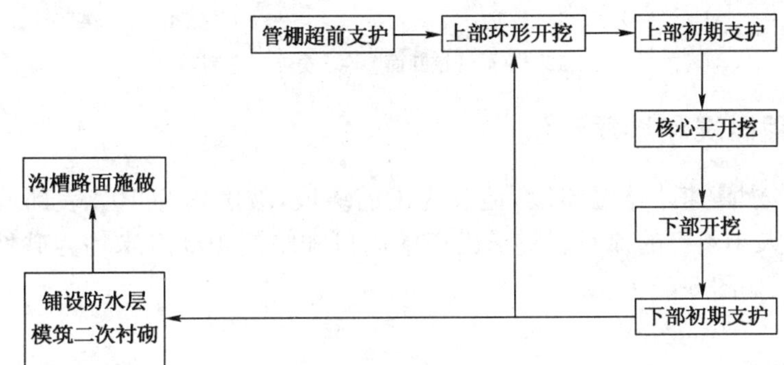

图 5-40　隧道的施工步骤

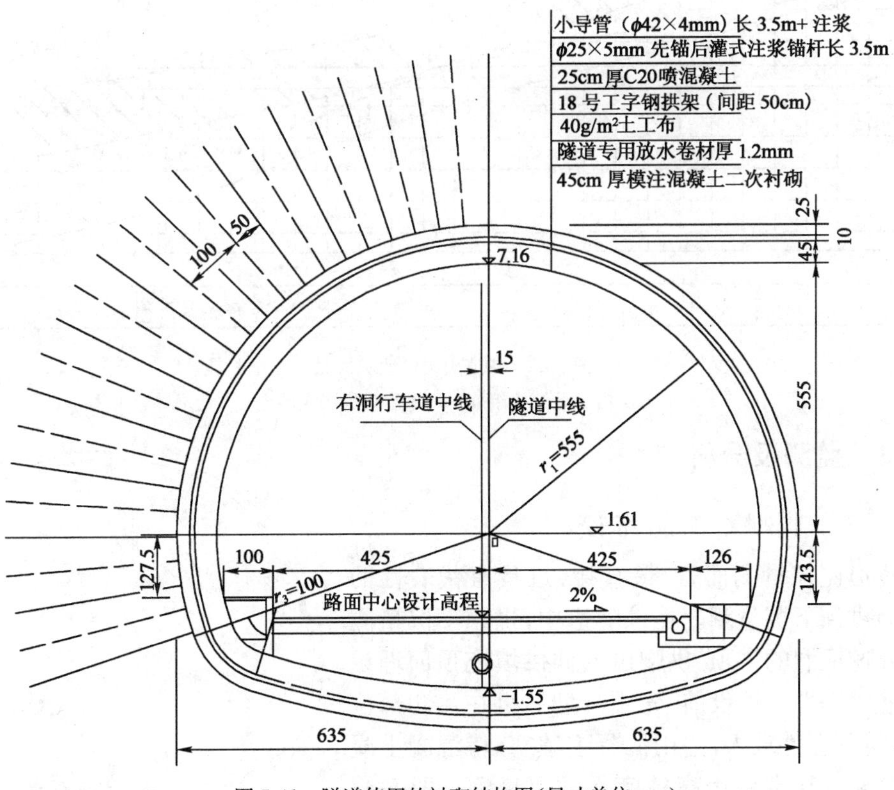

图 5-41　隧道使用的衬砌结构图（尺寸单位：cm）

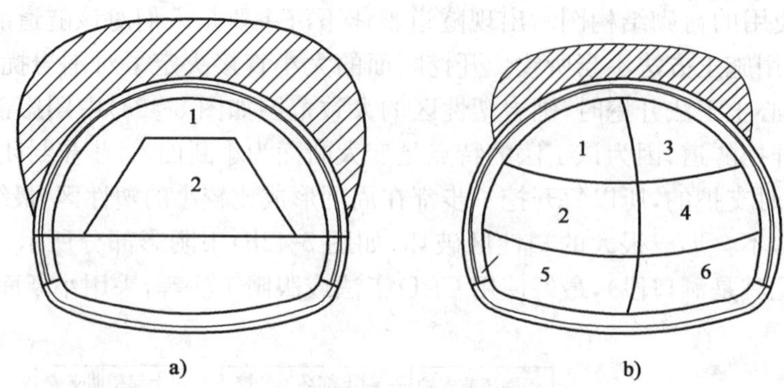

图 5-42　不同开挖断面塑性区分布示意图

5.5.1　工程概况和地质环境

该隧道位于诸永高速公路温州段，地表为山前缓坡，坡度约为 10°，表部残破积层亚砂土覆盖，中间夹杂着大小不等的孤石。隧道出口端洞口和暗洞 100 多米均为砂性黄色土质。隧道出洞口地层情况如图 5-43 所示。

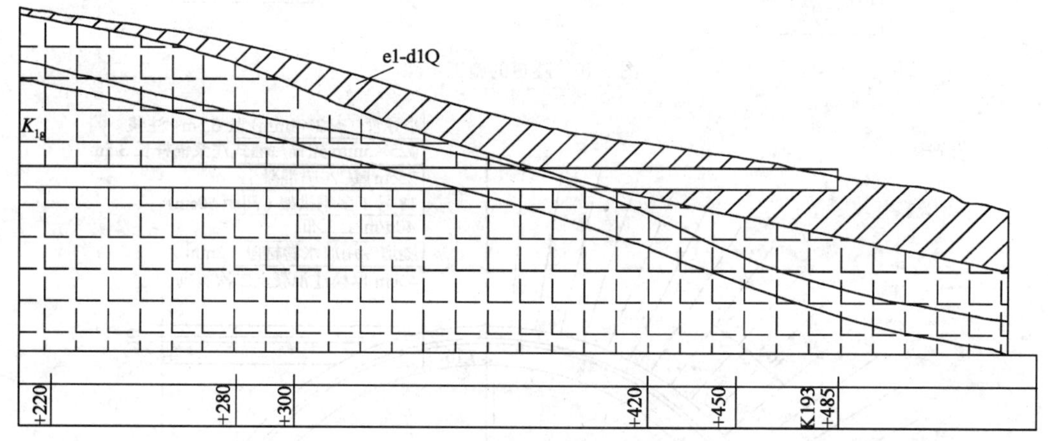

图 5-43　隧道出洞口地层情况

K_{1g}-白垩系馆头组；e1-d1Q-残破积层亚砂土

5.5.2　监测及分析

5.5.2.1　监测断面的布设

对于隧道监控量测而言，最直接、最具有代表性的监测项目为拱顶下沉量测。在该隧道中，拱顶下沉量测是在隧道开挖毛洞的拱顶、拱腰以及仰拱填充顶面埋设自制的钢筋预埋件。埋设前，先用小型钻机在待测部位成孔，然后将预埋件放入，并用混凝土填塞，待混凝土凝固后即可量测。稳定后用高精度水准仪量测。图 5-44 为观察断面拱顶下沉的测点布置图。

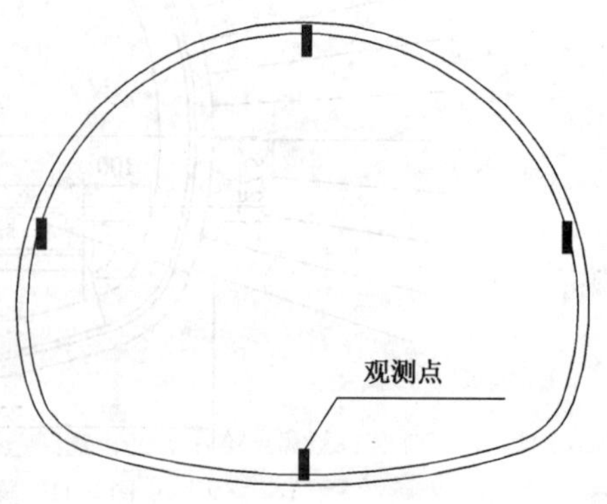

图 5-44　观测断面拱顶下沉测点布置图

5.5.2.2　监测结果分析

把测得的各断面的下沉数据绘成曲线。图5-45、图5-46分别是右洞和左洞的各监测断面下沉曲线。从图5-45中不难看出，隧道最大下沉量接近1.0m，发生在距洞口（桩号为K193+485）约60m的拱顶位置。在该断面（桩号为K193+425）上拱顶、拱腰的下沉量都比较大，且右拱腰的下沉量要超过左拱腰。随着桩号里程的减小，隧道各部位的下沉量是呈下降趋势的，这是由于随着洞室的开挖，隧道上覆土层的厚度不断增大。从隧道的地层情况（图5-43）中不难看出，当桩号减小到K193+380以后，隧道的上覆盖层由黏土转为质地坚硬的玄武岩，此时拱底也不再是力学性质比较差的含碎石亚砂土了，所以下沉量迅速减小。这也说明隧道下沉主要是由于隧道处于比较松软的土层中所产生的。从K193+440～K193+425隧道的下沉量是增加的，这是因为在前面有一段明洞，随着桩号减小逐步进入到暗洞。从曲线上看，除了个别断面，隧道各部位的下沉量大致有以下规律：拱顶>右拱腰>左拱腰>仰拱，仰拱部位测的是仰拱填充顶面的下沉量，其基本维持在0.1m左右。从图5-46中可以看出，左洞下沉量最大的发生在K193+417的右拱腰部位，下沉量近0.6m。该断面由于右拱腰部位距离右洞比较近，可能是受右洞下沉影响导致此处下沉量比较大。与右洞相比，该洞的下沉量比较小，主要是由于左洞埋深比右洞大，受降雨的影响比较小。

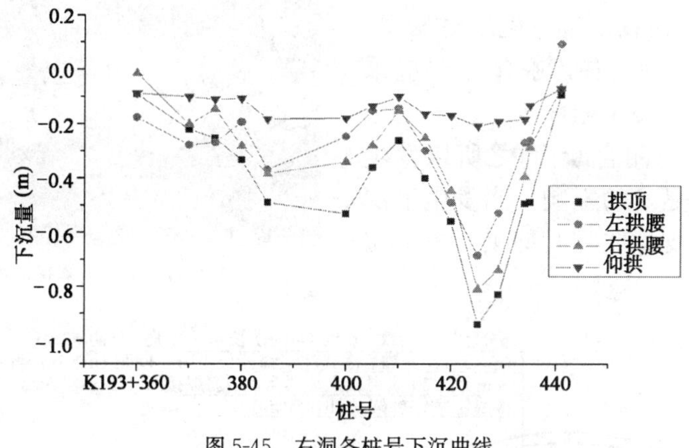

图5-45　右洞各桩号下沉曲线

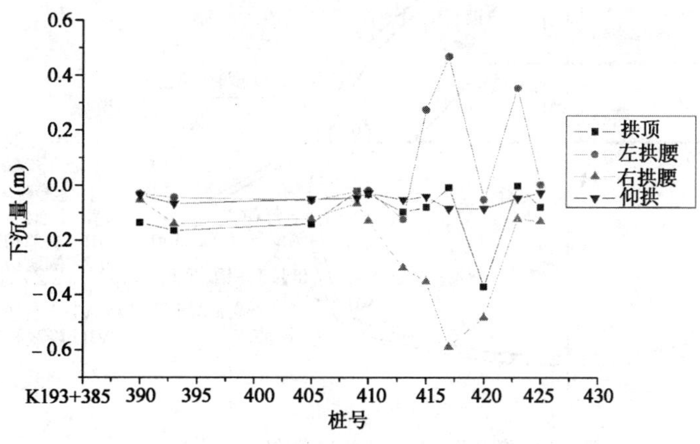

图5-46　左洞各桩号下沉曲线

5.5.3 整体下沉破坏原因分析

(1)岩土体结构

隧道发生整体下沉段主要为砂性黄色土质(图 5-47)。这种土质遇水塑性指数会迅速下降,围岩的稳定性很差,遇水后变成黄泥。隧道埋深比较浅,不到 20m。隧道发生整体下沉的地段地质条件较差,岩土体的自身强度比较低,遇水造成围岩强度的大幅度降低。

该隧道发生整体下沉破坏,其主要原因是由其特殊的地质条件决定的。该隧道的主要岩土性质为砂性黄色土质,这种岩土体的稳定性极差。发生整体沉陷的地段位于浅埋段,隧道所位于的山前缓坡上,坟墓、洞穴比较多。在频繁降雨的作用下,雨水从这些洞穴下渗,在开挖面处携带黄泥外流,仰坡下面的大量泥土被渗水带走,形成整个坡面的淘空失稳。

可以说,隧道的修建形成了一个集水廊道,雨水从洞穴下渗,在隧道内汇集。雨水一方面使隧道底部的岩土体力学性质变差,另一方面将部分黄泥带走,使隧道底部失去承载力,从而引起整体沉陷。

(2)施工方法

该隧道采用了微台阶留核心土施工法(图 5-48),采用这种工法施工最大的优点就是维持掌子面的稳定。但在该隧道施工时发现,水的影响使核心土保留不住。在施工时应采用 CD 法、CRD 工法等变大断面为小断面的施工方法。此外,应及时闭合断面,之所以发生了整体下陷,主要还是水的影响。当发生下沉时,没有及时施加内支撑或临时仰拱。未使用管棚,做好注浆加固。

图 5-47 大门台隧道砂性黄色土质

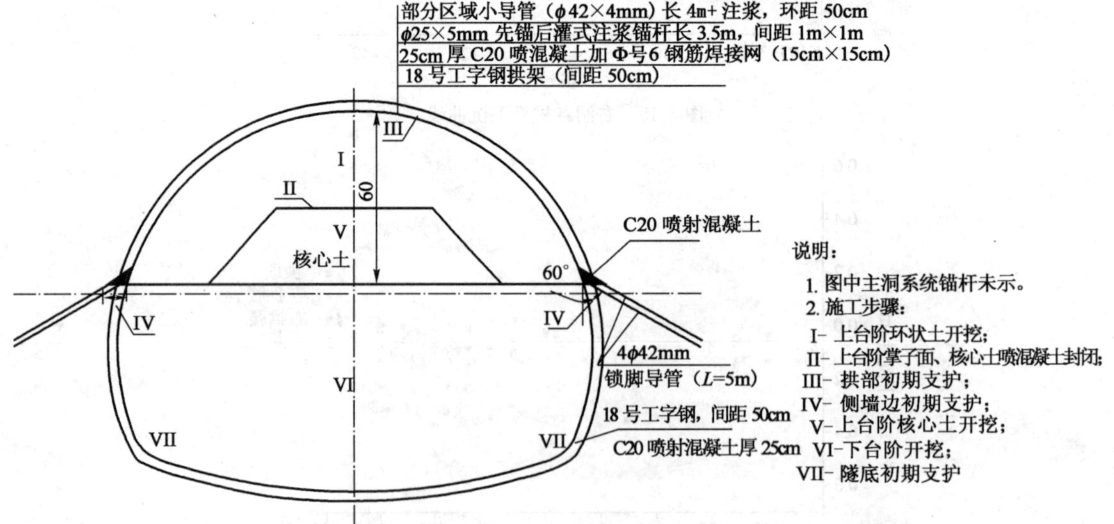

图 5-48 微台阶预留核心施工设计图(尺寸单位:cm)

(3)降雨影响

洞口边仰坡开挖后多次受暴雨袭击出现了塌方和地表土质流失,形成空洞和塌陷较多(图 5-49),破体上出现了多处裂缝(图 5-50)。持续降雨造成了雨水不断下渗,水使岩土体软化,从而引起了整体下沉。由于支护结构的整体下沉,导致了破体上出现了空洞和塌陷以及许多拉张裂缝。裂缝的产生导致了雨水的不断下渗,更加不利于围岩的稳定。

图 5-49　隧道整体下沉引起的空洞和塌陷

图 5-50　坡体上出现的裂缝

(4)支护不够及时

在该隧道的施工过程中没有采用超前支护,不能及时给松散土体一定的力学支撑,所以当拱底的岩土体受雨水浸泡后,承载力大大降低,在上覆土体的重力下发生比较大的整体下沉。

(5)防排水措施不足

由于隧道在雨季施工,隧道上覆岩土体又有利于雨水的下渗,而施工初期没有注意采用恰当的防排水措施,水的作用使该隧道结构位于一个几乎没有承载力的基础上,从而使拱脚失稳,发生下陷。

5.5.4　处治方案

(1)注浆

在该隧道事故的处理中,采用了小导管注浆加固。通过小导管注浆,可以使围岩形成注浆的固体。而小导管自身起到加筋的作用,既可以提高围岩的整体性,又可以封堵地下水。此外,在地表采用了注浆加固,对裂缝进行水泥砂浆封堵,可以提高地层的整体强度和稳定性,抑制隧道开挖后岩土体的进一步滑移和沉降。

(2)换拱

在该隧道的处理过程中,采用了逐榀换拱的形式,如图 5-51 所示,从而保证围岩的动态平衡。由于隧道发生了整体下沉破坏,因此必须首先取出原有支护结构,然后再扩大断面,重新架设钢拱架。在隧道事故的处理过程中,首先应保证围岩的稳定。在施工过程中,用型钢或原木在钢拱架两侧进行临时伞状支撑,并与衬砌接触面应用木板顶紧。临时支撑如图 5-52 所示。

图 5-51　隧道逐榀换拱施工现场

图 5-52　换拱时采用的临时支撑

(3)防水排水

水具有软化围岩、降低围岩承载力的作用,对该工程事故的发生具有重大影响,所以必须做好防水排水。该隧道所处坡体上坟墓、空穴、树木比较多,为雨水的下渗创造了条件。针对该隧道的实际地理条件,施工单位设计采用渗沟、排水沟、地表防水板等处理措施。在洞顶右洞 K193+390 和左洞 K193+380 处设置了渗沟,渗沟沟底平铺土工布,沟内充填级配碎石,如图 5-53 所示。

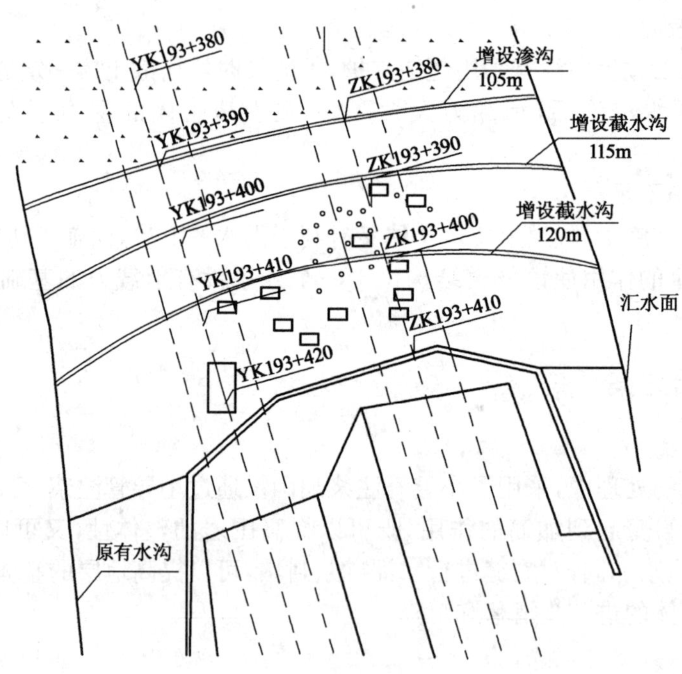

图 5-53　隧道坡体上的防排水措施

(4)治理效果分析

通过采用以上的处置措施,大门台隧道再没有出现大的沉降,地表裂缝也没有扩大的趋势,隧道的整体下沉得到了很好的控制。在换拱过程中,也未出现围岩失稳事故,说明治理效果良好。最终,隧道得以安全顺利施工。图 5-54 所示为处置后隧道洞口情况。

图 5-54　处治后隧道洞口

第6章　复杂条件下隧道工法研究

隧道工程建设常常涉及复杂的环境条件，包括复杂的工程环境和复杂的地质环境，如下穿已有道路，穿越富含地下水的坡积体，穿越断层破碎带，穿越河流或海底等。

6.1　隧道穿越运营公路铁路等设施工法合理性分析

随着交通网络建设的需要，近年来全国出现许多下穿已有道路的隧道修建问题。修建一般隧道主要控制围岩坍塌、过大变形、突水和掌子面片落等工程事故，而在已有高等级道路下修建隧道的主要控制目标是道路路面的沉降要小于一定限度，保证道路正常通行。因此，在此类工程中选择合理工法尤为重要。目前，此方面工程实例还较少，所开展的理论研究工作也较少，还没有成熟的工程模式可供借鉴。因此，选择合理的隧道修建方案，控制地层沉降，将对已有结构物的影响控制在允许的范围内具有重要意义。

6.1.1　工程背景

某隧道下穿高速公路，拱顶距公路路面净距约为3.5～5m，属于浅埋路段，如图6-1所示。隧道主要穿越全、中风化花岗岩，全风化层厚度较大，呈棕黄色，风化强烈，可见残余结构，岩芯基本呈砂土状。地下水主要为基岩裂隙水，储存于破碎岩体内，水量较贫乏，受大气降水入渗补给，雨季水量会增大。

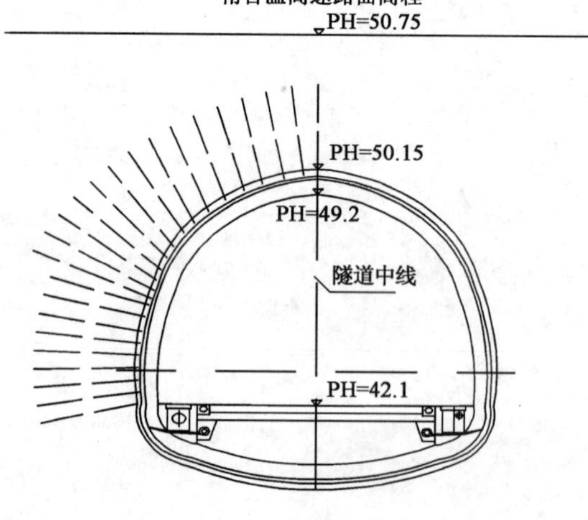

图6-1　隧道下穿高速公路示意图

在类似图 6-1 所示的隧道施工过程中，为确保工程结构安全，可采用王梦恕院士等创立的“浅埋暗挖法”理论和工法，参照相关隧道设计、施工规范的有关规定进行设计和施工，并按太沙基或普氏理论确定围岩作用于衬砌顶部的压力和自承能力差的破碎围岩或软弱围岩预支护原理控制围岩变形。这时应划小断面分步开挖、强支护(少进尺)、短距离，并及时封闭，核心是基本维持围岩原始状态，严控隧道围岩局部破坏或失稳引发隧道整体失稳问题，达到“施工与养护过程中每步骤，隧道围岩和支护系统都必须满足三维力学平衡、三维力与变形协调和三维变形协调与稳定”的目的。

6.1.2　设计方案比选

该隧道初步设计审查方案见图 6-2a)。在该方案中，上部弧形导坑开挖出围岩面积过大，施加初次支护时间较长，不能满足隧道围岩时刻保持三维力与变形协调和三维变形协调与稳定，不利于隧道变形控制，可能导致上部围岩松动和路面过大下沉。某隧道曾采用此方案引起事故，如图 6-2b)所示。图 6-3 给出了 5 个建议施工方案，5 个建议方案都采用了小断面分步开挖、及时强支护(少进尺)、短距离及时封闭，目标是基本维持围岩原始状态，达到了预防和严控隧道围岩局部破坏或失稳引发隧道整体失稳的目的。

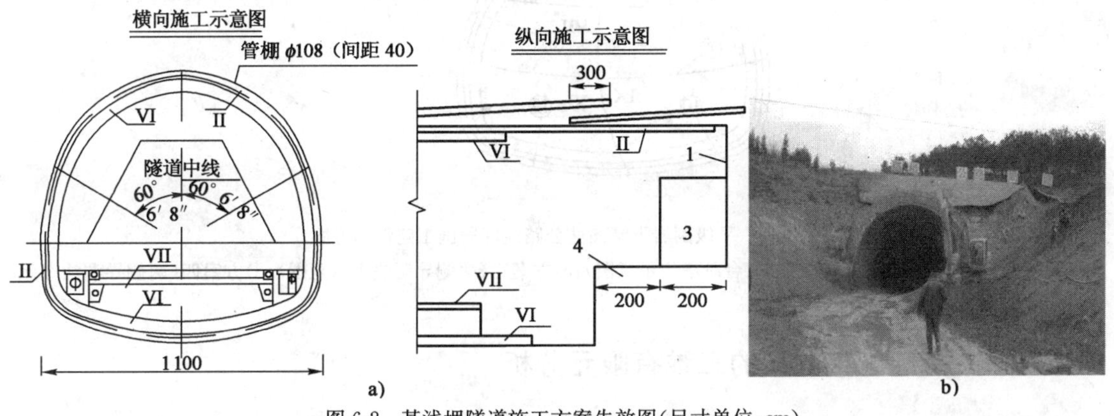

图 6-2　某浅埋隧道施工方案失效图(尺寸单位：cm)

a)隧道施工方案；b)失效图

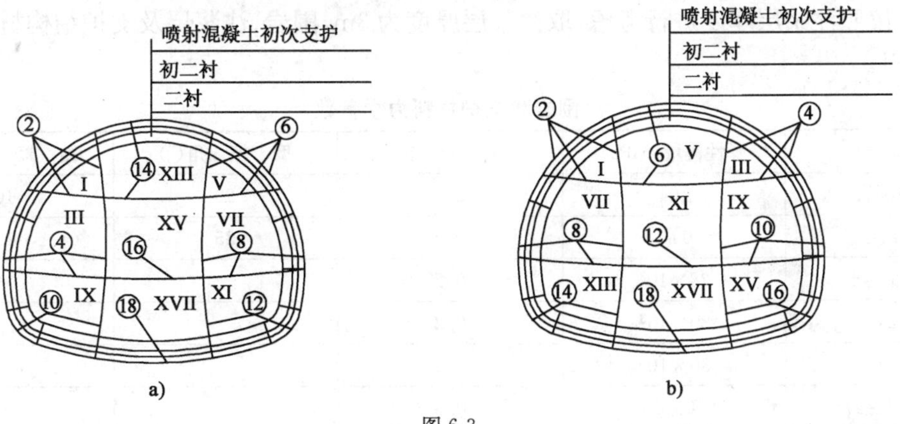

图 6-3

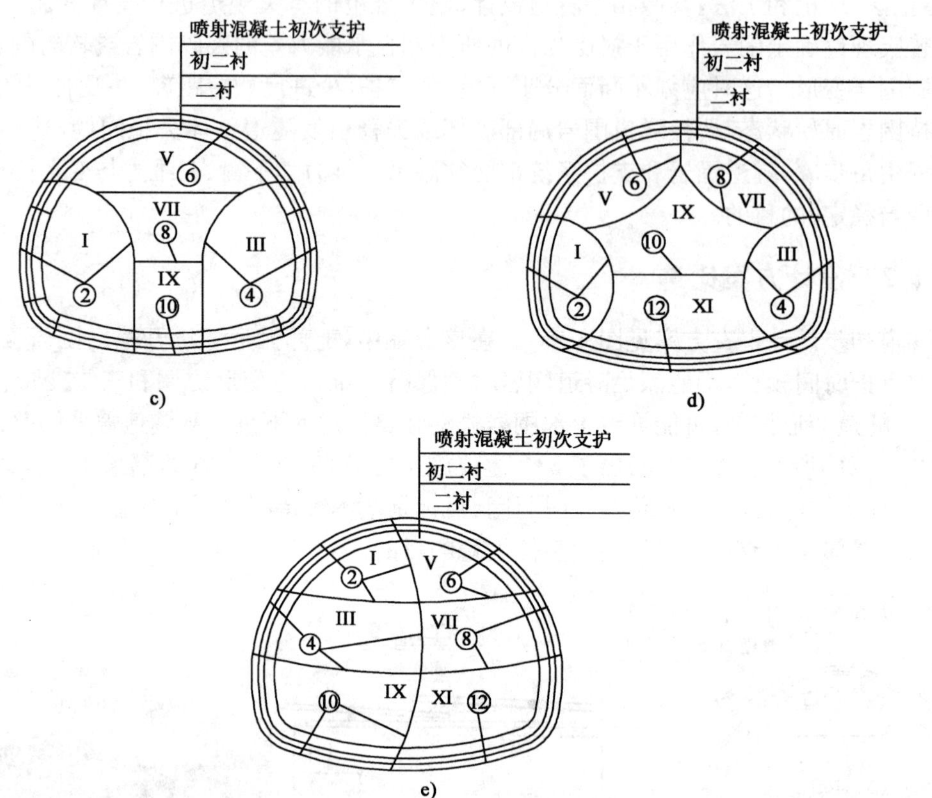

图6-3 Ⅴ级围岩下穿高速公路浅埋段施工建议的方案

a)方案一(台阶法1示意图);b)方案二(台阶法2示意图);c)方案三(两侧导洞法1示意图);d)方案四(两侧导洞法2示意图);e)方案五(CD工法示意图)

6.1.3 待选施工方案的三维有限元分析

6.1.3.1 模型基本情况

采用三维有限元软件进行施工动态过程模拟。按Ⅴ级围岩建立模型,超前管棚及小导管注浆统一按照注浆层厚度进行考虑,取注浆层厚度为3m,围岩、注浆层及支护结构材料力学参数见表6-1。

围岩和支护材料力学参数　　表6-1

材　　料	弹性模量(MPa)	泊　松　比	摩　擦　角(°)	黏　聚　力(kPa)
Ⅴ级围岩	104	0.4	20	100
注浆层	110	0.2	25	120
喷射混凝土	28×10^3	0.2	—	—
初二衬	30×10^3	0.2	—	—
二衬	30×10^3	0.2	—	—
钢拱架及锚杆	210×10^3	0.3	—	—

隧道支护结构体系由初次支护、初二衬和二次衬砌组成。初次支护采用注浆锚杆、喷射混凝土、钢拱架支护。锚杆长度为 3m，环向间距为 400mm，纵向间距为 500mm，呈梅花形布置，喷射混凝土厚度为 280mm。环形钢拱架采用 H175 热轧 H 形钢，纵向间距为 500mm，中间临时钢拱架采用 18 号工字钢，纵向间距为 500mm。初二衬厚度为 250mm，二次衬砌厚度为 450mm。

方案六的三维模型如图 6-4 所示。在隧道走向模型长度为 18m，在垂直隧道走向平面内，水平方向模型长度为 60m，在顶部取至高速公路路面，埋深为 4m，在隧道下部取 30m。模型上部路面考虑路面车辆荷载，根据《公路桥涵设计通用规范》(JTG D60—2004)，荷载取值为 63kPa，其他边界为固定边界条件。

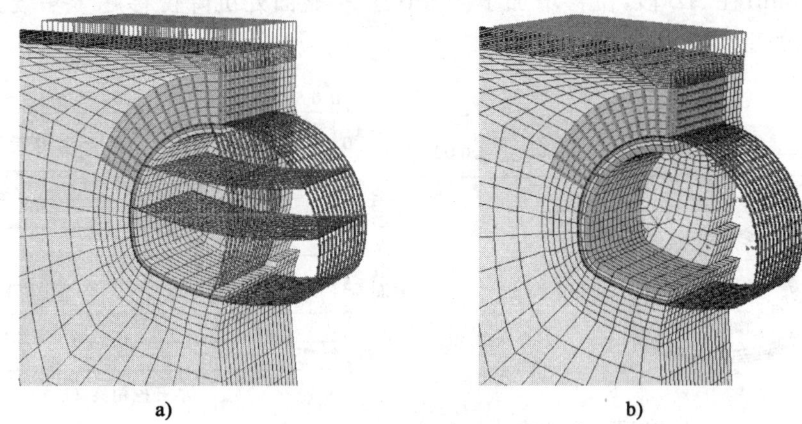

图 6-4　方案六的三维模型

a)初二衬施工时模型示意图；b)二次衬砌施工后的模型示意图

通过对六种隧道开挖工法进行比较研究，确定开挖工法为环形开挖留核心土法、台阶法 1、台阶法 2、两侧导洞法 1、两侧导洞法 2、CD 法。

6.1.3.2　环形开挖留核心土工法

该工法分步开挖支护顺序如图 6-5 所示。I 顶部环形土开挖，②顶部初次支护(锚杆、喷混、钢拱架，下同)；III 中部核心土开挖；IV 底部核心土开挖，⑤底部及仰拱初次支护。

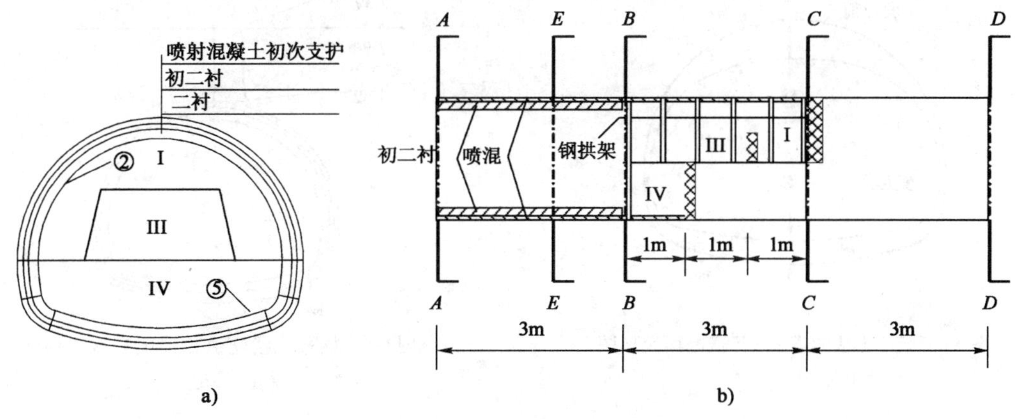

图 6-5　核心土法开挖及支护工法示意图

a)断面内开挖、支护顺序；b)纵向开挖、支护顺序

各开挖面与支护在隧道走向关系如图 6-5b)所示。每开挖步循环进尺为 1m,每开挖 3m 后成环完成初二衬;初二衬支护施工 20m 后,完成二次衬砌施工。图 6-5b)中,*CD* 段为尚未开挖段,*BC* 段为开挖与初次支护段,表示了顶部环形土、中部核心土、底部核心土开挖端面位置关系,顶部环形土开挖至 *C* 截面,距 *B* 截面为 3m,*AB* 段为初二衬支护段。

图 6-5b)中 *E—E* 截面处路面沉降曲线如图 6-6 所示。由图可见,路基沉降不均匀,横向沉降范围尺度超过 32m,围岩变形范围大,其中,最大下沉量为 7.37 mm。

沿隧道纵向路面中线沉降曲线如图 6-7 所示,图中 *A—A*、*B—B*、*C—C*、*D—D* 表示截面位置,如图 6-5b)所示。由图可见,隧道未开挖段路面有轻微的隆起;在 *BC* 段(开挖支护段),位移增加了近 3mm;在 *AB* 段,位移增加了 4mm;在 *A* 截面处沉降位移趋于平缓。这说明初二衬会承受较大的变形压力。

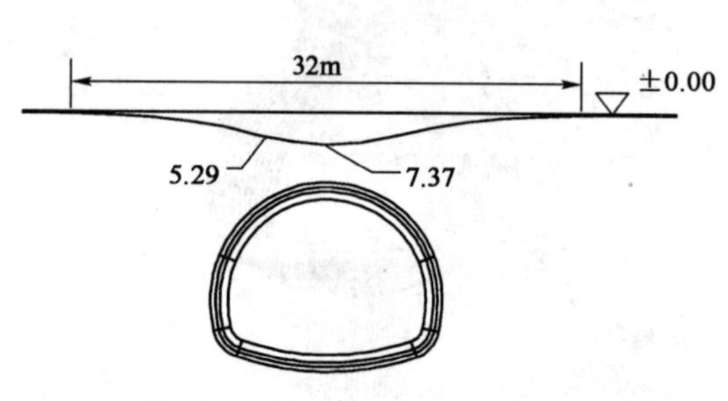

图 6-6 核心土法 *E—E* 横断面路面沉降曲线(尺寸单位:mm)

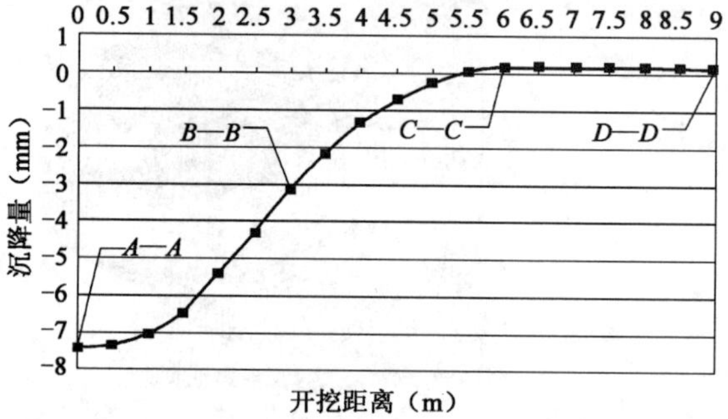

图 6-7 核心土法路面纵向沉降曲线

图 6-5b)中 *E—E* 截面处围岩表面处位移分布如图 6-8 所示。由图可见,围岩拱部位移最大,仰拱部位的位移也比较大,说明顶部及底部围岩与永久钢拱架能够起到拱的作用,符合在自重应力场作用下位移分布规律。

图 6-5b 中 *E—E* 截面处隧道顶部围岩沉降位移分布如图 6-9 所示。由图可见,隧道围岩表面与路面沉降位移接近,说明拱部围岩呈现整体沉降。

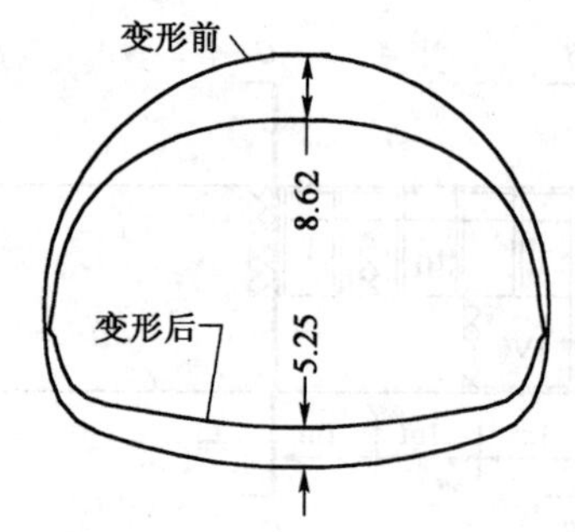

图 6-8 核心土法隧道 *E—E* 横断面变形图(尺寸单位:mm)

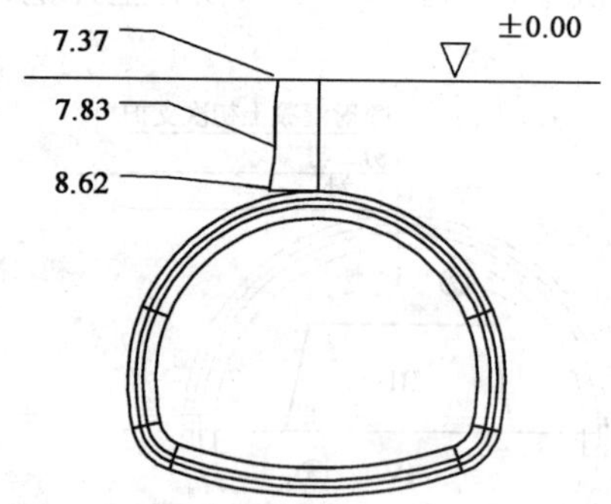

图 6-9 核心土法隧道顶部围岩沉降曲线(尺寸单位:mm)

6.1.3.3 台阶法 1

该工法分步开挖支护顺序如图 6-10 所示。I 上台阶左洞开挖,②上台阶左洞初次支护(锚杆、喷混、钢拱架，下同）；III 中台阶左洞开挖，④中台阶左洞初次支护；V 上台阶右洞开挖，⑥上台阶右洞初次支护；VII 中台阶右洞开挖，⑧中台阶右洞初次支护；IX 下台阶左洞开挖，⑩下台阶左洞初次支护及仰拱施作；XI 下台阶右洞开挖，⑫下台阶右洞初次支护及仰拱施作；XIII 上台阶核心土开挖，⑭上台阶中洞初次支护；XV 中台阶核心土开挖，⑯中台阶中洞临时钢拱架施作；XVII 下台阶核心土开挖，⑱下台阶中洞初次支护及仰拱施作。

各开挖面与支护在隧道走向关系如图 6-10b）所示。每开挖步循环进尺为 1m，每开挖 3m 后成环完成初二衬；初二衬支护施工 20m 后，完成二次衬砌施工。图 6-10b）中，*CD* 段为尚未开挖段，*BC* 段为开挖与初次支护段，表示了上台阶、中台阶、下台阶各开挖端面位置关系。上台阶左洞开挖至 *C* 截面，距 *B* 截面为 3m，*AB* 段为初二衬支护段。

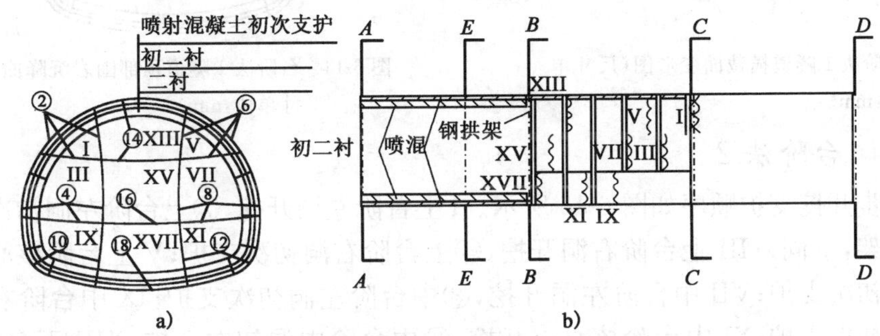

图 6-10　台阶法 1 开挖及支护工法示意图

a)断面内开挖、支护顺序；b)纵向开挖、支护顺序

图 6-10b）中 *E*—*E* 截面处路面沉降曲线如图 6-11 所示。由图可见，路基沉降比较均匀，横向沉降范围尺度 8m，围岩变形范围小，其中最大下沉量为 2.47 mm。

沿隧道纵向路面中线沉降曲线如图 6-12 所示，图中 *A*—*A*、*B*—*B*、*C*—*C*、*D*—*D* 表示截面位置，如图 6-10b）所示。由图可见，隧道未开挖段路面无隆起现象；在 *BC* 段（开挖支护段），位移增加了近 1.4mm；在 *AB* 段，位移增加了 1mm；在 *A* 截面处沉降位移趋于平缓。这说明初二衬承受较小的变形压力。

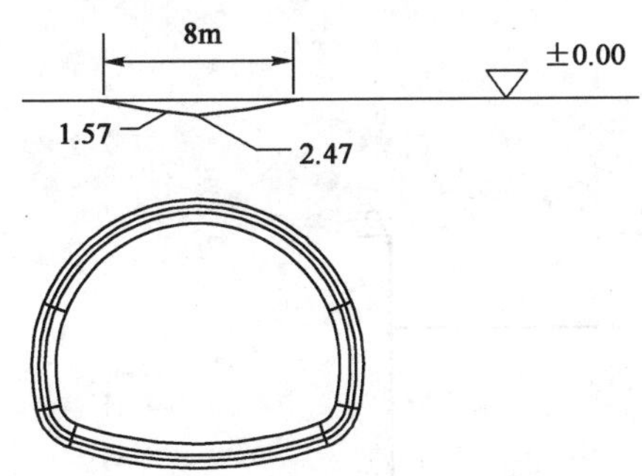

图 6-11　台阶法 1*E*—*E* 横断面路面沉降曲线（尺寸单位：mm）

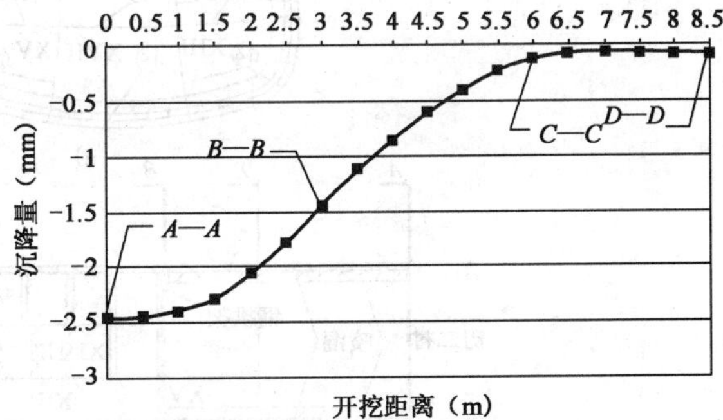

图 6-12　台阶法 1 路面纵向沉降曲线

图 6-10b）中 *E*—*E* 截面处围岩表面处位移分布如图 6-13 所示。由图可见，围岩拱部位移最大，仰拱部位的位移也比较大。相对于环形开挖留核心土工法而言，由于受中间临时钢拱架的作用，原来起到拱的作用的围岩及永久钢拱架转变为受弯的梁段，从而使顶部位移增大。

$E—E$ 截面处隧道顶部围岩沉降位移分布如图 6-14 所示。由图可见，隧道围岩表面与路面沉降位移变化较大。

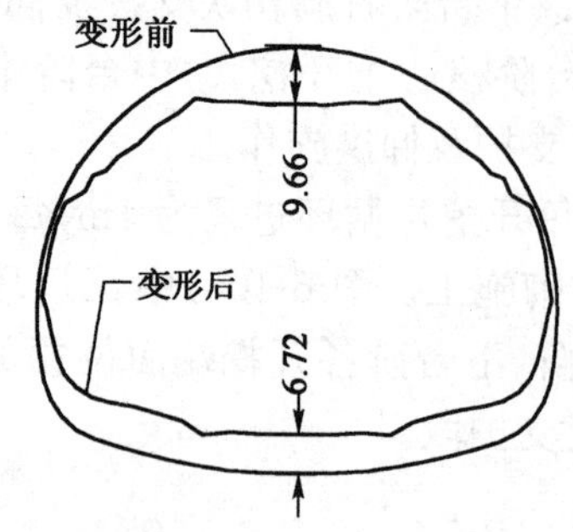

图 6-13　台阶法 1 隧道横截面变形图(尺寸单位:mm)

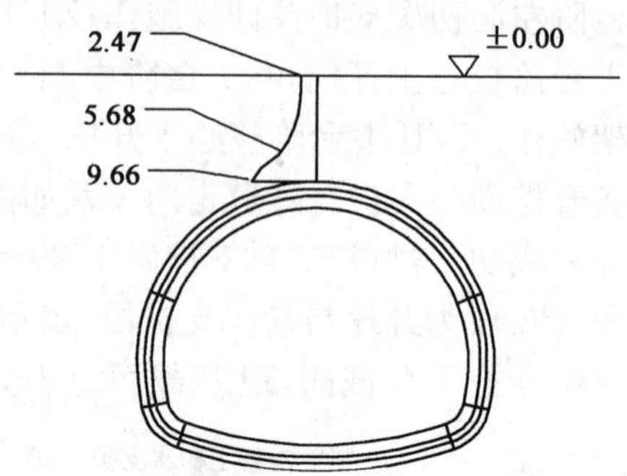

图 6-14　台阶法 1 隧道顶部围岩沉降曲线(尺寸单位:mm)

6.1.3.4　台阶法 2

该工法分步开挖支护顺序如图 6-15 所示。I 上台阶左洞开挖，②上台阶左洞初次支护(锚杆、喷混、钢拱架，下同)；III 上台阶右洞开挖，④上台阶右洞初次支护；V 上台阶核心土开挖，⑥上台阶中洞初次支护；VII 中台阶左洞开挖，⑧中台阶左洞初次支护；IX 中台阶右洞开挖，⑩中台阶右洞初次支护；XI 中台阶核心土开挖，⑫中台阶中洞初次支护；XIII 下台阶左洞开挖，⑭下台阶左洞初次支护及仰拱施作；XV 下台阶右洞开挖，⑯下台阶右洞初次支护及仰拱施作；XVII 下台阶核心土开挖，⑱下台阶中洞初次支护及仰拱施作。

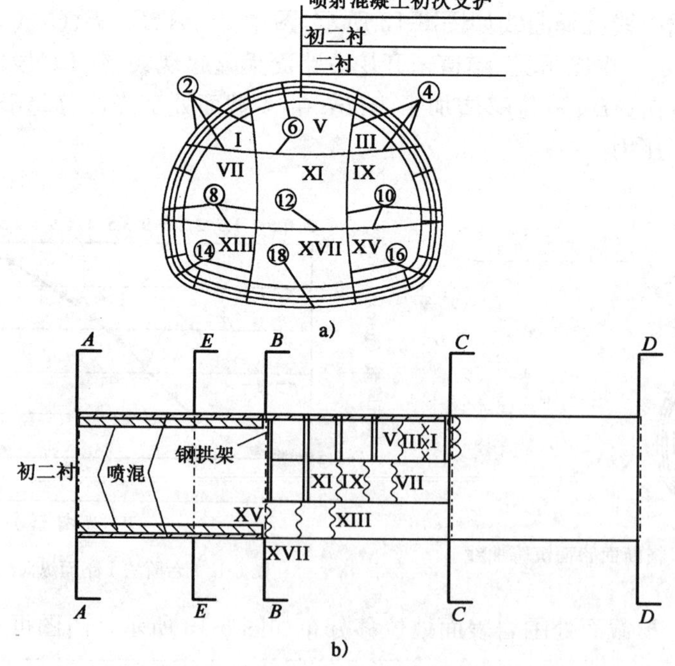

图 6-15　台阶法 2 开挖及支护工法示意图

a)断面内开挖、支护顺序；b)纵向开挖、支护顺序各开挖面与支护在隧道走向关系如图 6-15b)所示。每开挖步循环进尺为 1m，每开挖 3m 后成环完成初二衬；初二衬支护施工 20m 后，完成二次衬砌施工。图 6-15)中，*CD* 段为尚未开挖段，*BC* 段为开挖与初次支护段，表示了上台阶、中台阶、下台阶各开挖端面位置关系。上台阶左洞开挖至 *C* 截面，距 *B* 截面为 3m，*AB* 段为初二衬支护段。

图 6-15b)中 *E*—*E* 截面处路面沉降曲线如图 6-16 所示。由图可见，路基沉降不均匀，横向沉降范围尺度 16m，围岩变形范围适中，其中最大下沉量为 4.26 mm。

沿隧道纵向路面中线沉降曲线如图 6-17 所示，图中 *A*—*A*、*B*—*B*、*C*—*C*、*D*—*D* 表示截面位置，如图 6-15b)所示。由图可见，隧道未开挖段路面隆起现象比较明显；在 *BC* 段(开挖支护段)，位移增量超过了 2.5mm；在 *AB* 段，位移增加了 1.82mm；在 *A* 截面处沉降位移趋于平缓。这说明初二衬承受较大的变形压力。

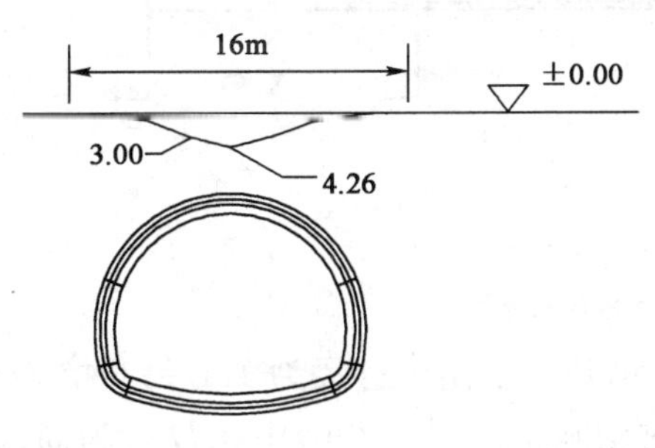

图 6-16　台阶法 2*E*—*E* 横断面路面沉降曲线(尺寸单位:mm)

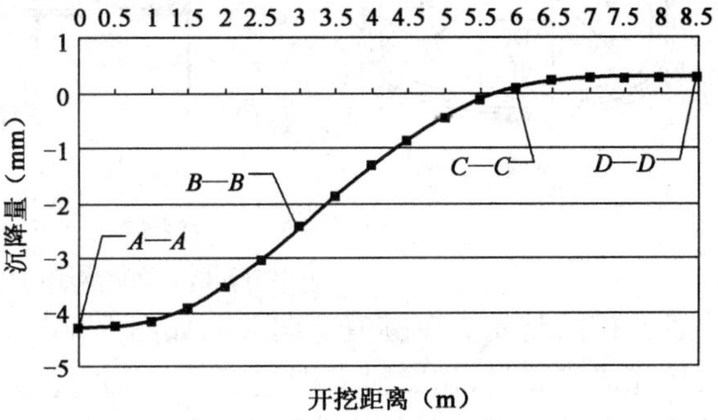

图 6-17　台阶法 2 路面纵向沉降曲线

图 6-15b)中 *E*—*E* 截面处围岩表面处位移分布如图 6-18 所示。由图可见，围岩拱部位移最大，仰拱部位的位移比较小，顶部围岩及永久钢拱架弯曲变形较为明显。相对于台阶法 1 而言，过早开挖上台阶核心土对顶部的沉降影响较大。

E—*E* 截面处隧道顶部围岩沉降位移分布如图 6-19 所示。由图可见，隧道围岩表面与路面沉降位移变化较大。

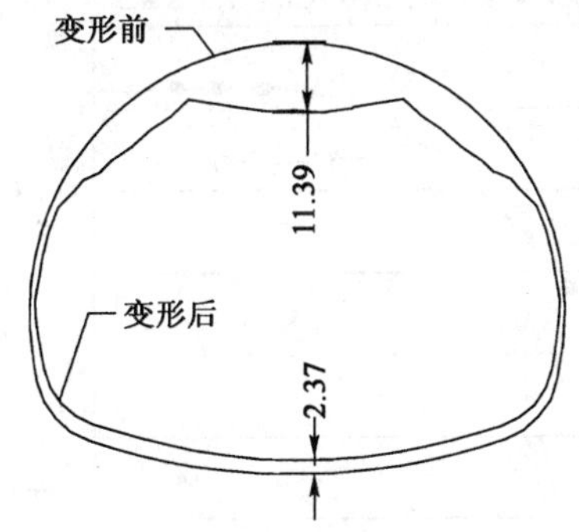

图 6-18　台阶法 2 隧道横截面变形图(尺寸单位:mm)

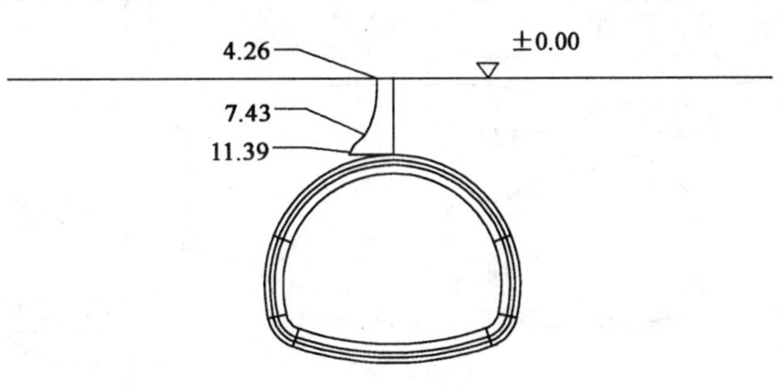

图 6-19　台阶法 2 隧道顶部围岩沉降曲线(尺寸单位:mm)

6.1.3.5 两侧导洞法1

该工法分步开挖支护顺序如图6-20所示。I左侧导洞开挖，②左侧导洞初次支护（锚杆、喷混、钢拱架，下同）；III右侧导洞开挖，④右侧导洞初次支护；V上台阶核心土开挖，⑥上台阶中洞初次支护；VII中台阶开挖，⑧中台阶初次支护；IX下台阶核心土开挖，⑩下台阶初次支护及仰拱施作。

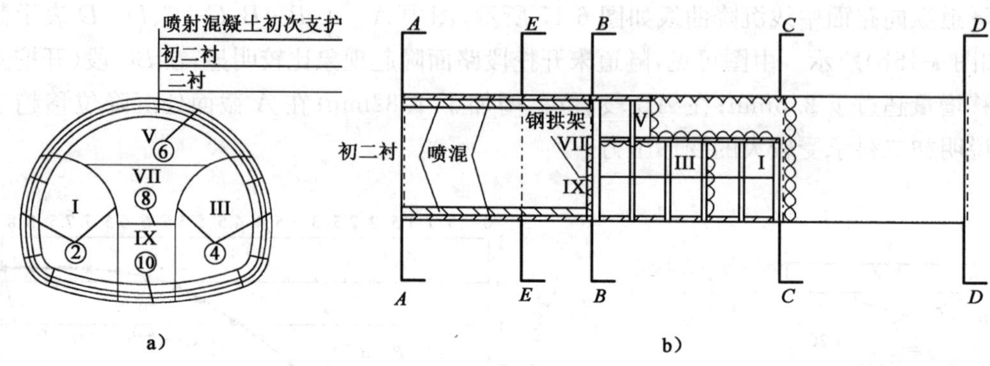

图6-20 两侧导洞法1开挖及支护工法示意图

a)断面内开挖、支护顺序；b)纵向开挖、支护顺序

各开挖面与支护在隧道走向关系如图6-20b)所示。每开挖步循环进尺为1m，每开挖3m后成环完成初二衬；初二衬支护施工20m后，完成二次衬砌施工。图6-20b)中，CD段为尚未开挖段，BC段为开挖与初次支护段，表示了左、右侧导洞、上台阶、中台阶、下台阶各开挖端面位置关系。左侧导洞开挖至C截面，距B截面为3m，AB段为初二衬支护段。

图6-20b)中E—E截面处路面沉降曲线如图6-21所示。由图可见，路基沉降不均匀，横向沉降范围尺度14m，围岩变形范围较小，其中最大下沉量为5.51 mm。

沿隧道纵向路面中线沉降曲线如图6-22所示，图中A—A、B—B、C—C、D—D表示截面位置，见图6-20b)。由图可见，在BC段(开挖支护段)，位移增量超过了2.8mm；在AB段，位移增加了1.7mm；在A截面处沉降位移趋于平缓。这说明初二衬承受较大的变形压力。

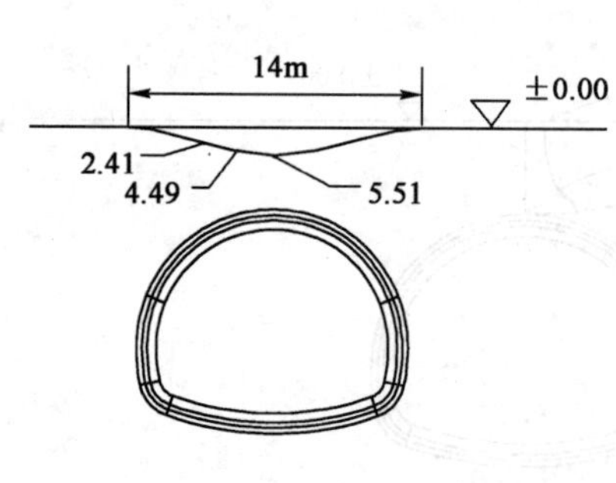

图6-21 两侧导洞法1E—E横断面路面沉降曲线(尺寸单位:mm)

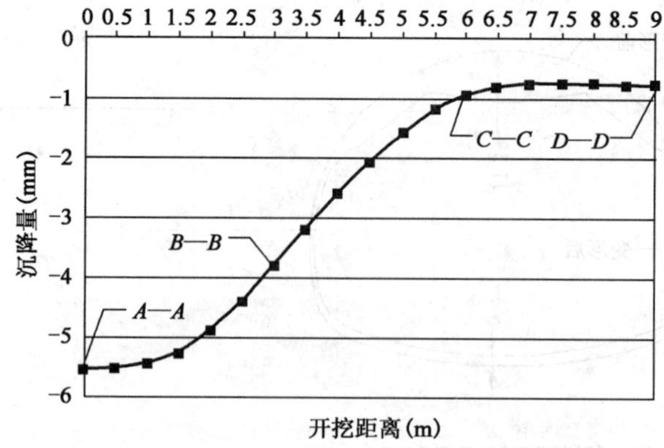

图6-22 两侧导洞法1路面纵向沉降曲线

图 6-20b)中 E—E 截面处围岩表面处位移分布如图 6-23 所示。由图可见，围岩拱部位移最大，仰拱部位的位移比较小。相对于环形开挖留核心土工法而言，其顶部围岩及永久钢拱架的拱矢跨比较小，拱效应相对较弱，顶部围岩变形较为明显。

E—E 截面处隧道顶部围岩沉降位移分布如图 6-24 所示。由图可见，隧道围岩表面与路面沉降位移变化较大。

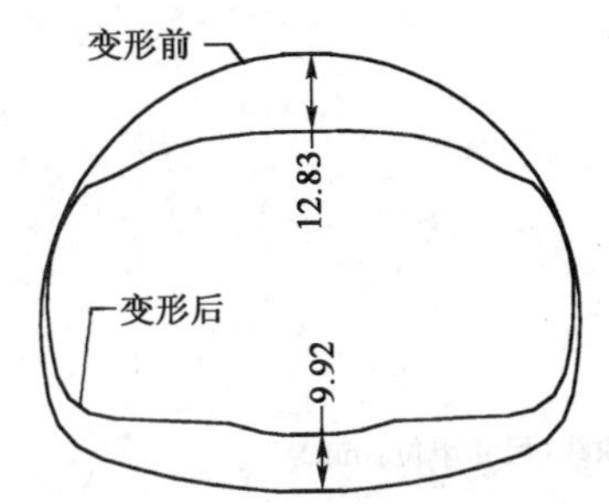

图 6-23 两侧导洞法 1 隧道横截面变形图(尺寸单位:mm)

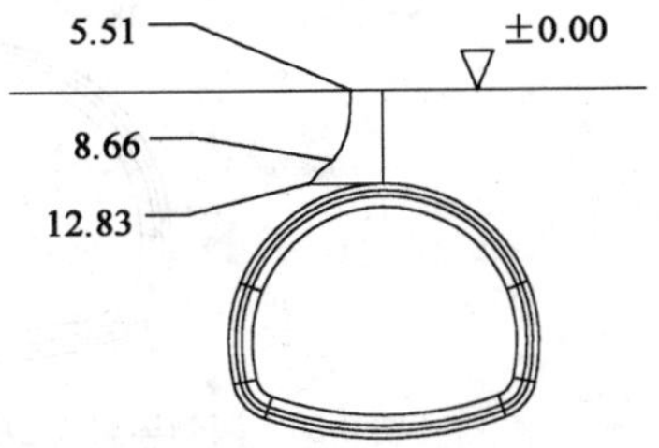

图 6-24 两侧导洞法 1 隧道顶部围岩沉降曲线(尺寸单位:mm)

6.1.3.6 两侧导洞法 2

该工法分步开挖支护顺序如图 6-25 所示。I 左侧导洞开挖，②左侧导洞初次支护(锚杆、喷混、钢拱架，下同)；III 右侧导洞开挖，④右侧导洞初次支护；V 上台阶左洞开挖，⑥上台阶左洞初次支护；VII 上台阶右洞开挖，⑧上台阶右洞初次支护；IX 中台阶核心土开挖，⑩中台阶初次支护；XI 下台阶核心土开挖，⑫下台阶初次支护及仰拱施作。

各开挖面与支护在隧道走向关系如图 6-25b)所示。每开挖步循环进尺为 1m，每开挖 3m 后成环完成初二衬；初二衬支护施工 20m 后，完成二次衬砌施工。图 6-25b)中，CD 段为尚未开挖段，BC 段为开挖与初次支护段，表示了左、右侧导洞、上台阶、中台阶、下台阶各开挖端面位置关系。左侧导洞开挖至 C 截面，距 B 截面为 3m，AB 段为初二衬支护段。

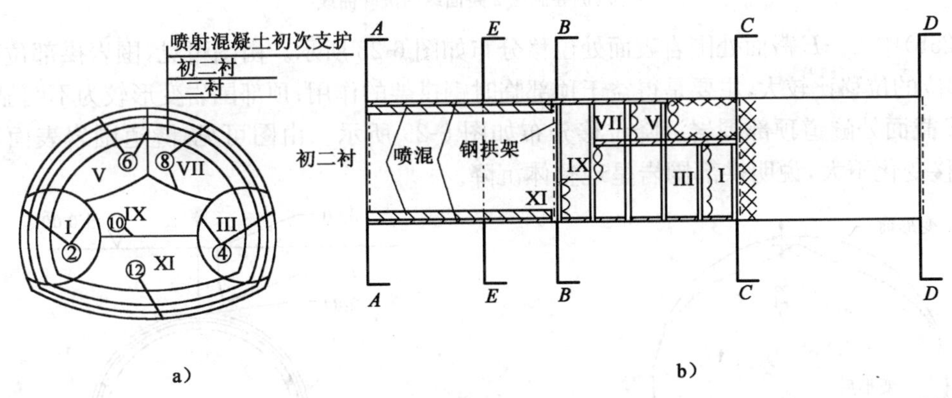

图 6-25 两侧导洞法 2 开挖及支护工法示意图

a)断面内开挖、支护顺序；b)纵向开挖、支护顺序

图 6-25b)中 E—E 截面处路面沉降曲线如图 6-26 所示。由图可见，路基沉降较均匀，横向沉降范围尺度 16m，围岩变形范围适中，路面最大沉降位置位于拱顶两侧，其中最大下沉量为 3.28 mm。

沿隧道纵向路面中线沉降曲线如图 6-27 所示，图中 *A—A*、*B—B*、*C—C*、*D—D* 表示截面位置，见图 6-25b)。由图可见，在 *BC* 段(开挖支护段)，位移增量接近 1.3mm；在 *AB* 段，位移增加了近 0.65mm；在 *A* 截面处沉降位移趋于平缓。这说明初二衬承受较小的变形压力。

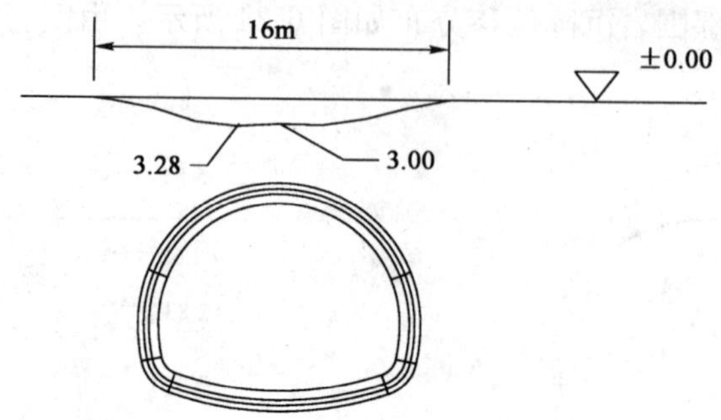

图 6-26　两侧导洞法 2*E—E* 横断面路面沉降曲线(尺寸单位：mm)

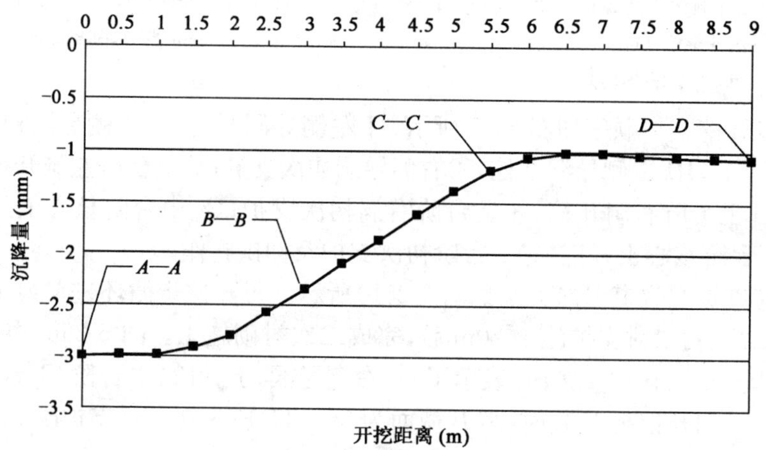

图 6-27　两侧导洞法 2 路面纵向沉降曲线

图 6-25b)中 *E—E* 截面处围岩表面处位移分布如图 6-28 所示。由图可见，围岩拱部位移较小，仰拱部位的位移比较大，主要是得益于顶部临时钢拱架的作用；顶部围岩变形较为不明显。

E—E 截面处隧道顶部围岩沉降位移分布如图 6-29 所示。由图可见，隧道围岩表面与路面沉降位移变化不大，说明拱部围岩呈现整体沉降。

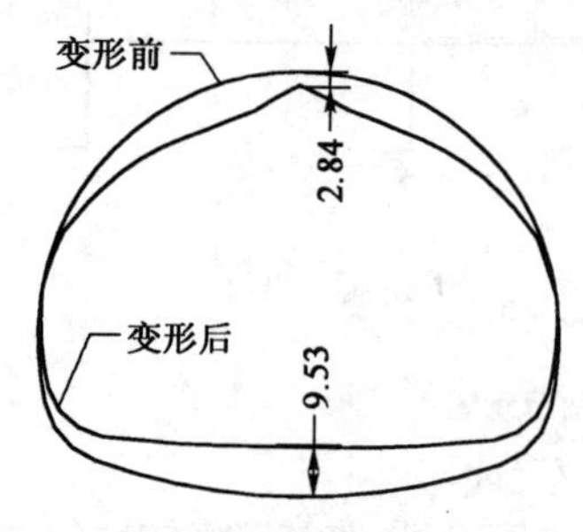

图 6-28　两侧导洞法 2 隧道横截面变形图(尺寸单位：mm)

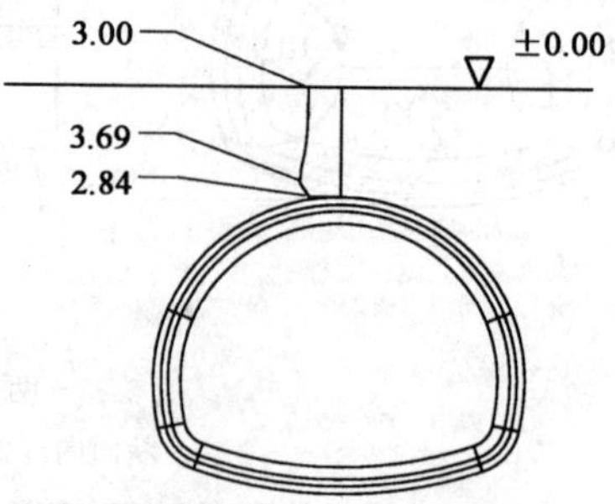

图 6-29　两侧导洞法 2 隧道顶部围岩沉降曲线(尺寸单位：mm)

6.1.3.7　CD 法

该工法分步开挖支护顺序如图 6-30 所示。I 上部左洞开挖，②上部左洞初次支护(锚杆、喷混、钢拱架，下同)；III 中部左洞洞开挖，④中部左洞初次支护；V 上部右洞开挖，⑥上部右洞初次支护；VII 中部右洞开挖，⑧中部右洞初次支护；IX 底部左洞开挖，⑩底部左洞初次支护及仰拱施作；XI 下部右洞开挖，⑫下部右洞初次支护及仰拱施作。

各开挖面与支护在隧道走向关系如图 6-30b)所示。每开挖步循环进尺为 1m，每开挖 3m 后成环完成初二衬；初二衬支护施工 20m 后，完成二次衬砌施工。图 6-30b)中，*CD* 段为尚未开挖段，*BC* 段为开挖与初次支护段，表示了上部、中部、底部各开挖端面位置关系。上部左洞开挖至 *C* 截面，距 *B* 截面为 3m，*AB* 段为初二衬支护段。

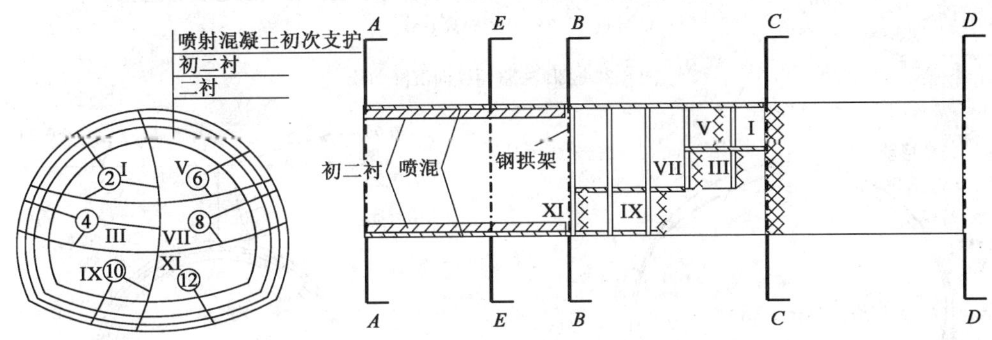

图 6-30　CD 法开挖及支护工法示意图
a)断面内开挖、支护顺序；b)纵向开挖、支护顺序

图 6-30b)中 *E*—*E* 截面处路面沉降曲线如图 6-31 所示。由图可见，路基沉降较为均匀，横向沉降范围尺度 22m，围岩变形范围较大，路面最大沉降位置位于拱顶右侧，其中最大下沉量为 1.47 mm。

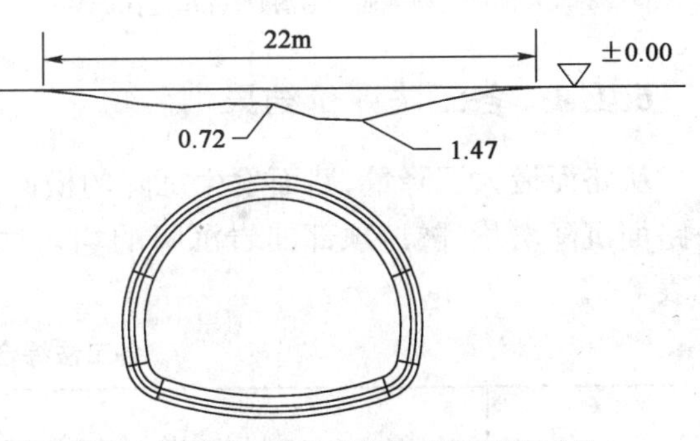

图 6-31　CD 法 *E*—*E* 横断面路面沉降曲线
(尺寸单位：mm)

沿隧道纵向路面中线沉降曲线如图6-32 所示，图中 *A*—*A*、*B*—*B*、*C*—*C*、*D*—*D* 表示截面位置，如图 6-30b)所示。由图可见，在 *B*—*C* 段(开挖支护段)，位移增量接近 0.6mm；在 *A*-*B* 段，位移增加了近 0.7mm；在 *A* 截面处沉降位移趋于平缓。这说明初二衬承受较小的变形压力。

图 6-30b)中 *E*—*E* 截面处围岩表面处位移分布如图 6-33 所示。由图可见，围岩拱部位移较小，仰拱部位的位移比较大，主要是得益于顶部临时钢拱架的作用；顶部围岩变形较为不明显。

E—*E* 截面处隧道顶部围岩沉降位移分布如图 6-34 所示。由图可见，隧道围岩表面与路面沉降位移变化不大，说明拱部围岩呈现较为整体的沉降。

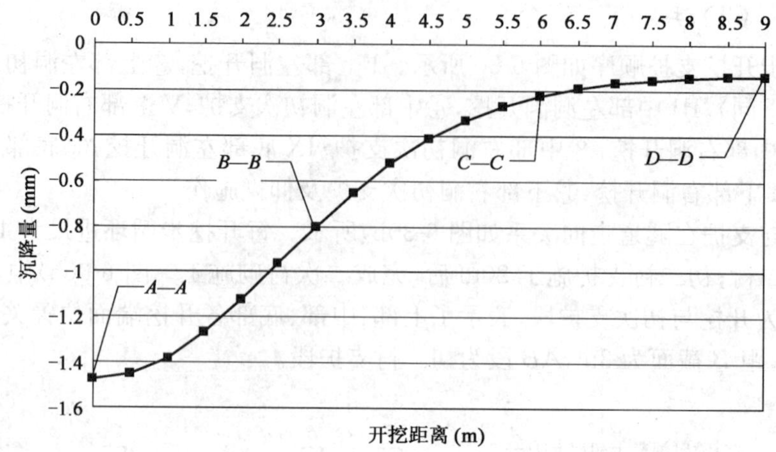

图 6-32 CD 法路面纵向沉降曲线

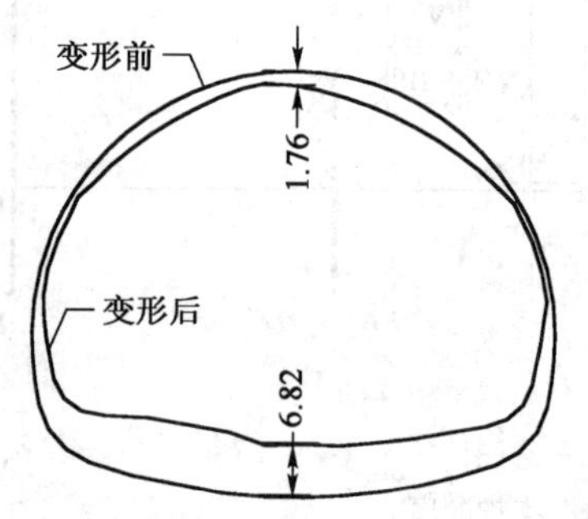

图 6-33 CD 法隧道横截面变形图(尺寸单位:mm)

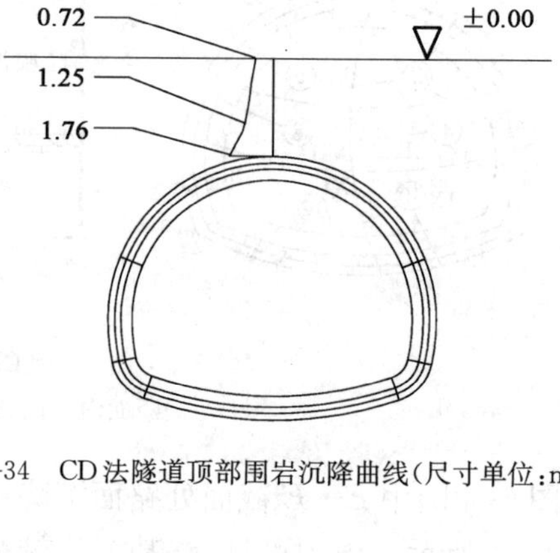

图 6-34 CD 法隧道顶部围岩沉降曲线(尺寸单位:mm)

6.1.4 各工法评价结果

从路面最大沉降量、路面发生沉降的横向范围、隧道拱顶与底拱收敛位移之和、初二衬段路面沉降增量、隧道顶部围岩沉降的均匀性等方面对以上 6 种工法进行综合评价,结果见表 6-2。

各工法综合评价结果 表 6-2

工 法	路面最大沉降量(mm)	路面横向沉降范围(m)	隧道拱顶与仰拱收敛量之和(mm)	*AB* 段路面沉降增量(mm)	综 合 评 价
核心土法	7.37	32	14	4.0	差
台阶法 1	2.47	8	16	1.0	优
台阶法 2	4.26	16	14	1.8	中等
两侧导洞法 1	5.51	14	23	1.7	差
两侧导洞法 2	3.28	16	12	0.65	中等
CD 法	1.47	22	8.58	0.7	优

6.2　在坡积体段修建隧道有关问题研究

坡积体围岩破碎，透水性强，在坡积体含水丰富的情况下，隧道施工可能导致围岩滑塌等地质灾害。隧道施工中围岩状态处于不断调整的动态过程中，在坡体开挖还未施加初次支护阶段往往存在墙体部位围岩的滑动，导致工程事故的发生，因此选择合理的工法尤为重要。为此，可以开展数值模拟等论证工作。在采用模拟方法时，要注意隧道进口坡积体是土石混合体，含水率分布不均匀，c、φ 值随时间地点的改变而改变，围岩属于非连续介质。地质勘察报告中给出的滑坡体力学性质只能代表当时的情况，并没有普通意义，所以将滑坡体简化为均匀连续介质，应用有限元程序计算得到的结论对工程方案的选择难以起到指导作用。因此，应结合离散元计算结论，对墙体处施加抗滑桩维护围岩，以保证施工安全。在偏压段衬砌受到不对称内力作用，局部存在较大的内力，对于衬砌工作状态不利，应采用荷载结构模式对其内力进行分析，通过优化衬砌配筋实现衬砌安全。

6.2.1　工程概况

某隧道起讫桩号：K3＋844～K4＋980，隧道长 1 136m，其中明洞 8m，半明半暗段长 23m（属于 5C 段），暗洞 1 105m，如图 6-35 所示。隧道建筑限界净高 5m，检修道净高 2.5m，隧道净宽 11m，设计时速 80km/h。隧道洞口段地质较差，且处于较严重的偏压状态。

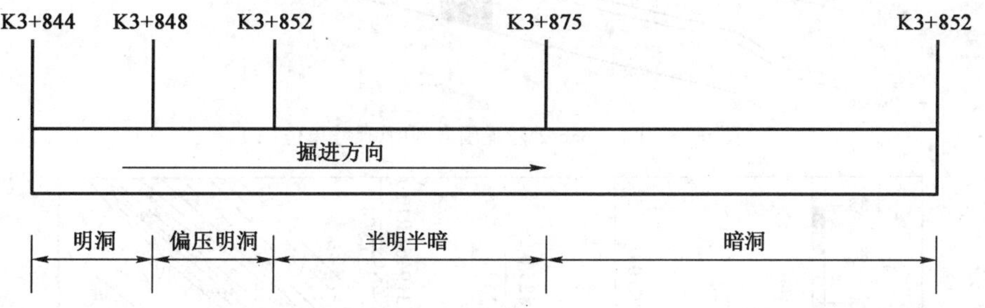

图 6-35　隧道分段

根据地质资料及现场开挖出来的地形地质情况判定，隧道地质条件比较复杂。实际情况及地质勘测设计报告表明，隧道进口缓坡地形，坡度 25°～35°。坡体上部为残坡积土含黏性土碎石、含碎石粉质黏土，揭露厚度较大，为 12.5～20.5m，欠稳定，表层分布大量滚石，粒径最大约 2.0 m，欠稳定，如图 6-36 所示；下部为全—强风化凝灰岩，厚 5.8～7.6m。隧道围岩为残坡积土及全—强风化凝灰岩，岩石节理裂隙发育，整体稳定性差，易产生坍塌、掉块，属 V 级围岩。图 6-37 所示为隧道开挖出的残破积碎石土，与坡体表面残破积土相比，其密实性和稳定性相对较好。地下水为松散土层空隙水及基岩裂隙水，水文地质条件一般。洞口前缘开挖形成临空面后，上部土体在雨水等作用下处理不当易产生滑坡等灾害。隧道洞身主要为微风化凝灰岩，并存在 F2、F3 断层，地下水为基岩裂隙水，水文地质条件简单。K3＋885 处隧道围岩剖面如图 6-38 所示，进洞附近地层分布如图 6-39 所示。

图 6-36 坡体块石

图 6-37 隧道内开挖出的残破积碎石土

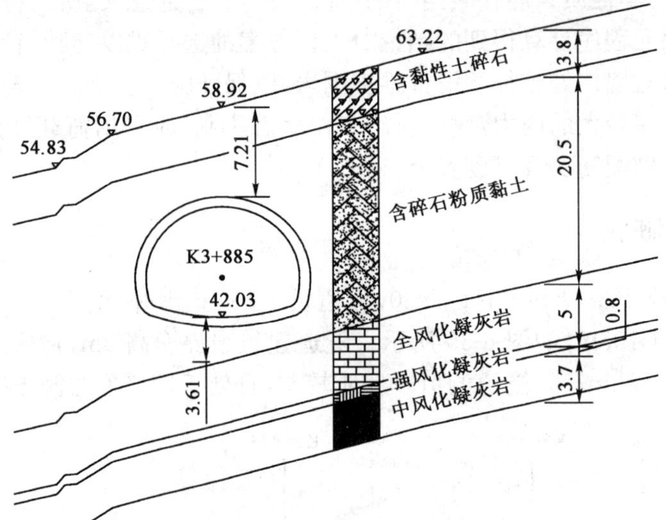

图 6-38 K3＋885 处隧道围岩剖面(尺寸单位:m)

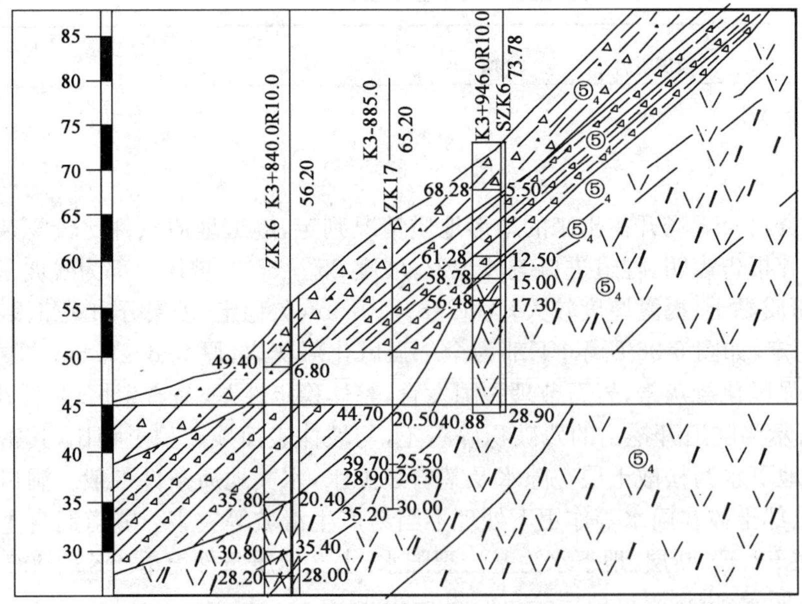

图 6-39 进洞附近地层剖面(尺寸单位:m)

6.2.2　半明半暗开挖边坡稳定性评价及防护对策

6.2.2.1　施工方案

隧道半明半暗段初步拟订如下施工方案(图 6-40)。

第一步:进行半明部分开挖。左侧开挖边坡 1∶1,右侧边坡设置一级,坡率 1∶1。开挖时全长 23 m 范围内都预留核心土以便护拱施工。开挖后,对右侧边坡进行锚杆护坡加固,锚杆长度 3.5 m,间距 1.2m×1.2 m。

第二步:施作护拱基础。全长 23 m 范围内左侧按照相应图纸设置 C20 片石混凝土基础,整体一次性浇筑完成,不设置沉降缝、伸缩缝。

第三步:施工 C25 钢筋混凝土护拱及拱顶回填。护拱钢筋骨架采用环向 ϕ22II 级钢筋,纵向 ϕ18II 级钢筋,纵横间距都是 30cm,上下两层布置。右侧护拱拱脚设置 6 m 长 ϕ42×4 注浆小导管,设置 5 排,纵向间距为 0.67m,呈梅花形布置,尾部埋入混凝土中 1.0 m。待护拱强度达到要求后,回填拱顶 C20 片石混凝土及拱顶土石。

第四步:进行半暗部分开挖。在隧道护拱的保护下,开挖隧道核心土部分。护拱范围内(包括左侧护拱基础范围)不设置中空注浆锚杆;护拱范围以外,按设计图纸要求施工锚杆。其余初期支护(工字钢、钢筋网、喷射混凝土)全断面施工。具体为:钢拱架采用 16 号工字钢,间距取 1 m (设计间距为 0.5～1.0m),设置一层钢筋网,喷射混凝土厚度为 25 cm。

第五步:仰拱及时开挖施工,仰拱片石混凝土回填。

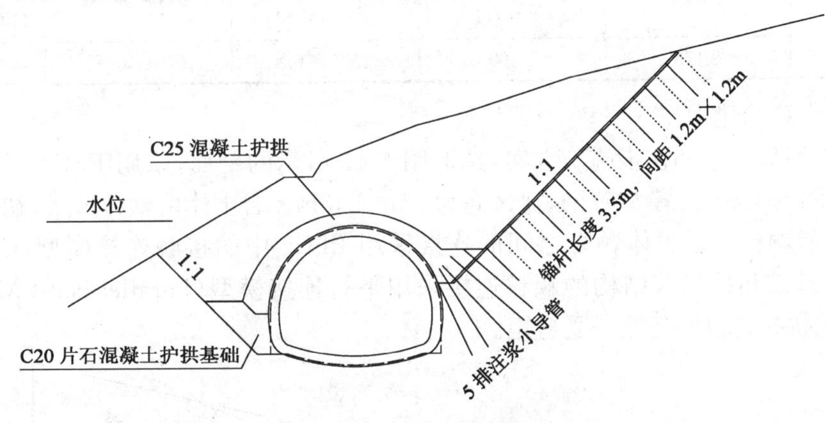

图 6-40　半明半暗段断面

6.2.2.2　计算模型

研究范围内的岩土体主要为含黏土碎石,较松散,故此拟采用颗粒流程序 PFC^{2D}进行模拟分析。

(1)PFC^{2D}简介

颗粒流理论克服了传统连续介质力学的宏观连续性假设,特别适用于模拟散体介质力学和颗粒流动问题。

PFC^{2D}基于离散单元法,将物质都视为由具有刚度的圆形颗粒组成的。颗粒流方法在模拟过程中作了如下假设:

①颗粒单元为刚性体。

②接触发生在很小的范围内，即点接触。

③接触特性为柔性接触，接触处允许有一定的"重叠"量。

④"重叠"量的大小与接触力有关，与颗粒大小相比，"重叠"量很小。

⑤接触处有特殊的连接强度。

⑥颗粒单元为圆盘形(或球形)。

PFC^{2D}通过大量颗粒介质之间的力和位移相互作用来模拟材料的力学行为。颗粒元最大的优点是异于连续单元法，变形不受几何协调的约束，能模拟岩土体材料的挤压嵌入、变形断裂等力学行为。

(2)计算参数选取

颗粒流模型介质的宏观基本物理力学特征不能通过直接赋值的形式实现，只有颗粒的几何特性和颗粒间接触的细(微)观力学参数可以赋值。颗粒集合体的各种复杂力学特性，比如其非线性特征和破坏特征都是通过粒子间的基本状态体现出来的。因此，计算中不需要给介质赋予某种本构关系模型。同时，在进行模拟计算之前，应进行多组数值试验，选出与实验室试样的宏观力学参数相对应的颗粒流模型颗粒微观力学参数。

通过多次试算，选取本模型的输入参数，见表 6-3。

PFC 模型输入参数 表 6-3

颗粒半径(m)	颗粒数目	颗粒重度(kN·m⁻³)	颗粒切向/法向刚度(N·m⁻¹)	摩擦系数	接触连接切向/法向强度(N)
0.27～0.33	8 178	2 200	1.00×10^{8}	0.30	1.00×10^{3}

(3)计算模型构建

依据工程地质条件和初步施工方案，选取图 6-41 所示的剖面，采用 PFC^{2D}程序建立二维颗粒流模型[图 6-42a)]。模型范围，宽×高为 80m×48m。岩土体由颗粒形成，初始模型共生成 8178 个圆形颗粒。岩土体颗粒之间的连接采用 PFC^{2D}中的接触连接模型(Contact-bond Model)模拟，基础和护拱等结构的颗粒连接采用平行连接模型(Parallel-bond Model)模拟。该模型不仅能抗拉、抗剪，还能承受弯矩。

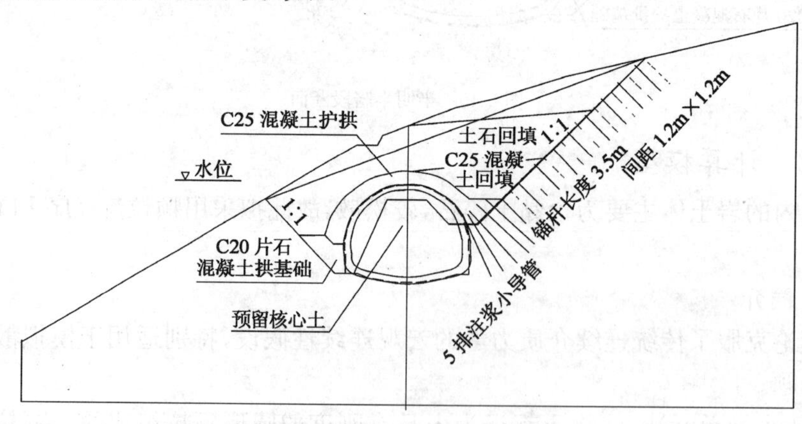

图 6-41 半明半暗段隧道剖面

基于现有的相关研究可知，对于没有连接存在的颗粒模型，模型的弹性模量是由颗粒的接触模量和刚度比决定，其强度是由颗粒间的摩擦系数决定（池永，2002 年）的。颗粒集合的峰值强度与颗粒间摩擦系数、颗粒间连接强度正相关（张晓平，2007 年）。因此，对于开挖后锚杆护坡和护拱拱脚小导管注浆的加固效果，通过将相关区域内颗粒间的摩擦系数和连接强度提高 20％的方法，进行简化近似模拟。

6.2.2.3　计算工况

按照前述初步施工方案，依施工顺序进行半明半暗段隧道开挖边坡稳定性模拟分析，计算工况如下：

①颗粒生成及初始密实、平衡。首先参照隧道剖面轮廓生成封闭的边界墙体，然后填充一定数量的较小半径颗粒，利用半径放大法使颗粒集合体密实。在重力作用下，使颗粒集合体达到平衡。

②半明部分开挖，及时护坡，预留核心土。与施工方案第一步相对应，删掉开挖区域内的颗粒，将右侧边坡坡面以下 3.5 m 范围内颗粒的摩擦系数和接触连接强度参数提高 20％，近似模拟锚杆对边坡的加固作用。随后，计算至平衡，观察开挖形成边坡的变形情况。

③左侧基础及护拱施作。利用 PFC^{2D} 内置的 FISH 语言结合 Generate 等基本命令生成相应形状的颗粒集合体模拟基础和护拱，采用平行连接模型模拟粒间连接作用，使颗粒集合体形成可以起到支护作用的整体。

④拱脚片石混凝土回填及拱顶土石回填。为了生成特定形状的回填体颗粒集合体，需生成临时墙体，利用 FISH 语言结合 Generate 等基本命令生成颗粒后，删掉临时墙体，计算至回填颗粒密实平衡状态。

⑤半暗部分核心土开挖。护拱设置及拱顶回填完成后，在护拱的保护下，进行半暗部分核心土开挖。由于实际施工时，开挖与临时（及时）支护设置于两施工步骤之间，总是有一定的时间差，无法做到完全及时支护，因此必须考虑开挖后，尚未进行临时支护时的情形。所以该阶段模拟，在删掉核心区颗粒后，考虑尚未进行临时支护的情形，计算至平衡，观察开挖对右侧坡体的影响。

⑥仰拱开挖及回填。删掉仰拱区岩土体颗粒，生成仰拱颗粒后，再生成仰拱区颗粒以模拟回填。组成仰拱的颗粒间采用平行连接模型，回填部分颗粒采用接触连接，直接赋予各自相应的参数即可。

①～⑤施工阶段对应的颗粒流模型（各阶段运算之前）如图 6-42 所示。

6.2.2.4　计算结果分析

在模拟半明部分开挖、基础和护拱施作、拱顶回填、核心土开挖、仰拱部分开挖及回填等施工阶段的过程中，伴随局部颗粒的增删变化，大量颗粒在粒间相互作用下产生位移，粒间接触力发生变化。下面分别对各模拟阶段模型内颗粒的位移场和粒间接触应力场进行简要分析。

图 6-42 中给出了各模拟阶段计算之前的颗粒初始分布状态，图 6-43 给出了各模拟阶段计算结束后颗粒最终分布状态。

模拟计算各阶段的模型位移场如图 6-44 所示。

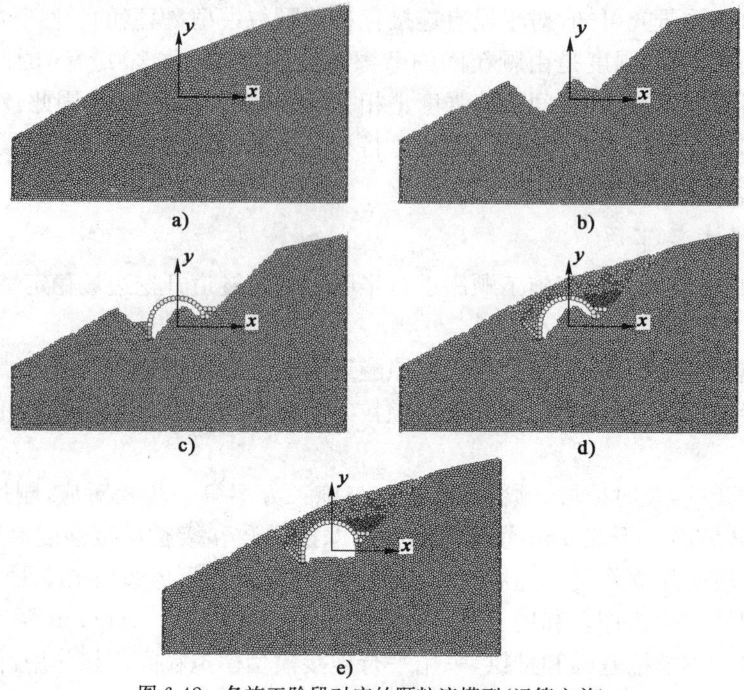

图 6-42　各施工阶段对应的颗粒流模型(运算之前)

a)第一阶段(初始模型);b)第二阶段(半明部分开挖);c)第三阶段(基础护拱施作);d)第四阶段(拱顶回填);e)第五阶段(核心土开挖)

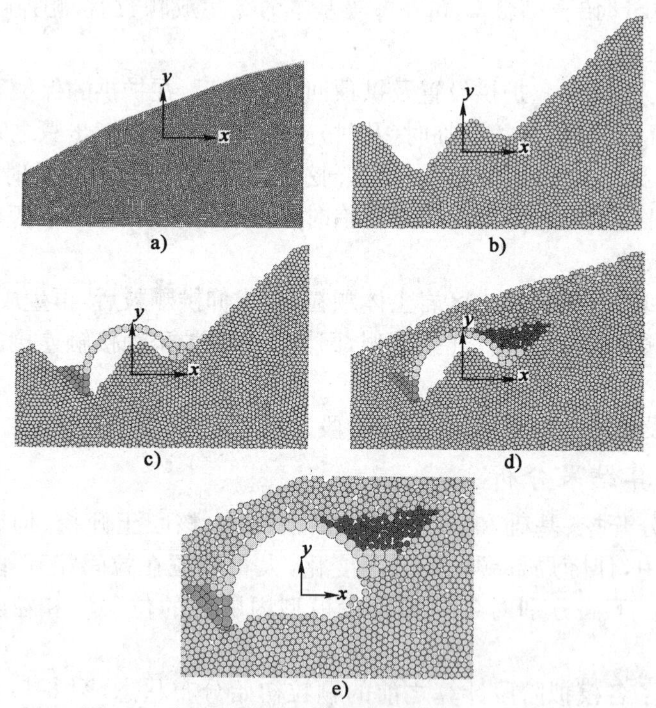

图 6-43　各施工阶段对应的颗粒流模型(运算结束后)

a)第一阶段(初始平衡后);b)第二阶段(半明部分开挖);c)第三阶段(基础护拱施作);d)第四阶段(拱顶回填);e)第五阶段(核心土开挖)

如图 6-44a)所示，半明部分按 1∶1 坡率放坡开挖后，在隧道左右两侧形成两个高低不同的边坡，左侧坡体较低，右侧坡体则高达 17m 左右。由于研究区域内岩土体主要为含黏土碎石，较松散，开挖后右侧坡体表面颗粒向临空侧产生最大至 27.9cm 的位移，局部颗粒有挤出、滑落趋势。左侧坡体也产生向临空侧的位移，但相对右侧的位移较小。中部预留的核心土部分也形成一个小坡，在开挖卸荷底部回弹与小坡趋于自稳的综合作用下，核心土坡表颗粒产生向临空侧的斜向上的位移。

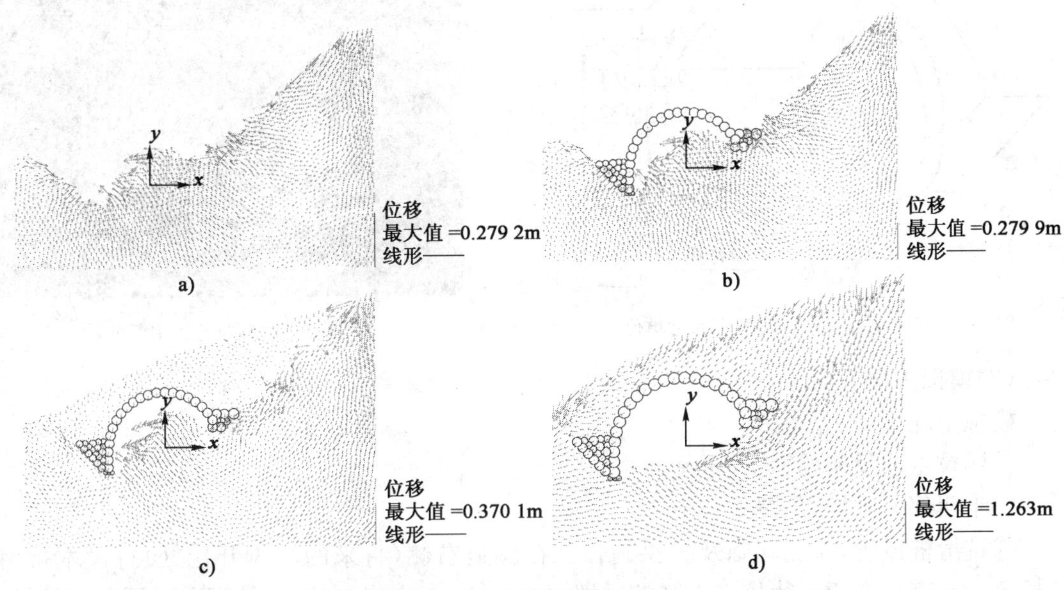

图 6-44　各模拟阶段位移场

a)半明部分开挖后位移场；b)基础及护拱施作后位移场；c)拱脚及拱顶回填后位移场；d)中部核心土开挖后位移场

由图 6-44b)可见，基础及护拱施作期间，对开挖面及坡体的位移影响不大。

通过对比图 6-44c)与图 6-44b)可以看出，拱脚及拱顶回填后，坡脚处颗粒的位移矢量由原来的指向临空侧逐渐转为向坡体内部，回填对开挖面及坡体的位移起到了很好的抑制作用，利于坡体的稳定。

在拱顶回填体已基本密实的条件下，中部核心土开挖后临时支护设置之前，隧道右侧开挖面产生了相当大的位移。由图 6-44d)可见，开挖面处局部颗粒最大位移高达 1.26 m，表示局部颗粒被挤出或滑落。实际开挖时，该处岩土体可能由于开挖卸荷和右侧坡体挤压而碎裂、挤出或滑落。沿开挖面(即坡脚前部)至右上侧坡顶，产生了方向一致的向开挖侧的位移，显示了坡体受核心土开挖影响向开挖侧滑动的趋势。

由此可见，在进行中部核心土开挖后至设置临时支护前，右侧坡体有可能在坡脚开挖影响下产生滑动。因此，若按原施工方案进行施工，可能发生危险。

6.2.2.5　抗滑桩效果分析

(1)加固方案

根据专家提出对护拱拱脚进行加固的意见，结合实际情况，采用如下加固方案：

采用 $\phi121\times8$ 的钢管桩，每根长度 10m，埋入护拱混凝土内 1m，设置 1 列，纵向间距 0.5m/根，护拱底宽 1m，钢管桩横向距离右侧坡脚 0.3m，距离护拱底左侧宽度为 0.7m。设置段落为 K3＋852～K3＋873 段，共设置 43 根，合计 430m。钢管桩钻孔直径为 140mm，钢管桩管内注水泥净浆，水灰比 0.6，桩前端 7m 范围打注浆孔，孔间距 15cm×15cm，梅花形布置，桩尾 3m 范围无孔。图 6-45 为钢管桩加固方案示意图。图 6-46 为钢管桩的现场施工情况。

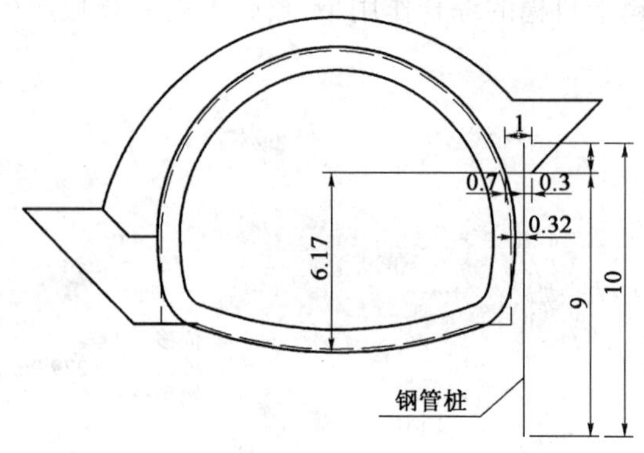

图 6-45　钢管桩加固方案示意图(尺寸单位：m)

图 6-46　现场施工钢管桩

(2)模拟工况

模拟工况为：

①颗粒生成及初始密实、平衡。

②半明部分开挖，预留核心土。

③抗滑桩设置，左侧基础及护拱施作。在隧道右侧(将来的坡脚开挖处)打设木抗滑桩。桩长 8.0m，直径 0.6m，待核心土开挖后埋深约 3.0m。生成颗粒后，粒间采用平行连接模型相连接。

④拱脚片石混凝土回填及拱顶土石回填。

⑤半暗部分核心土开挖。

⑥仰拱开挖及回填。

工况②～⑥各阶段模型如图 6-47 所示。

半明部分开挖后，护拱施工之前，在待开挖隧道右侧打设木抗滑桩。抗滑桩在模型中的位置如图 6-47 所示。

(3)抗滑效果分析

如图 6-48 所示，提前在隧道右侧打设抗滑桩后，中部核心土开挖时，左侧及上部有护拱，右侧有抗滑桩，此时开挖后的土体变形以底部回弹为主。与未设抗滑桩的情况相比，在抗滑桩的支挡作用下，从坡脚开挖处至右上侧坡顶范围内颗粒位移的方向及量值均有所改变。

从位移方向来看，未设抗滑桩时，从坡脚开挖处至右上侧坡顶范围内颗粒位移的方向较为一致，基本沿圆弧线指向开挖处；加设抗滑桩后，颗粒位移方向已不再是沿圆弧状向下，至桩顶高程处位移方向开始逐渐转为水平，可见抗滑桩的设置对于右侧坡体的移动可起到很好的抑制作用。

从最大位移值来看，未设抗滑桩时，坡脚开挖处局部颗粒位移约 1.26m；而加设抗滑桩后，有效地抑制了坡脚开挖处的位移，土体变形转为以底部回弹为主，最大位移值约为 41.1cm。

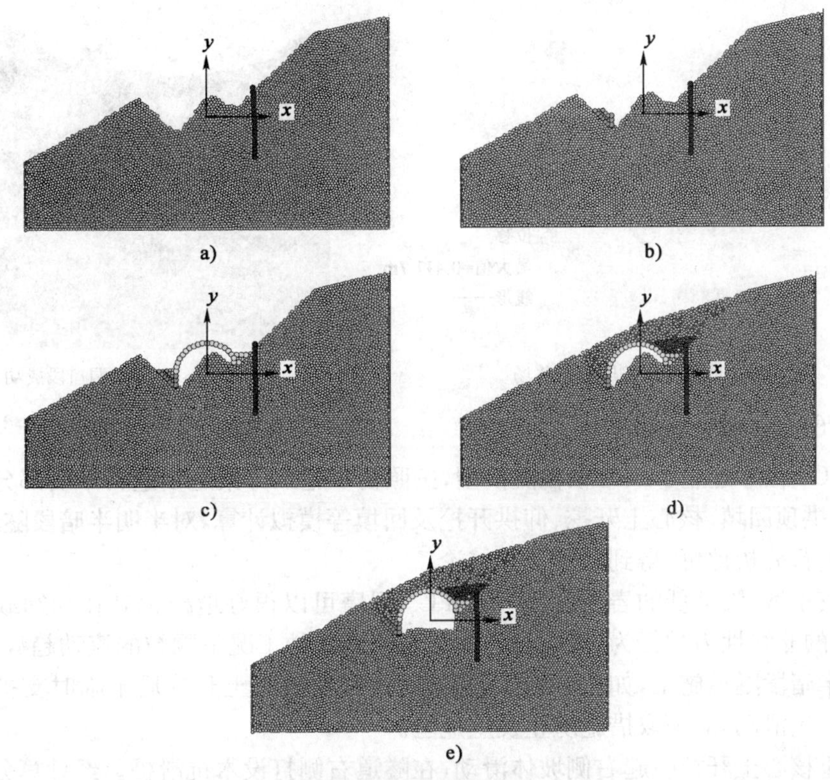

图 6-47　各阶段颗粒流模型(加设抗滑桩)

(4)仰拱部分开挖及回填

从上述分析可见，加设抗滑桩后，大大减小了坡脚开挖处的位移，抑制了右侧坡体滑动。在此条件下，应及时进行仰拱部分的开挖、仰拱施作及仰拱回填。施工完毕后的颗粒流模型如图 6-49 所示。

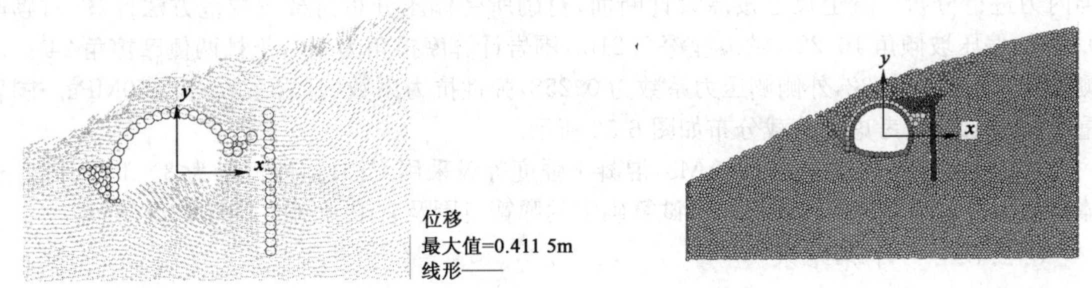

图 6-48　中部核心土开挖后位移场(加设抗滑桩后)　　图 6-49　仰拱施作完毕后的颗粒流模型

仰拱施作完毕后，模型运算至平衡，对比仰拱施作前后模型的位移场(图 6-48、图6-50)可知，仰拱施作对于坡体及隧道周围岩土体位移影响不大，整个模型正在逐渐趋于稳定。

对半明半暗部分进行钢管桩加固后，然后分部开挖，隧道洞口段得以顺利施工。图 6-51 所示为隧道洞口修建成功后的现场照片。采用以上工程措施，一方面保证了隧道的安全施工，另一方面防止了坡体的滑动，可以为类似工程施工提供借鉴和参考。

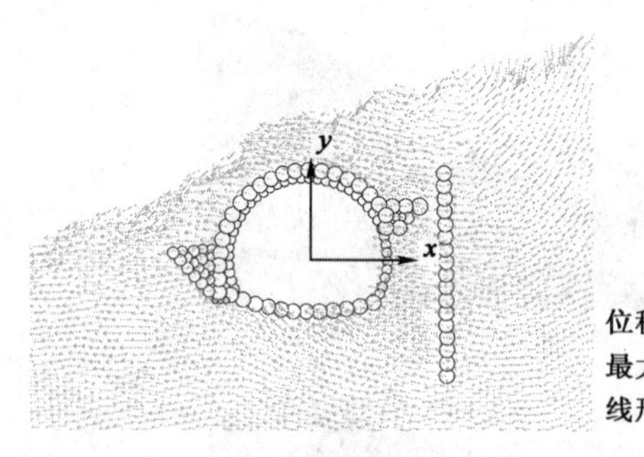

图 6-50　仰拱施作完毕后位移场

图 6-51　隧道洞口段成功修建

6.2.2.6　小结

基于 PFC^{2D}程序建立了二维颗粒流模型，按照初步施工方案逐步进行半明部分开挖、基础及护拱设置、拱顶回填、核心土开挖、仰拱开挖及回填等模拟计算，对半明半暗段隧道施工期间边坡稳定性进行分析评价，得到以下几点结论：

①对于较松散、强度低的岩土体，采用 PFC^{2D}程序可以很好地模拟其在加卸载条件下（如开挖和回填）的非线性力学行为，可以很方便地观察到各种工况下颗粒的流动趋势。

②半明半暗段隧道施工，如按原施工方案进行，则在核心土开挖后至临时支护设置前，右侧坡体可能发生滑动，应采取措施防止发生危险。

③为防止核心土开挖引起右侧坡体滑动，在隧道右侧打设木抗滑桩。经计算分析，效果良好，加设抗滑桩可以有效地控制右侧坡体滑动。该方案对类似工程有一定的参考价值。

6.2.3　暗挖偏压段隧道衬砌结构内力分析

6.2.3.1　计算参数和计算模型

在隧道暗挖段存在偏压，其断面如图 6-38 所示。围岩为Ⅴ级，利用荷载结构法计算对衬砌内力进行分析。隧道尺寸按原设计断面，衬砌所受偏压分布荷载按规范方法计算，衬砌厚 0.45m，偏压坡倾角 16.22°，拱顶埋深 7.21m，围岩计算摩擦角为 40°，土柱两侧摩擦角 24°。内侧侧压力系数为 0.32，外侧侧压力系数为 0.258，弹性抗力系数（基岩系数）为 150MPa。围岩重度按 19kN/m^{3}考虑。荷载分布如图 6-52 所示。

计算中衬砌采用梁单元 BEAM3，混凝土强度等级采用 C30，弹性模量为 3×10^4MPa。土体被动压力采用弹簧单元模拟。经试算确定的弹簧范围及有限元网格如图 6-53 所示。

6.2.3.2　计算结果

衬砌变形、弯矩分布、轴力分布如图 6-54～图 6-56 所示。

由图 6-54 可见，隧道衬砌顶拱和仰拱发生指向隧道内的位移，左右墙体位置发生指向围岩的位移，最大位移位于仰拱中部。由图 6-55 可见，轴力为压力，分布比较均匀，最大值位于右侧墙体部位。由图 6-56 可见，衬砌弯矩分布不均匀，在仰拱中部和顶拱部位为结构内侧受拉，仰拱和墙体相交部位为结构外侧受拉，最大弯矩位于仰拱与右侧墙体相交位置。衬砌结构受力特点与承受偏压荷载相一致。

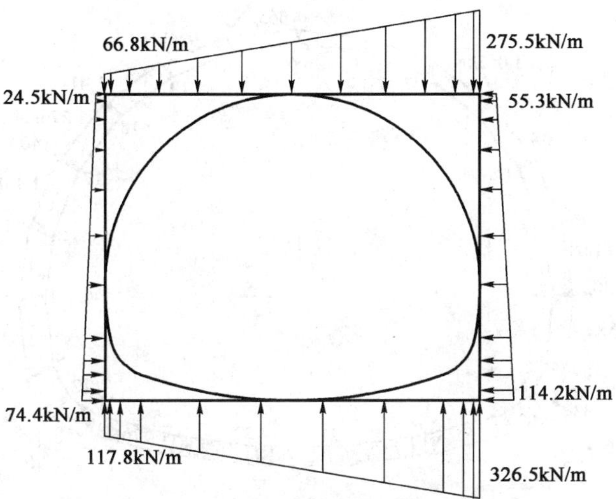

图 6-52　衬砌单元上的分布荷载

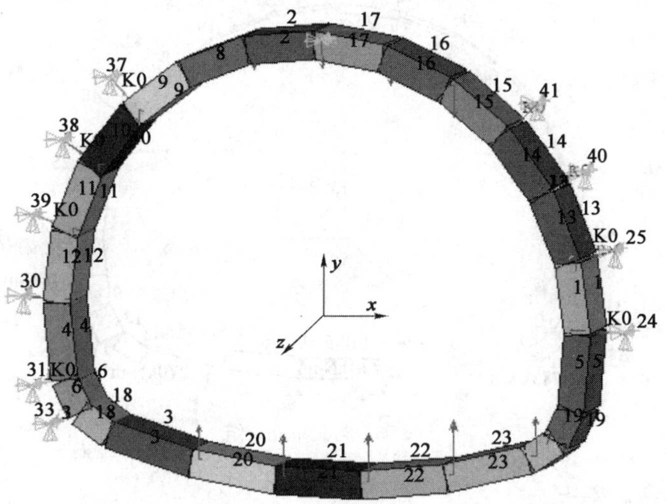

图 6-53　衬砌单元有限元网格

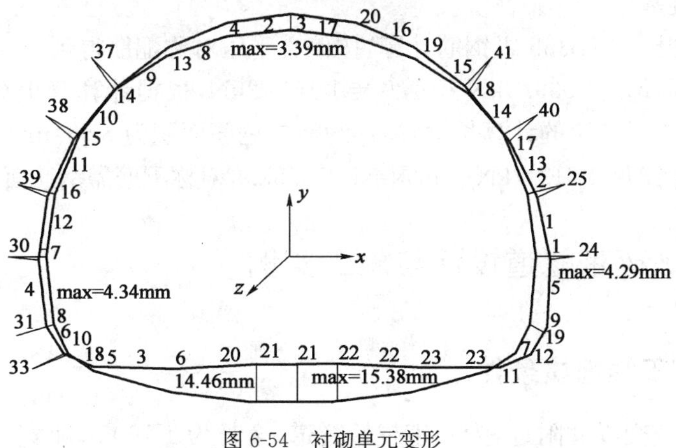

图 6-54　衬砌单元变形

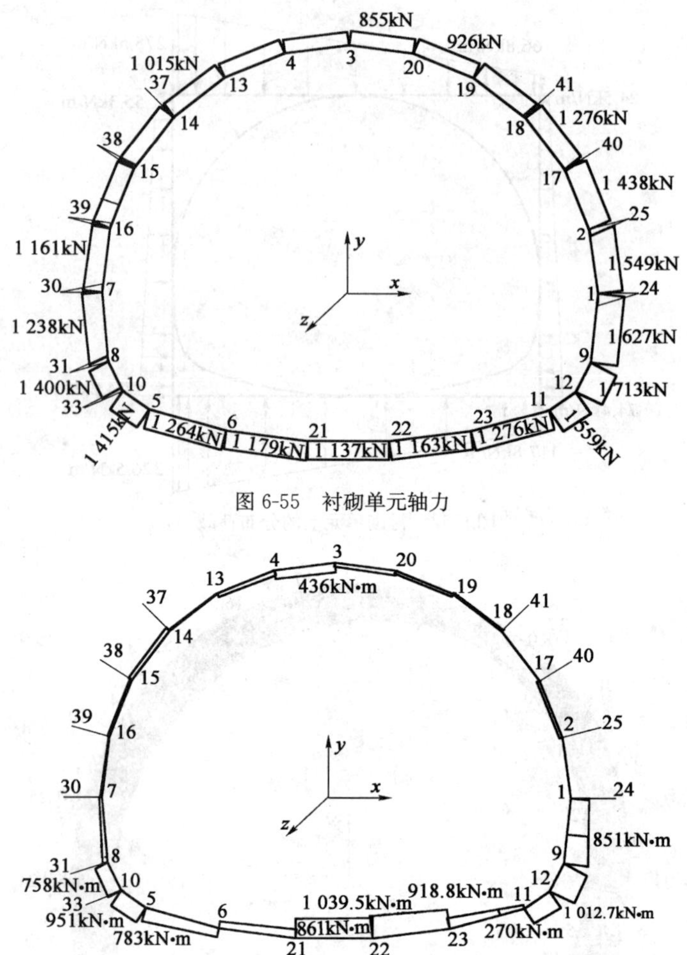

图 6-55 衬砌单元轴力

图 6-56 衬砌单元弯矩

6.2.3.3 配筋验算

依据《混凝土结构设计规范》(GB 50010—2002)，按内力最大的几个单元(内力见上面计算结果)进行配筋验算。

采用 C30 混凝土，HRB335 级钢筋计算，按偏心受压对称配筋得到：

①单元 22 截面：M=1 039.5kN·m，N=1 163.2kN，根据计算弯矩在仰拱的分布情况，对称配筋计算中考虑了一定的计算长度，局部约需要钢筋面积为 8 591mm^2。

②单元 19 截面：M=1 012.7kN·m，N=1 712.8kN，对称配筋需钢筋面积约为 7 055mm^2。

6.3 穿越破碎带隧道设计与施工实例

6.3.1 隧道工程地质条件

该隧道位于浙皖交界处附近，为一座越岭隧道，全长为 1 160m，净宽 10.5m，净高 5m，拱顶净高 6.98m。隧址区属侵蚀山岭地貌，植被发育，沿轴线地形起伏大。区内主要分布有古生代寒武系地层，依次是荷塘组炭质泥岩、粉砂质泥岩、硅质泥岩，杨柳岗组泥质灰岩、硅质泥岩、条带状灰岩和华严寺组白云质条带灰岩及第四系覆盖层和岩脉侵入体。隧道施工到 K30＋359 遇到挤压破碎带，并出现拱顶局部坍塌，其地质素描如图 6-57 所示。

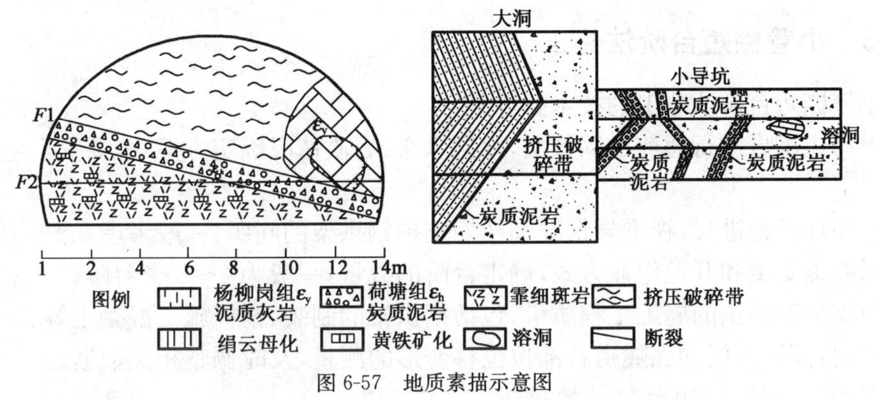

图 6-57　地质素描示意图

6.3.2　小管棚短台阶法设计

该地段受强烈挤压，岩石全风化，呈黄褐色，为泥状松散结构，围岩的完整性和稳定性差。其中，K30＋361 前后已经出现过长约 10m、高约 15m 的坍塌。因此，必须采取超前支护加固围岩，确保安全开挖。

为缩短隧道建设工期和节约工程造价，参考 VI 级围岩地段正台阶开挖施工工艺特点，结合 IV、V 级围岩地段隧道设计现状，提出以下小管棚短台阶法设计方案：

(1)设计方案的原理

先采用小管棚(必要时增设钢插板)对隧道周边围岩进行超前加固，用短台阶法开挖并实施拱部衬砌支护，再两侧开挖实施边墙初期支护，最后开挖隧道仰拱部位并实施仰拱浇筑，尽早形成闭合环支护体系，如图 6-58 所示。

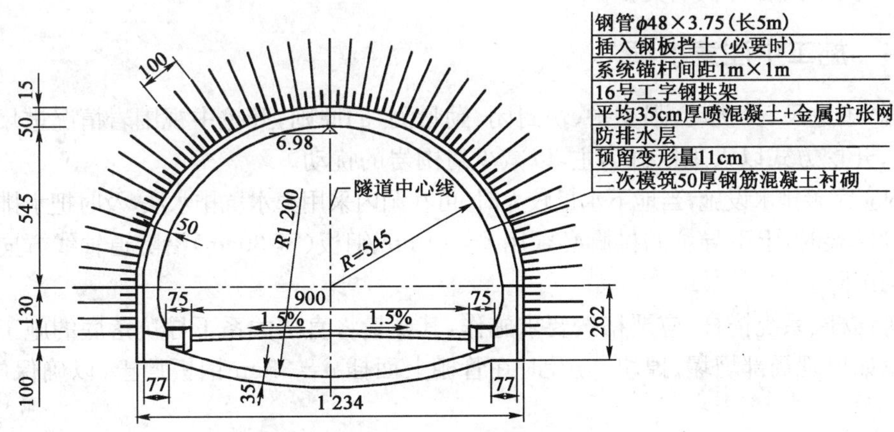

图 6-58　V 级围岩支护示意图(尺寸单位：cm)

(2)设计方案的优点

①施工工艺简单，不需要特殊钻机，一般钻机即可，松散泥状围岩甚至可直接打入。

②采用的钢管小而短，直径 ϕ48mm，壁厚 3.75mm，长仅为 5m。

③适合人工、机械多作业面施工，工期较短。

④造价较低。

其不足之处是由于该工艺尚处于探索阶段，成熟的施工队伍较少。

6.3.3 小管棚短台阶法施工

采用小管棚短台阶法施工的技术要点有：

①隧道周边围岩进行超前加固方案，根据水文、岩质情况确定方案，既要安全生产，又要经济合理。

②每一循环开挖进尺，视围岩情况和初期支护钢拱架的间距，一般考虑 0.5～1m。

③根据隧道宽度和开挖作业方式，确定台阶的数量，一般为 2～3 个台阶。

④初期支护和仰拱的施工工程质量，包括钢拱架的制装、锚杆施工混凝土等。

⑤形成闭合环后，要加强隧道各部位位移变形的测量，及时调整相关数据。

打好管棚后，即可按短台阶开始掘进，开挖步骤见图 6-59。先进行上半断面开挖，对松散岩层或土体，可采取人工配合挖掘机开挖，遇较硬的岩石，采用密眼微震爆破配合人工开挖。开挖必须遵循“短进尺、少扰动”的原则，最大限度地减少土体松弛变形。从实践中看，管棚下的上抬量基本脱落，因此实际开挖断面比设计断面大一些，而管棚以下岩层一般不会脱落。设计中为防止可能掉块，必要的地方要求在管棚上方插入钢板挡土（在有涌水的地方，钢插板是十分必要的）。

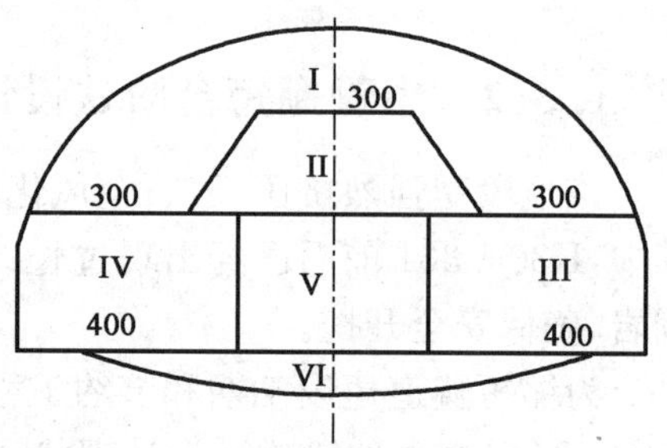

图 6-59 隧道开挖示意图（尺寸单位：m）

每一循环掘进深度以 0.5～1m 为宜，并立即架设钢拱架，与管棚钢管焊接连接。为进一步加固岩层，明显提高围岩的自稳能力，采用 ϕ22 砂浆锚杆＋金属扩张网的锚喷混凝土加固岩层，完成一个循环围岩的初期支护。

6.3.4 施工中注意事项

①遵循“短进尺、少扰动、强支护、快封闭、勤量测”的原则，开挖中视围岩情况进尺以0.5～1.0m 为宜，开挖方式以人工挖掘为主，以减少对围岩的扰动。

②洞内应完善排水设施，当地下水量较大时，可在洞内采用集水坑排水法，及时把水排出洞外。

③架设拱架时，上下导坑的拱脚必须用 δ=14mm 钢板（宽 30cm）沿隧道轴线方向铺垫，以减少不均匀沉降。

④锁脚锚杆、系统锚杆，应严格按要求施作，其质量将直接关系下导坑落底的施工安全。

⑤开挖如出现局部坍塌、掉块，应及时在管棚上面插 δ＝3mm 钢板挡土，以确保施工人员安全。

⑥超前管棚的施工要由技术人员放样布置进行施作，并严格控制仰角及方向的准确性。

⑦超前管棚采用 M20 水泥砂浆，将管内注满，以增加钢管的刚度。

⑧钢拱架榀与榀间连系钢筋与钢拱架搭接处应双面焊接牢固，不得采用点焊。拱架单元

间连接板，拧紧螺栓后，除靠围岩侧外，其余三侧均应焊接牢固。

6.3.5 施工工序及步骤

该隧道净宽 10.5m，其中约 700m 从石炭质泥岩中通过，围岩构造复杂，施工时出现多处局部小坍塌，稳定性极差。隧道进口端地质属Ⅳ级围岩（炭质泥岩），上导洞开挖，上导洞超前 50m，初期支护紧跟，下导洞先拉中槽，两边各留 3m，用挖机刷帮，月进尺只有 50m。进洞 195m 后遇一特大断层破碎带（开挖后揭示长为 110m，参考地质素描），原岩为下古生系粉砂质泥岩，夹少量硅质粉砂岩，受强烈挤压，全风化，黄褐色，泥状松散结构。围岩的完整性及稳定性极差，极容易坍塌。

对该段围岩的开挖，制订开挖方法及工艺如下：

①采用短台阶开挖法。

②超前小钢管加固围岩。

③开挖后用钢拱架、钢插板、钢筋网、锚杆、喷射混凝土，及时作初期支护。

施工要求：

①遵循“短进尺，少扰动，强支护，快封闭，勤测量”的原则，开挖过程中视围岩情况进尺以 0.5～1.0m 为宜，开挖方式以人工挖掘为主，以减少对围岩的扰动，超前小钢管与钢拱架间的空隙必须用 C20 混凝土喷实，不得有空隙或用片石填充。

②洞内应完善排水措施，当地下水量较大时，可在洞内采用集水坑排水法，及时把水排出洞外。

③架设拱架时，上、下导坑的拱脚用 $\delta=14$mm 钢板（宽 30cm）沿隧道轴线方向铺垫，以减少不均匀沉降。

④如果遇到钢拱架横向内移（内挤压力偏大）时，则需在钢拱架脚部增设钢木横向支撑。

⑤开挖过程中如出现松散体，应预先在小钢管上面插入 $\delta=3$mm 钢板，预防产生局部坍塌，确保施工人员安全。

⑥超前小钢管的施工要由技术人员放样布置进行施作，并严格控制外插角及方向的准确性。

⑦超前小钢管内注满 C20 水泥砂浆，以增加小钢管的刚度。

⑧钢拱架每榀间连接为 $\phi 22$ 钢筋，其间距可根据实际情况设定为 0.5～1.0m，连接筋应焊接牢固，不得采用点焊。拱架单元间的连接板，拧紧螺栓后，除靠围岩侧外其余三侧均应焊接牢固。

⑨每两榀钢拱架之间的纵向间距为 0.5m。

在实施该方案时，遇到以下几个问题，施工时进行了相应的调整。

①小钢管外插角原设计为 3°～5°，只有在进尺是 2.0m，其 1～3 架不架设，先架第 4 架，才能达到目的。然而在施工中是不允许有这样大的跨径的。因此，故选取进尺 1.0m，先架设迎头这榀钢拱架，继而打小钢管，之后补架中间一榀钢拱架，这样外插角控制在 10°左右。

②小钢管间距原设计为 30～50cm，该段围岩大部分全风化，已接近土壤性质，如果按 50cm 打，围岩无法控制，这时我们根据实际情况间距调整为 20～30cm。结果围岩控制非常好，无须插钢板。插钢板的难题是，即便碰到一个小孤石，也无法插进去。

③小钢管采用ϕ48 普通钢管，壁厚 4mm，刚度足够，可不注砂浆。

④在全风化层通过时，一定要对整个断面及时喷混凝土封闭，喷厚 10～15cm。注意还要留核心土。

该方法在通过软弱围岩或全风化土层时都能适用，其最大特点就是安全性好。目前全洞已顺利贯通，没出过一次安全事故。

综上所述，可以得出如下结论：

①小管棚短台阶法主要适用于软弱围岩，如破碎地带、砂土地层、软岩的隧道，尤其适用于注浆效果不佳的岩层，主要强调特殊地质围岩隧道应用强预支护原理的重要性。

②与大管棚相比，具有材料简单，操作方便，不需特种机械等优点。

③施工安全可靠。

④本施工方法是一种对围岩主动支撑方法，可改善围岩的自稳能力，一般还应配合锚喷混凝土或小导管注浆等方法进行。

6.4 穿越河流与海底隧道设计与施工实例介绍

6.4.1 穿越河流的浏阳河隧道

武广客运专线的关键性工程浏阳河隧道是下穿京珠高速、浏阳河、机场高速等城市道路和河流，如图 6-60、图 6-61 所示。

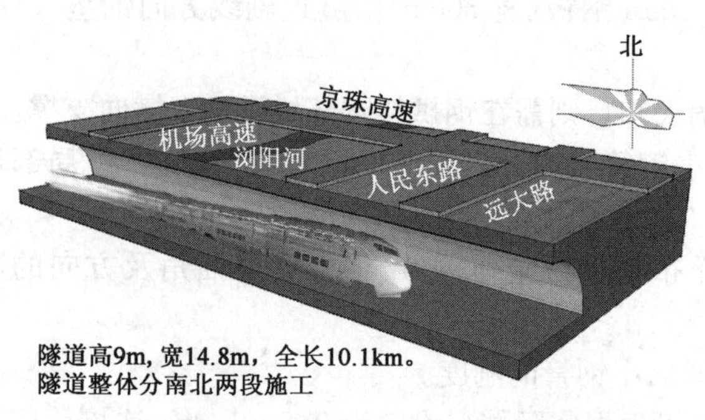

图 6-60 武广铁路下穿京珠高速、浏阳河、机场高速、人民东路、远大路等

图 6-61 武广铁路下穿隧道

在穿越河流地段，河底与隧道顶部的最小高度只有 13m，周边岩层稳定性差，施工中极易造成坍塌、涌水等事故。由于河底的地层石质软弱破碎，要容纳高 9m、宽 14.8m 的隧道，对河底的支撑力与强度是一个巨大的考验。为此，采用了(浅埋暗挖法)超前支护的施工方法：在 18m 长的隧道拱部打入 90 根导管和管棚，再用强压的方式注入水泥浆，形成人工拱形支护。形象地说，就相当于在浏阳河河底支起一个坚固的拱形钢架，以保证隧道周边围岩稳定。根据计算，全长 210m 的浏阳河底总共需要 1 575 根导管和管棚，其总长度达 28 350m。每一米隧道都要通过掏槽、钻孔、爆破、出渣、初期支护、二次衬砌这些工序完成，每个工作面每天大约掘进 2.4m，5 个工作面总共可掘进 12m。

该隧道下穿机场高速将采用暗挖方式，暗挖段长 52m，隧道顶距离机场高速路面的高度只有 6～8m。为了保证隧道开挖上方道路的稳定性，防止沉降，同时确保隧道的顺利掘进，采用机械法施工来完成这 52m 的暗挖段。在与机场高速交界的南北隧道口，将分别建起一座厚 1m 的拱形导向墙，150 根直径为 108mm 的钢管通过导向墙向隧道内固定，再往钢管内注入水泥砂浆、水玻璃等材料，以此在隧道内部的外围形成一道坚固的外衣，保证隧道施工的安全顺利推进。

6.4.2 厦门翔安海底隧道

6.4.2.1 工程概况

厦门翔安海底隧道是一项规模浩大的跨海工程，全长约 9km，其中海底隧道 5.95km，海域段 4.2km，是我国大陆地区第一座海底隧道。设计采用三孔隧道方案，两侧为行车主洞各设置 3 车道，中孔为服务隧道。主洞建筑限界净宽 13.5m，净高 5m。左、右线隧道各设通风竖井 1 座，隧道全线共设 12 处行人横通道和 5 处行车横通道，翔安西滨侧连接线设收费、服务、管理区。在地质条件复杂的海平面以下数十米深处，开挖断面上百平方米、跨越海域 4km 的行车隧道具有很大困难。翔安隧道对探索适合我国国情的海底隧道建造技术，为类似工程的动工兴建，缩小与世界先进水平的差距，都将起到里程碑式的作用。图 6-62 为厦门翔安海底隧道施工现场照片。图 6-63、图 6-64 分别为该隧道采用 CRD 工法和双侧壁导坑法施工情况。

图 6-62　厦门翔安海底隧道施工现场

图 6-63　厦门翔安海底隧道施工 CRD 工法

6.4.2.2 施工难点

(1)难点一：在泥土中掘进

翔安隧道两端陆域部分是在全强风化层下挖隧道。全强风化层，通俗地说就是泥土。由于泥土缺乏足够的支撑力，类似翔安隧道断面这么大的隧道，如果全洞一次性开挖掘进，塌方的风险就非常大。针对土层施工，工程人员在主隧道采用了 CRD 四部工法和双侧壁导坑法施工。这两种办法都是将大断面分解成若干个小断面依序进行挖掘与支护，松软土层的压力得以巧妙地分解。

图 6-64　厦门翔安海底隧道施工双侧壁导坑工法

在松软土层的隧道施工，需要随时对已挖掘的隧道进行支撑和保护，施工进度一般只能达到每天1m；而在岩层施工，因为岩层支撑能力好，一天可以达到10m。翔安隧道采用的施工技术每天能掘进1～1.5m，与国内类似工程相比，其进度是相当快的。为加快进度，施工方在隧道两端的浅滩地段修筑了直径约100m的人工岛，从上往下开挖竖井直至主洞处。由于挖一个井增加了两个作业面，施工方可以从土层两端同时掘进，而这两个竖井还将成为隧道的通风井。

(2)难点二：穿越透水砂层

隧道翔安端的浅滩段还存在一段450m长的透水砂层。砂层就像一块巨大的海绵，一段在陆地，一段在海里，砂粒之间充满了水。在这样的地方挖隧道，存在严重的涌水、塌方、透砂风险。对此，工程人员采用了"地下连续墙井点降水"的办法，即切断砂层与海水的连通，再把砂层里的水排干。施工人员首先在砂层上方的滩涂填筑围堰，使滩涂成为真正的陆地；然后，在隧道上方地表划定一个长方形的工作面，沿着工作面四周深挖壕沟至砂层下，用混凝土造出隔水墙，将砂层与海水隔开。工程人员在工作面内挖掘了189口深井，砂层中的水便沿着砂粒间的缝隙流入这些井里，接着被抽离。透水砂层里没了水，涌水的难题也就迎刃而解了。

(3)难点三：摆平风化深槽

穿越透水砂层后，隧道施工就来到了海底花冈岩层。其实，在全岩层挖掘隧道是较为安全和快速的，但海底岩层的风化深槽却让工程遭遇了最大的施工挑战。

风化深槽是海底岩层因风化作用形成的深坑，就像一个嵌在岩石中的V形水缸，下半部装满了淤泥沙石。风化深槽竖直地嵌入岩层，与海水相通，一旦施工不慎，整条隧道都有报废的危险。穿越风化深槽的难度之大、风险之大为国内外罕见。施工人员曾经朝风化深槽里钻了个探测孔，取出岩芯发现竟是一摊混着海水的黄褐色烂泥，连专家都认为不可能再继续挖下去。可见，四条从几十米到百余米深的海底风化深槽(囊)成了翔安隧道施工的最大障碍。

在借鉴和总结国内外有关工程经验的基础上，经过众多国内外专家反复论证，最终采用全断面预注浆堵水加固方案。简单地说，就是隧道掘进到达风化深槽前约5m时，在已开掘的隧道尽头(俗称掌子面)修一个平整面，在这个平面上钻出200多个直达风化槽的小孔。通过这些小孔，注浆机将强力速干水泥注入风化槽。几个小时后，前方风化槽的烂泥、碎石就板结成了与岩石硬度相当的水泥块。下一步钻隧道，就如同是在一个巨大的岩石中凿一个孔。图6-65、图6-66为现场隧道断面注浆照片。

图6-65　厦门翔安海底隧道注浆施工

图6-66　隧道断面注浆处理

6.4.2.3　厦门翔安海底隧道亮点

翔安隧道不仅是我国大陆第一条海底隧道，而且还是世界上第一条采用钻爆法(俗称“打眼放炮”)施工的海底隧道，行车洞开挖断面最大面积达 170m^2，居世界之最。

翔安隧道采用全封闭防水衬砌，在建设过程中采取“以堵为主”的原则进行治理。首先，在超前地质预报系统分析前方地质破碎带情况后，施工人员采用注浆方式，将隧道周围的输水裂隙和涌水空间封堵住。其次，在初期支护(在隧道壁上形成 30cm 钢筋混凝土厚壁)和二次衬砌(在隧道壁上形成 60cm 的支护厚度)之间铺设薄薄的聚合材料防水层。

为保证万无一失，二次衬砌完毕，施工人员还预留了注浆孔。工程完成后，可能会因为周围地质条件变化而在厚壁外形成空洞，而通过这些预留的注浆孔回填注浆可以填补这些空洞。

在长达数公里且周围被海水封闭的隧道内行车，人的呼吸消耗和汽车尾气很快会使隧道内空气变得污浊。为实现隧道内空气流动，翔安隧道设计了两个 8m 宽、40m 深的通风竖井，分别位于隧道两端的浅滩地段。通风竖井穿过厚厚的地表，直通地面，并将在地表上建成两个颇具观赏性的通风塔，塔内设置电梯空间，将塔身和主隧道相连。作为翔安隧道唯一高耸地面的建筑物，通风塔也将成为翔安海底隧道的标志之一。

由服务隧道和人行、车行横洞组成的连通网络，为安全事故处理预留了空间。服务隧道是海底隧道左右两个行车隧道中间的一个小隧道，分上、下部分。下部为市政管廊，用于布排供水管、高压电缆、通信光缆等；上部为检修车通道、逃生通道。12 处行人横洞、5 处行车横洞则横向连通左右隧道与服务隧道，每个横洞间距约 300m。一旦车辆在隧道内出现问题，人员、车辆可通过人行横洞、车行横洞进入服务隧道，救援人员也可通过服务隧道迅速抵达交通事故地点施救。

当火灾发生时，隧道的监控人员首先可通过网络通风技术，有效地控制烟流速度和烟流方向，保证人员的撤离路线绝对不受烟雾污染。同时，指挥人员可通过先进的监控系统，指挥被困者从服务隧道快速有序地撤离。图 6-67 为厦门翔安海底隧道完工后的效果图。

图 6-67　厦门翔安海底隧道效果图

6.5 其他有参考意义隧道

图 6-68 为刘塘隧道洞门设计结构的现场照片。这样的洞门有利于防止滚石打击车辆，保证人们的生命安全。

如图 6-69 为贵州清镇高速公路东苗冲隧道。该隧道为上下行合建的六车道高速公路连拱隧道，全长 420m，最大开挖宽度 30.68m，开挖高度 10.6m。隧道采用中导洞—双侧壁三导坑开挖法，并选用中隔墙圆木及方木支顶框架以平衡推力的施工技术，解决了连拱隧道两个洞体围岩和衬砌受力的独立性问题。该隧道为在复杂地质条件下大跨度双连拱隧道中成功运用的典型工程案例。

图 6-68　刘塘隧道洞门设计结构

图 6-69　贵州清镇高速公路东苗冲双连拱隧道

新方案将兴建燕前一号隧道、燕前二号隧道、燕前三号隧道、鼓山一号隧道、鼓山二号隧道、鼓山三号隧道 6 座隧道群工程，形成纵横交错又互不干扰的互通式地下立体铁路交通枢纽，如图 6-70 所示。虽然增加了工程总投资，但节省了大量土地资源，而且保护了鼓山风景区的自然环境。

图 6-70　互通式地下立体铁路交通枢纽

图 6-71 为穿山而过的宝成铁路隧道群。这些隧道群有效地利用了山体周围环境，同时又起到了良好防护作用。图 6-72～图 6-76 为台湾某高速公路中的隧道建设情况。从图中可以看出，台湾的公路建设非常注重生态保护且善于利用场地工程地质条件，既简便，又实用，值得我们借鉴。

图 6-71　穿山而过的宝成铁路隧道群

图 6-72　台湾某高速公路隧道建设情况

北京鹰山特大断面隧道属于北京铁路西客站枢纽改建工程的咽喉部分，隧道最大开挖跨度19.82m，最大开挖高度 13.25m，最大开挖断面 223.5m²，是我国目前最大的三线电气化铁路隧道。

图 6-73 穿越绝壁的中横公路

图 6-74 绝壁上凿出的公路隧道

图 6-75 台湾太鲁阁风景区内绝壁上的公路

图 6-76 台湾地区在易滑坡路段设置的简易人工隧道

由于隧道断面特大，地质条件差，埋深仅为 2～15m，埋深与跨度之比只有 0.1～0.75，属特浅埋；开挖断面拱部矢跨比为 0.22，拱部最小矢跨比为 0.13，属特扁平结构，隧道成洞条件极差。因此，原设计采用双侧壁导坑法 13 步成巷。然而，采用双侧壁导坑法开挖断面小，不能用大型设备，无疑会影响施工速度；另外，临时支护多，成本增加很多。为提高施工速度、降低成本，经过方案类比、论证，采用了正台阶弧形导坑法 6 步成巷(图 6-77)。为保证弧形导坑法的实施，采取了以下技术措施：

①以“新奥法”施工原则指导施工，保护围岩，充分利用围岩的自承能力。

a. 控制爆破，包括光面爆破、光面导向孔爆破法等；

b. 锚(超前、径向)、网、格栅拱、模喷复合支护；

c. 围岩监控量测。

②上台阶开挖留核心土，防止了工作面坍塌。

③下台阶实行马口开挖，防止了上部格栅拱下沉。

④拱脚锚杆加固。

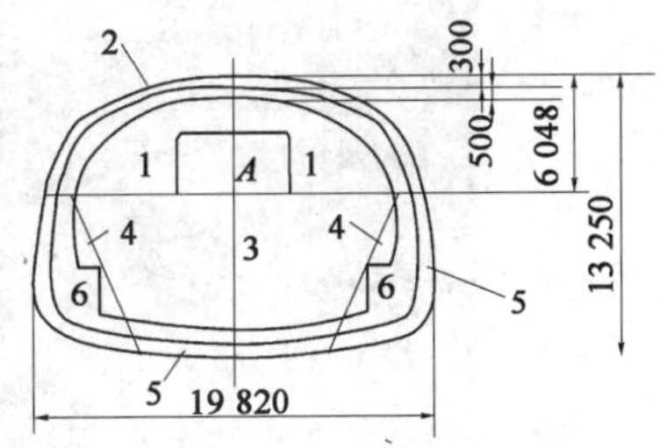

图 6-77 正台阶弧形导坑法施工顺序图(尺寸单位：mm)

1-弧形导坑法开挖上台阶；2-施作格栅支撑；3-拉槽；4-开挖马口；5-施作格栅支撑；6-施作二次衬砌

实践证明，正台阶弧形导坑法 6 步成巷技术在特浅埋三线隧道中应用是成功的。采用此法，不但确保了安全生产，而且使工期缩短了 2 个月。此法在钻爆法开挖技术工艺上达到了世界先进水平，这在国内外同类工程中是少有的。

第 7 章　隧道围岩稳定与施工安全技术

7.1　遵循基本理念与正确运用预支护原理

在隧道工程建设中，监控量测已经被普遍使用。然而，某些隧道的监测曲线是收敛的，隧道围岩仍发生了垮塌；有些隧道，做好初期支护并量测收敛后再做二次衬砌，过一段时间发现二次衬砌开裂渗漏水。这一问题影响了隧道监控量测结果的有效应用。究其原因是对隧道非平衡稳定问题认识不足，没有遵循基本理念以及未能正确运用预支护原理等对隧道围岩进行合理设计施工造成的。为了深入理解非平衡稳定问题的本质，首先通过工程实例进行直观的认识。

川藏公路滑坡木棚架改造治理可以给我们提供一个不稳定平衡的直观启示。20 世纪 50 年代，川藏公路西藏段滑坡整治时采用了木棚架加固。50 年后，木棚架已局部腐烂，并发生了一定程度的挤压变形(图 7-1)，滑坡处于临界平衡状态。对这些滑坡路段的改造治理，存在“先拆除木棚架，再打抗滑桩”和“先打抗滑桩，再拆除木棚架”两种施工顺序，采用何种方案存在不同意见。应用不稳定平衡的理念，木棚拆除消除了木棚对边坡的支撑力，对边坡是一种扰动。当边坡处于不稳定平衡状态时，这种扰动会导致边坡失稳，形成滑坡事故。因此，尽管先拆除木棚架可方便机械施工，仍不宜采用“先拆除木棚架，再打抗滑桩”的方案。而采用“先打抗滑桩，再拆除木棚架”基本能使滑坡体处于原始临界平衡状态，只是会对机械施工造成不便。在不稳定(临界)平衡状态下，施工顺序不同，恢复平衡状态的力相差非常大。维持不稳定(临界)平衡，避免向不稳定平衡转化，可以实现工程的经济性施工，也符合消耗能量最小原理。

图 7-1　川藏公路西藏段滑坡木棚架

图 7-2 所示就是采用“先打抗滑桩，再拆除木棚架”的施工顺序，取得了很好的工程治理效果。但如果采用“先拆除木棚架，再打抗滑桩”的方案，势必造成上边坡的变形破坏，导致岩土体的力学性质恶化，既威胁坡脚抗滑桩的安全施工，又要求提高抗滑力以承担上边坡岩土体性质恶化所减小的抗滑力。

图 7-2　川藏公路西藏段滑坡治理图

不稳定平衡现象在自然界中普遍存在，正确认识不稳定平衡现象在隧道工程中的表现形式，采取必要的工程措施确保不稳定平衡体系及时获得加固，避免不稳定平衡状态向失稳状态转化，是工程建设所应追求的目标。

围岩—衬砌体系构成了隧道的承载结构，要判断该结构的平衡状态，就必须了解该结构体系在隧道开挖支护过程中围岩自承能力、支护抗力和围岩原始内力三者的互动过程，必须遵循基本理念与正确运用预支护原理等对隧道围岩—衬砌体系进行设计施工，以实现围岩从非稳定平衡状态向稳定平衡状态转化，确保隧道在建设和运营过程中不出现安全事故。

应用预支护原理等可以对围岩收敛但又发生事故的现象进行合理解释。在围岩稳定性较差情况下，初期支护采用了柔性支护体系。虽然位移量测表明围岩趋于收敛，但其平衡状态是不稳定的，经不起围岩内部结构调整的干扰和后续施工的扰动。随着时间的推移，围岩内部调整或后续施工引起的荷载增量大于初期支护的弹性抗力增量，导致初期支护破坏并可能造成坍塌事故，或荷载增量转移至二次衬砌并超过其储备强度时，造成二次衬砌开裂渗漏水的现象。

王梦恕院士等专家强调隧道设计理念应是“初次支护要强，承受部分水压和全部土荷载，而浅埋和海底隧道则承受全部水荷载和土荷载，二次模筑初砌作为安全储备”。同时，隧道合理施工方案与初期支护顺序的选择是隧道施工安全的重要保证，其实质就是预支护原理的体现，预支护原理等的正确运用是确保隧道围岩稳定的前提。

7.2 初期支护施工顺序基本认识

隧道开挖与初期支护是隧道施工的主要工序之一，不仅仅是整个隧道结构的一部分，也是新奥法施工的基础。更为重要的是，开挖与初期支护顺序作为施工过程中最有效的安全保护形式，已经得到地下工程界的普遍接受、认同和依赖。

认识各个支护单元(喷射混凝土、锚杆、钢筋网、喷射纤维混凝土、钢架、钢格栅、管棚、小导管注浆等)的作用和施作方法是选择施工顺序的依据。要根据围岩的稳定性差异，合理采用柔性支护或预支护方案，并进行及时支护。

新奥法强调采用柔性支护，允许围岩发生一定的变形，以充分发挥围岩的自承能力。柔性支护适用于深埋隧道施工后围岩比较干燥，整体稳定性较好的洞段。柔性支护应及时施加，其作用是多方面的。

①可以及时封闭新鲜岩石的表面，避免岩体受到爆破扰动并接触空气导致的氧化、腐蚀、再扰动。

②约束变形，防止围岩产生无限制位移直至失稳。

③及时支护可以有效控制落石、掉块，根据围岩稳定性情况差异，区别采用网喷、锚杆、钢架等支护形式，发挥它们的不同作用。

④通过喷射混凝土封闭便于观察因围岩变形而引起的混凝土表面开裂、鼓包等，以便于及时采取工程措施，防止灾害的发生。

根据围岩的实际情况确定隧道开挖支护的施作顺序，目的就是保证施工过程的安全，并为后续施工创造条件。当围岩软弱或破碎等造成稳定性较差时，工程技术人员和施工管理人员应当有敏感的反应和果断的意识，认识到争取时间就是保障安全，按照“保证安全、节约时间”的原则调整支护的施作方法、施工顺序，确保支护能够安全、高效地发挥最大作用。

围岩稳定性较好的普通洞段可以按正常的支护顺序施工，如较完整的Ⅲ级或Ⅱ级围岩洞段，可采用如下的支护顺序：初喷混凝土→钻锚杆眼→安设锚杆→注浆(安装止浆塞、垫板)→挂设钢筋网→喷射混凝土到设计厚度。

当出现如下特殊情况时，支护顺序应作出相应调整。

(1)不利结构面切割的Ⅱ级或Ⅲ级围岩支护顺序

不利结构面切割的Ⅱ级或Ⅲ级围岩，由于节理发育和不利的结构面切割，若不及时支护，有可能造成坍塌事故。当遇到这种情况时，如果按以往的施工习惯，往往会先施作锚杆加固大块体岩石。工程实践表明，在爆破扰动和凿岩机冲击扰动以及裂隙水的作用下，很容易加速块体失稳，因此要采用图 7-3 围岩衬砌结构。施工顺序为：挂设钢筋网→一次喷射混凝土→钻锚杆眼→安设药包锚杆→挂设钢筋网→喷射混凝土到设计厚度。

根据现场施工实际情况，出于安全角度考虑，可以挂设双层钢筋网。如果设计为中空注浆锚杆，为了施工方便、尽早发挥锚固作用，应该改为快速锚固的锚杆，这样有利于维持围岩的稳定。应特别指出的是，该类情况应及时施作初期支护，即应一炮一支护，防止出现意外伤亡事故。

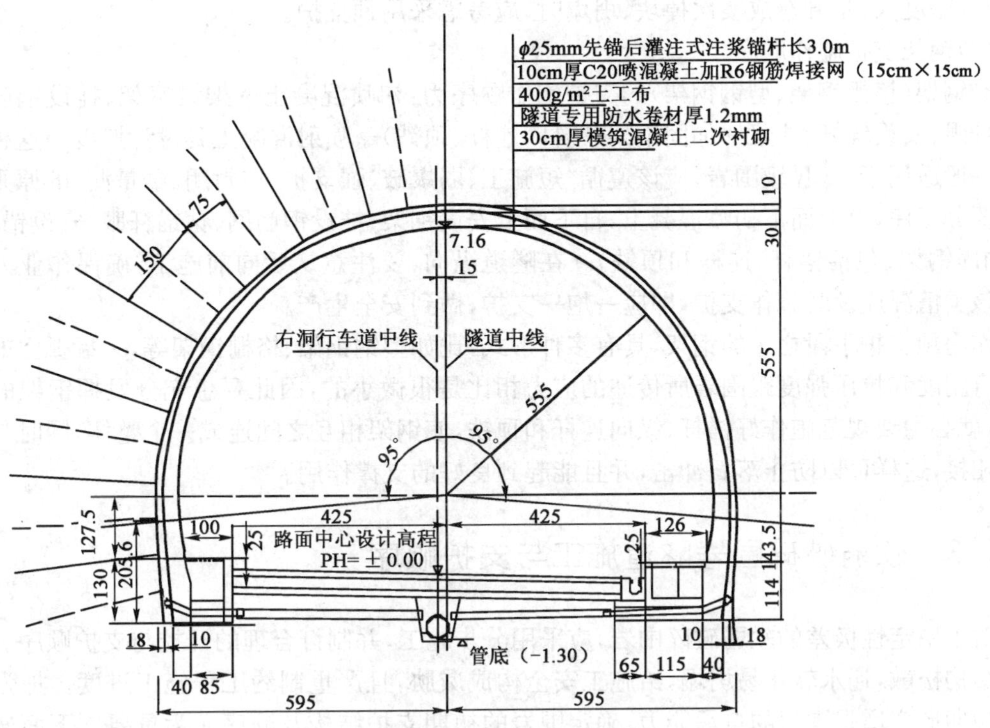

图 7-3 III 级围岩衬砌结构图(尺寸单位:cm)

(2)围岩破碎支护顺序

围岩破碎、弱风化、中等风化围岩,节理发育、围岩破碎但无地下水、节理面密闭的围岩,短期内基本自稳,可采用图 7-4 的围岩衬砌结构。施工顺序为:初喷混凝土封闭→钻锚杆眼→安设药包锚杆→挂设钢筋网→喷射混凝土到设计厚度。如果将网喷混凝土改为喷射纤维混凝土,可以节约时间,简化工艺,提高工效。

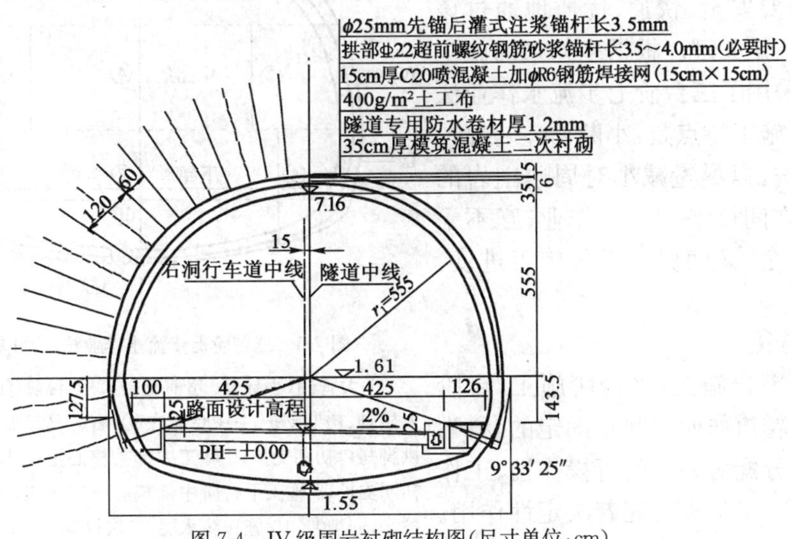

图 7-4 IV 级围岩衬砌结构图(尺寸单位:cm)

如果在以上两种情况下，地下水发育，有较大面积淋水、涌水、围岩强风化或不利结构面明显、节理密度大、张开造成屡次掉块、坍塌时，应考虑采用预支护。

(3)钢架支护施作顺序

有钢架(格栅钢架、型钢钢架)的支护施作顺序为：初喷混凝土→架设钢架、挂设钢筋网→钻锚杆眼、安设锚杆、注浆→加固钢架(锚杆、连杆、顶铁)→喷射混凝土到设计厚度。这种施工方法一般适用于Ⅴ、Ⅳ级围岩，应该遵循"短施工、弱爆破、强支护、快封闭、勤量测"的原则。但是也要分工序，自上而下初喷混凝土，自下而上安设钢架、挂设钢筋网、钻锚杆眼、安设锚杆、注浆、加固钢架(包括锚杆、连杆和顶铁)。在隧道纵向，要注意从后向前施工，确保作业人员安全。该类情况应及时施作支护，即应一炮一支护，做到安全生产。

作为预支护手段之一的钢架，具有多种形式，比如型钢钢架、格栅钢架等，一榀孤立的钢架的自身刚度和抗压强度跟围岩所传递的应力相比是很微小的，因此要想充分发挥钢架的支撑能力，就必须要规范施作好锚杆、纵向连杆和顶铁，使钢架相互之间连成一个整体，同时与围岩紧密相接，这样可以防止落石冲击，并且能起到良好的支撑作用。

7.3 软弱破碎围岩隧道施工与支护顺序

对于稳定性极差的软弱破碎围岩，应采用分步施工，并制订合理的开挖与支护顺序。由于围岩结构松散，遇水软化易坍塌，给施工安全构成威胁，且严重制约工程施工进度。加强控制围岩初期形变增强围岩的自承能力，确定围岩的初期支护结构及顺序尤为重要。下面通过对某隧道进口段软弱围岩施工实践，介绍软弱围岩的施工、支护、掌子面工序空间的划分、工序间穿插的平行作业、支护顺序等问题。

7.3.1 隧道施工顺序

该隧道进口段软围岩埋深浅，地质条件差，渗水大，若要安全、快速、优质地通过该段软围岩，施工是关键。根据多年来的施工实践，本隧道采用了三台阶七步流水作业法施工。其主要施工特点是：小断面、多台阶、短进尺、强支护，以尽量减小对周边围岩的扰动，且台阶之间可平行穿插作业、互不干扰。这样既安全，又确保了工程施工进度，具体见图 7-5。

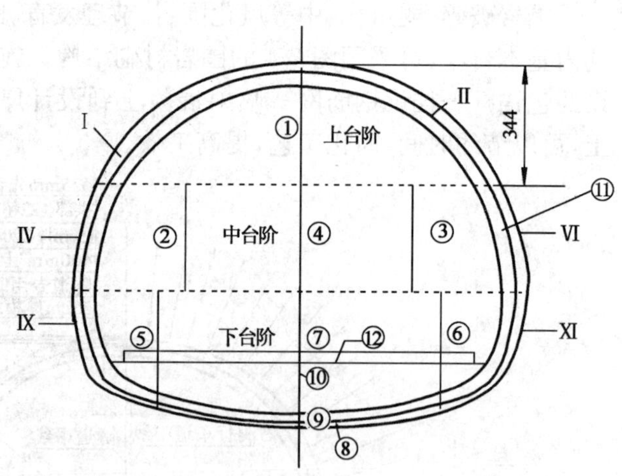

图 7-5 三台阶七步流水作业法(尺寸单位:cm)

1-大管棚(小导管)超前支护；2-上台阶①施工；3-Ⅰ、Ⅱ扩大拱脚、初期支护；4-中台阶左②、右③马口施工；5-Ⅳ、Ⅵ扩大拱脚马口初期支护；6-施工中部④核心上；7-Ⅸ、Ⅺ下台阶马口初期支护；8-施工下台阶中部核心土⑦施工；9-施作仰拱⑧、支护⑨、回填⑩；10-施作防水层、二次衬砌⑪；11-沟漕路面⑫施工

(1)台阶分配

隧道软弱围岩施工，多台阶施工，台阶分配是关键。隧道作业空间是固定的，科学合理的工作面分配对施工的可操作性、工作效率、施工安全、工程进度起着决定性作用。根据隧道的几何尺寸、机械工作空间，从拱

顶施工轮廓线向下 3.44m 为上台阶，从上台阶底至起拱线为中台阶，剩余部分为下台阶，见图 7-6。

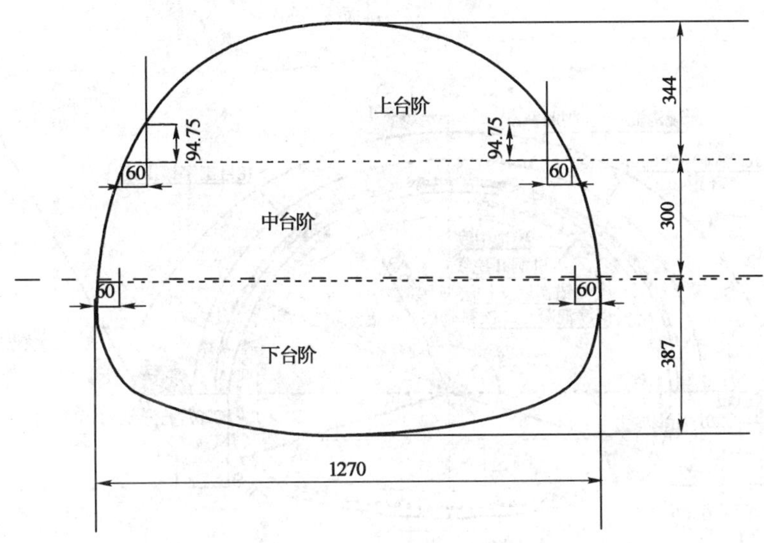

图 7-6　台阶分配示意图(尺寸单位：cm)

(2)台阶施工

台阶拱部左、右侧均以人工风镐施工为主，必要时辅以弱爆破，并保留环状核心土的施工方法，以减小对周边围岩的扰动，保证施工作业人员的安全与施工方便。

上台阶出渣。软弱围岩采用台阶法施工出渣，受台阶高度的限制，上台阶出渣必须采用 PC-200 型挖掘机将渣扒至中台阶，再用装载机装渣。扒渣难点是拱脚，为此拱脚的高度应尽量扩大挖掘机斗子的作业范围，减小人工清渣的工作量，以提高工作效率，缩短循环作业时间。一般从拱脚施工轮廓线向隧洞中引 60cm(图 7-7)，这样仅 20cm 左右的拱脚渣需人工清理，两人用 5min 的时间即可完成。

下台阶采用挖掘机拉槽施工。装载机配合汽车运输，两侧各留 1.5m 边墙人工风镐交错施工。左、右边墙马口交叉施工，两边不得同时施工，错开最小间距 3m。马口施工时，必须注意岩层倾斜和稳定情况，防止顺层坍塌。

7.3.2　加强支护与合理安排支护顺序

考虑到该隧道软弱围岩的特性，采用管棚超前确保隧道安全进洞。洞口均采用双层注浆 ϕ108×6mm 大管棚并做护拱，使在一定深度范围内，拱部软弱围岩相互挤压，水泥浆扩散黏结加固，组成一个承载环，使围岩基本处于三维应力状态，确保隧道安全进洞。

采用 18 号工字钢及时支护，并在工字钢连接板处设置 3 根长 4m 小导管(ϕ42×4mm)并注浆，使其具有抵御围岩形变的能力，以确保围岩稳定和施工安全。

采用复合式支护结构：管棚(ϕ108×6mm，ϕ42×4mm)超前并采用注浆锚杆加固围岩，18 号工字钢、钢筋网、喷射混凝土综合运用，提高围岩自身强度和稳定性，并共同承载变形压力，保持隧道围岩稳定和施工安全。

该隧道进口段围岩为近Ⅵ级围岩夹孤石的组合结构形式，且渗水严重，其支护顺序为：管棚超前支护→洞身台阶施工→初喷→挂网→钢支护→锚杆施作→喷混凝土。施工均采用风镐

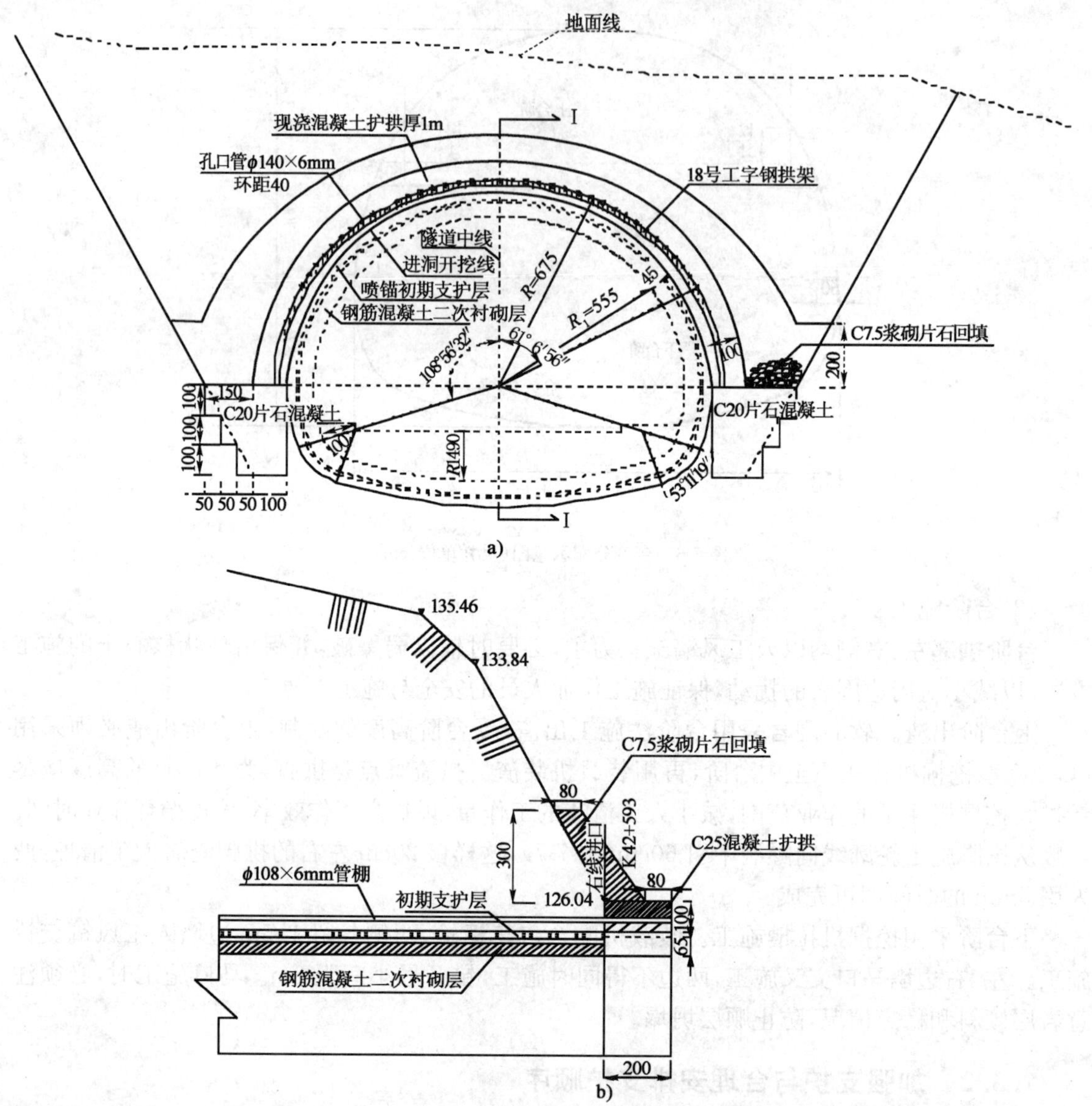

图 7-7 管棚护拱施工图(尺寸单位：cm)

和挖掘机施工，采用初喷混凝土和挂网后，马上采用刚度较好的 18 号工字钢及时支护，并在工字钢连接板处设置 3 根 $\phi42\times4$mm 锁脚小导管，并注浆，然后再施作系统锚杆。喷混凝土以稳定围岩形变，确保施工安全。

隧道施工时，在锚杆施作时危险性最大。采用初喷、挂网后及时采用钢拱架支护，不但增强了围岩的自承能力，而且还确保了锚杆施工作业人员的安全。通过采用以上支护方案，该隧道进口段在施工过程中，未发生过因支护不当而造成的安全事故。这证明了该隧道中采用的支护顺序是合理的。

7.4 块体坍塌围岩隧道施工与支护顺序

坚硬围岩受不利结构面切割，会发生局部分离块体的坍落，容易导致安全事故，如某隧道左洞进出口端均发生过洞顶岩块塌落灾害。该隧道左洞进口端洞顶岩块塌落事故发生段的隧道埋深约 240m，掌子面附近地表地形为一缓坡，坡度不大，掌子面附近没有大的沟谷发育，仅有的小沟谷也距掌子面较远。发生洞顶岩块塌落处位于汽车扩大带的影响区域内，此处采用的初期支护方式为锚喷网加钢拱架。洞顶发生岩块塌落事故时，事故区正在进行初期支护，当时钢拱架已架立完毕，左壁和洞顶的锚杆刚完成注浆，但尚未凝固，右壁锚杆已打，但尚未注浆。洞顶岩块塌落事故造成钢拱架和台车同时压毁，见图 7-8。掉块之前，并无超挖现象。调查表明，洞顶发育有一大节理(J1)，产状为 232°∠10°。该节理为一条控制性节理，其节理面较光滑，向右缓倾，呈左高右低，中间微凸。节理面呈黄褐色，略有锈蚀，局部有渗水迹象。该节理在掉块发生前在洞内并没有出露。在左壁前方发育一节理(J2)，产状 291°∠55°。该节理是此掉块的另一条控制性节理，其节理面平直、光滑，呈黄褐色，略有锈蚀，并且局部有渗水迹象。左壁的折断面呈锯齿状，倾向 219°，倾角近直立。从掉块的特征以及拱顶暴露的特征可以看出，该块体在空间上主要是由上述两节理面间的黏结力和其与左边墙岩体的完整联结来维持其自身的稳定的。当隧道施工后，洞顶暴露出来，破坏了该块体原有的边界条件和力学条件。由现场分析可得，该洞段围岩稍湿，在上述两节理面上也可见局部渗水，故证明此处有地下水活动。由于地下水的存在破坏了上述两节理面原有的强度，使其强度有所下降。同时，由于上述两条节理和块体的净空面在空间上构成了不利组合，一旦进行隧道施工，其主要力学支撑点被破坏，其自身的稳定性大大降低。该块体在自身重力和围岩应力卸荷释放作用下，产生了向净空面移动的趋势，块体上部与围岩之间 J1 在此力作用下，强度进一步降低，最终完全丧失。

图 7-8　洞顶岩块塌落及钢拱架残体

该隧道左洞出口端施工至约 130m 深的洞段时发生了洞顶岩块塌落。该洞段岩性为灰色和灰黑色凝灰岩。岩层的整体性较好，岩石的强度也较高，总体上属较完整到完整结构的Ⅲ级围岩。根据对掌子面附近揭露节理的现场观察发现，围岩中主要发育陡倾角节理，闭合性良好，且由于节理面有轻微蚀变，观察较为不易。一些较为明显的节理长度约 5m 左右，节理迹线一般较为平直，以闭合的剪性节理为主。根据现场观察可以得出结构面的不利组合是导致洞顶岩块塌落的主要原因。构成岩块塌落的主要节理面有三组，如图 7-9 所示。节理 J1 与节理 J2 是两组陡倾角的结构面，其在平面上呈较小的夹角相交，根据现场判断这两组结构面的倾角均在 65°以上；节理 J3 是一组缓倾角的结构面，根据现场观察和推测，该组结构面倾角小于 15°。三组节理的主要特征为：节理 J1 是施工后可以被人们观察到的，这一组节理的延伸从右侧洞壁中下部至洞顶中部；节理 J2 紧贴着掌子面的顶部，从断开的裂面来看，裂面新鲜，属于硬性结构面；节理 J3 为缓倾角结构面，出现在洞顶以上一定深度，根据其延伸的情况，该缓倾角节理距洞顶人工施工面最小距离大于 50cm，洞顶塌落前，该结构面不在施工面出露，无法观察。三组结构面构成了本次洞顶岩块塌落的基本条件。发生洞顶岩块塌落事故时，事故区正在进行锚杆初期支护。

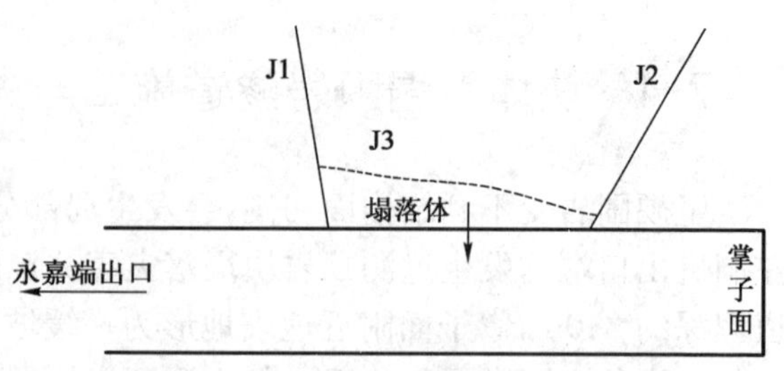

图 7-9 洞顶岩体结构面关系示意图(纵剖面图)

该隧道岩块塌落都是由于不利结构面组合造成的，都发生在初期支护施作过程中，锚杆和钢拱架均未起到应有的加固作用，并且锚杆钻孔施工还会产生不同程度的振动和岩体应力集中，从而进一步降低了洞顶块体的稳定性。因此，在潜在洞顶岩块塌落洞段施工时，不能根据施工习惯(初期支护距离掌子面适当距离，再施作锚杆加固大块体岩石)，而应充分考虑到在爆破扰动和凿岩机冲击扰动以及水的作用下，很容易加速块体失稳，选择正确的施工和初期支护方式，即初期支护必须紧跟掌子面，做到一炮一支护，以防安全事故发生，然后挂设钢筋网→一次喷射混凝土→架设钢架→钻锚杆眼→安设药包锚杆→挂设钢筋网→喷射混凝土到设计厚度。

7.5 下导洞适度超前预支护全断面施工方法

工程实践表明，III、IV、V 级围岩隧道在预支护下，采用下导洞超前(3～5m)短进尺(1～2m/次)，然后全断面施工方法是经济可行的(图 7-10)。

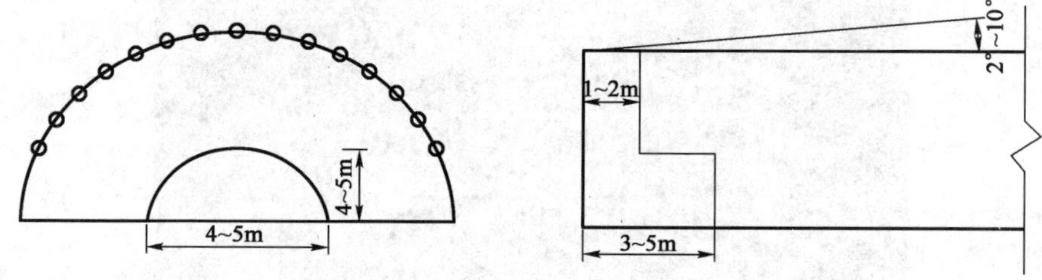

图 7-10 下导洞适度超前全断面施工方法示意图

7.5.1 下导洞适度超前全断面施工方法的依据

采用下导洞适度超前全断面施工方法，具有以下优点。

①在不良地质情况下，下导洞超前(3～5m)起到局部超前地质预报作用，便于采取应急措施，处理不良地质问题，防患于未然。

②当地下水较丰富时，利用超前下导洞降低地下水水位效果较好，对于大断面隧道尤为适用。

③下导洞因跨径小，围岩自稳能力增强，临时支护省，易及时修筑仰拱形成封闭结构。

④便于机械化作业，出渣、运料在隧底平面进行，没有二次搬运，且爆破临空面大，夹制作用小，爆炸耗能小。根据能量守恒原理，这种隧道施工，做功最小。因此，各种消耗也最省，对隧道围岩损害也最小。

⑤对同时跨越几级围岩的有多种地质条件的隧道施工，可以不变换施工机械、作业台等，机械利用率高。

⑥加强环向钢拱支撑，以增大整体刚度。这就如同铁路钢轨与枕木间距的关系一样，重点在于减小枕木间距和增加枕木刚度。

7.5.2　破碎围岩预支护应注意的问题

对于节理、裂隙发育，有地下水活动，围岩稳定性较差的Ⅳ级围岩地段预支护措施，采用超前小导管预注浆，可以起到密实围岩，达到加固围岩和阻水的作用。在有地下水活动的地段，采用早强水泥砂浆锚杆或部分快硬水泥全长黏结式锚杆，以及时加固围岩。

对于堆积碎石土和松散体、节理裂隙发育岩体、地下水活动较强的Ⅴ、Ⅵ级地段围岩预支护措施，采用超前长管棚加注浆及先锚后灌式砂浆锚杆支护围岩不易施工，且效果一般。因此，最好使用超前小钢管即短管棚加注浆或钢插板作纵向预支撑，而钢拱架作环向支撑，整体刚度大，有利于限制围岩的不利变形。对于大变形地段，采用地面砂浆锚杆或自进式注浆长锚杆和及时修筑仰拱或超前深孔帷幕注浆等以控制围岩初期变形，能充分保护和调动不良地质围岩的自承能力。

7.6　用新奥法思想处理塌方

7.6.1　塌方分类处理

在隧道开挖过程中，由于对围岩认识不足，致使对支护参数、支护形式的选择不当及支护时间滞后，或施工质量不能保证而导致塌方事故是经常发生的。在处理塌方问题时，同样应引进新奥法的思想，做到“充分发挥围岩的自承能力”与“基本维持围岩原始状态”，使塌方的处理达到最佳效果。归纳起来塌方可分为两大类型：

(1)块状结构岩体中产生的塌方

块状结构岩体塌方主要是结构面和软弱夹层的不利组合所致。这类塌方塌落高度不太大，很少超过1.0倍洞径，塌落形状呈尖顶金字塔形。可以肯定，未受扰动部分岩体仍然有一定的自承能力，其应力分布状况极差，局部应力集中，拉应力分布极不均匀，但在一定的自稳时间内的自承能力使围岩达到暂时稳定。因此，要利用这一时间调动与发挥这种状态下的自承能力来处理塌方。有经验的喷射手都清楚，在塌方后的暂时稳定时期，应立即施喷混凝土。在施喷时，仍会产生掉块，但喷到一定程度后，掉块就会停止，说明初喷成功。这就很大程度地延长了塌方空腔周边围岩的自稳时间，赢得了进一步加强支护作业的时间。处理前期，切忌出渣。因为松渣的存在，能抑制塌方的继续发展与扩大。这时应登渣作业，即网喷混凝土，安装锚杆。这种支护必须强化，如加钢筋肋，必要时再加格构梁。锚杆的深度不宜小于 0.4～0.5 倍洞径，并根据变形观测资料随时调整锚杆间距。松散塌落体以上部分处理完毕后，再一层层地下降进行锚喷处理，一直降到开挖底板。

(2)松软破碎围岩塌方

松软破碎地层中产生的塌方规模大，高度可达数倍洞径，甚至塌落通天。其塌落拱形状呈抛物线形，隧洞边帮岩石也遭破坏。这类塌方处理同样可以引进新奥法的思想，即设法提高松散塌落体的整体强度，使其具有自承能力与承载能力。处理办法是采用超前管棚或超前管式灌浆锚杆，并给以预灌浆。然后朝前挖掘，每前进一步都用工字钢拱架支撑。再安装环向管式可灌浆锚杆，挂网再喷混凝土，让钢拱架喷在混凝土里面。这些工作完成后，最后进行环向灌浆，使在可灌式锚杆所伸入的范围内通过灌浆，组成一固结灌浆层，通过浆液无规则的穿透，松散体必定胶结了一部分。原来没有强度的松散体，能提高到每平方厘米数十公斤的承载强度。这种固结灌浆圈与工字钢拱架及喷混凝土层组成了一个强大的支承拱。该支承拱可以承受洞顶数十米高的塌方体压力。

总之，其他情况甚至任何情况，只要围绕“充分发挥围岩的自承能力”与“基本维持围岩原始状态”目标，采取适当合理手段或方法，即可防止围岩恶化和控制塌方范围，从而进一步达到处理塌方的目的。

7.6.2 某隧道塌方救援方案工程案例分析

正在建设中某隧道(图 7-11)设计全长为 1 250m，塌方地段长达 25m，高 27m，塌方处距离隧道口 215m，而塌方时 8 名工人在距离隧道口 360m 处施工，因此还有近 105m 的安全距离。塌方呈漏斗形，地质条件属于强风化泥质粉砂岩，道路被崩塌下来的 7 000 多立方米的泥土堵塞。

图 7-11 某隧道洞口及洞内施工情况

(1)错误的施救方案

2009 年 6 月 4 日 23:30 左右，某隧道发生塌方事故。从 4 日晚至 5 日早，救援队一直采取在塌方处向里横向挖掘土方的施救方案，至 5 日早 10:00 左右，已抢运出土方 4 000m^3(错误：不符合“充分发挥围岩的支承能力”理念)。5 日早 11:00 左右，救援队实施了新的施救方案：将两台挖掘机吊到隧道顶部，从上往下纵向挖掘(错误：容易造成更大塌方。现场救援人员在暂停顶部挖掘工作前,已经挖进了 3m。如果继续从顶部挖掘,可能会引发新的坍塌,给被困人员和救援人员都带来危险。2005 年,高岭隧道塌方后,部分专家建议的利用塌腔做竖直排烟道的方案,忽略了坍塌松散体竖直排烟道没有支撑点,最后被大多数专家否定)。

(2)正确的施救方案

5 日 9:00,接通管道输送氧气确保生命延续。5 日开始至 6 日中午 12:20,救援人员正式打通洞顶垂直生命通道(用钻机打通直径 10cm 的距离地面 27m 的"生命通道")。经过救援人员反复认证拟订的当前现场执行的营救方案是从隧道左线沿水平方向朝塌方的右线挖掘一个侧向逃生通道(正确:侧向逃生通道长 30m,为岩石结构,是设计方案中的迎宾隧道左、右线之间的人行通道,塌方之前已从左线向右线方向施工 8m 左右)。从 6 日凌晨起,基本上在以每 4 小时 2.5m 的进度施工,7 日 15:55 打通人行通道,被困 8 名工人已经全部安全救出。

(3)其他施救方案

6 日上午制订一个新的营救方案:在隧道塌方处,以洞壁和地面为支撑点挖一个"猫洞",用钢板加固后,可以容一个人进出,这样就能让被困的 8 名工人通过这个洞获救。然而,考虑坍塌落石而放弃了该方案。该营救方案如图 7-12 所示(正确:符合"充分发挥围岩的支承能力"理念)。如果没有开挖侧向逃生通道条件,只能在塌方处采用先在坍塌松散喷射混凝土防止滚落,再挖一个"猫洞"的方案。

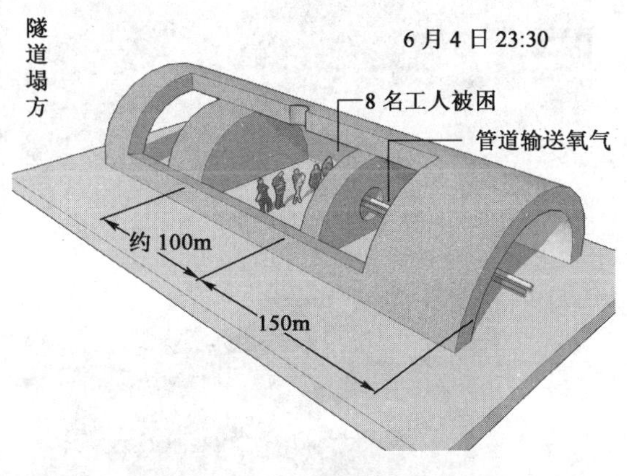

图 7-12　营救方案

该隧道施工中最大失误是已做好初期支护处在塌方前应该有明显预兆,形偏大或开裂,这时应该立即停止前方掌子面施工而加固此处初期支护,以防止塌方。2006 年,括苍山隧道施工中也出现前方掌子面施工和后方初期支护开裂后加固同时进行的情况,发现时立即停止前方掌子面施工,避免了塌方事故发生。

7.7　不稳定平衡概念解决隧道洞口施工问题

在工程实践中,可以利用不稳定平衡概念解决隧道、边坡稳定等问题。在不稳定平衡状态下,施工顺序不同,恢复平衡状态的力相差非常大。在不稳定平衡状态下,只要采用相应技术措施,并改变施工顺序,很容易保证稳定。

隧道洞口开挖,改变了地表形态,形成路堑、洞口边坡、仰坡,可能引起边、仰坡的坍塌、产生偏压、诱发滑坡等地质病害,处理这些问题同样可以利用不稳定平衡概念解决,以防止自然灾害的威胁。隧道洞口施工应选择对环境保护或对环境影响较小的方案。搞好洞门施工是保护环境、保证隧道顺利施工重要条件。不同的洞门形式适应不同的地貌条件:端墙式洞门适用于仰坡陡峻、山凹地形、斜交地形的狭窄地带,洞门端墙和翼墙具有抵抗来自边坡、仰坡土压力的支挡结构,需按承受主动土压力的挡土墙进行设计,对地基承载力要求较高;而明洞式洞门适用于地形开阔、边仰坡不高、仰坡较平缓、隧道轴线与地形等高线正交或接近正交的地带(图 7-13、图 7-14)。

隧道洞口段一般较洞身围岩条件差，埋深浅，受地形、环境条件影响较大，隧道洞口段应设加强衬砌；加强段衬砌通常是将围岩级别降低一级进行设计，隧道洞口段的结构稳定是保证洞口边仰坡稳定的前提；采用“先支护后开挖或反压回填、克服洞口偏压”方法较好(图 7-15)。

图 7-13 端墙式洞门

图 7-14 明洞式洞门

图 7-15 隧道洞口施工及效果图

在洞口不稳定平衡状态下，采用相应技术措施和改变施工顺序，使洞口围岩与支护系统或结构的每个状态受力与变形状况满足“三维力学平衡、三维力与变形协调和三维变形协调与稳定”的要求，有助于保证洞口围岩与边坡稳定。图 7-15 所示就是根据地质环境条件，在施工过程中始终保持围岩的应力平衡和变形协调。

第 8 章　结构衬砌与防水设计

8.1　二衬开裂分析

8.1.1　问题的提出

目前,山岭隧道的施工主要遵循新奥法的理念。新奥法的核心思想是把围岩作为承载的一部分,充分发挥围岩的自承能力,因此隧道开挖完成后,一般采用锚喷支护,因为锚喷支护作为一种柔性支护,能够允许围岩发生一定变形,有利于围岩的自承能力的发挥。二次衬砌为混凝土结构或钢筋混凝土结构,刚度比较大。《公路隧道设计规范》(JTG D70—2004)中指出,对于 I、II、III 级围岩,因为它们有比较强的自支承能力,所以二衬作为一个安全储备;对于 IV、V 级围岩,二衬作为承载结构,承担荷载的比例见表 8-1。

释放荷载分担比例表　　表 8-1

围岩级别	分担比例		围岩级别	分担比例	
	围岩+初期支护	二次衬砌		围岩+初期支护	二次衬砌
IV	60%～80%	40%～20%	V	20%～40%	80%～60%

许多按照这种设计理念设计的隧道,在建成运营后,二衬发生了开裂现象。二衬是隧道最后一道支护结构,也是隧道的美化部分。二衬的开裂不但影响隧道的美观,而且会伴随着严重的渗漏水,严重影响隧道的使用寿命。

在隧道结构设计计算时,均会考虑所分担荷载作用下的强度、变形和稳定性问题。因此,从理论上说,无论结构要求承担的荷载大小如何,都不应出现衬砌结构的开裂和影响使用。目前,隧道开裂问题较普遍的主要原因是对不同承载体系的变形协调性考虑不足。刘干斌等采用渗流—力学耦合模型研究分析了黏弹性饱和土体中深埋圆形隧道衬砌—土相互作用问题,得出了衬砌和土体接触面上的径向位移(变形)随相对刚度增大而减小、衬砌内轴力和弯矩随相对刚度增大而增大的结论。对于隧道的初衬和二衬相互作用问题,以及二衬支护时机的选取对隧道初衬和二衬受力的影响,目前还缺乏系统的研究。

因此二次模注混凝土衬砌施作时间控制为:

①围岩及初期支护变形基本稳定以后施作是很理想的情况,这时二次衬砌基本不受力。

②浅埋段、塌方段、土层围岩及软弱围岩段等,初期支护及围岩变形不能稳定或稳定时间较长(15～30d),除加强初期支护外,应提前施作二次衬砌。

③膨胀性围岩、高地应力地段,不能过早施作二次衬砌,应让地应力充分释放。

④多数情况下,二次衬砌距掌子面的距离以不超过 150～200m 为宜。

8.1.2 二衬开裂原因分析

二衬开裂主要发生在破碎围岩的洞段，主要有两方面的原因：一是由于二衬的刚度远大于初衬及破碎围岩的刚度，在围岩和初衬变形过程中逐渐将承担的荷载转移到二衬上，使二衬的受力过大而出现开裂；二是二衬施作时机过早，在围岩变形还未收敛的情况下，就施作二衬，而二衬不是柔性支护，不能和围岩发生共同变形，随着时间的发展，围岩压力向二衬转移，使原本应该由初期支护承担的力很大一部位转移到了二衬上，使二衬由安全储备转为主要承载结构，从而引起开裂。这正是许多隧道在建设完成初期，二衬都是完好无损的，而运营一段时间出现开裂的原因。

在隧道施工中，二衬的施作时机的选择非常重要。在围岩变形初期阶段，二衬支护越早，二衬的刚度越大，对围岩变形的约束越强；隧道建成后，围岩有继续变形的趋势，而二衬的过早支护制约了围岩的变形，从而引起应力向二衬转移，二衬就越容易开裂。因此，通过监控量测，待围岩充分变形趋于稳定后，再施作二衬才是合理的(图 8-1)。

图 8-1 某隧道二衬拱部开裂分布图

在破碎围岩中，由于围岩的自承能力很小，很快就进入松弛状态，所以围岩的稳定变形阶段很短。此时如果将二衬作为承载结构来设计，就应在隧道开挖后及时施作。但把二衬作为承载结构来考虑不是最好的选择，最好的施工措施是加强初期支护，采用钢拱架等来刚性支护来维持围岩的稳定。二衬只是作为安全储备，因为它是最后一道安全屏障，所以对破碎围岩段，应采用"初期支护要强，二衬不承载"的设计思想。

此外，应该注意到，围岩变形量测与刚度大的钢筋混凝土二衬结构的变形量测对精度的要求是不同的。两者在发生破坏时的变形量上有很大的区别，钢筋混凝土二衬结构在很小的变形量就可能出现裂缝，因此在进行隧道变形监控量测时，对二衬结构的变形量测应确保精度。

另外，当二衬台车刚度较小时，模注混凝土完全凝固并形成强度前容易开裂，使得二衬混凝土产生永久裂缝。如果没有外部荷载作用，二衬裂缝不会发展，只需灌缝而不做特殊处理；如果有外部荷载作用，二衬裂缝会进一步发展，则需做加固处理。

8.1.3 小净距隧道后行洞对先行洞二衬影响

小净距隧道是一种比较新的隧道结构形式，目前对小净距隧道的施工方法规范上还没有详细的规定，还处于半定量半经验的施工阶段。在小净距隧道施工过程中，后行洞对先行洞的影响是一个比较大的问题。小净距隧道先行洞的施工相当于天然应力场中单洞隧道的情况，当后行洞施工时，围岩就将产生复杂的应力重分布，对先行洞造成比较大的影响。两洞之间的相互影响程度与围岩类别、隧道间净距和开挖方式等多种因素有关。目前，在比较短的小净距隧道施工中，为了加快工程进度，往往采用先打通一个隧洞，做好二次衬砌好后，再施工另一个隧洞的施工顺序。事实证明，后行洞的施工会对先行洞衬砌产生比较大的影响，容易引起先行洞二衬的开裂。图 8-2 为某小净距隧道因后行洞开挖引起的先行洞二衬开裂情况。

图 8-2　某小净距隧道先行洞二衬开裂

通过有限元计算，分析小净距公路隧道上下台阶法施工时，后行洞对先行洞衬砌的影响。经过分析计算，得到以下几点结论：

①后行洞的开挖对先行洞的位移有一定影响，其中拱腰和拱脚的水平向位移较拱顶和拱底大，洞顶的竖向位移比较大，靠近中夹岩的右拱腰部位和右拱脚部位受后行洞的开挖影响较大。

②后行洞上半断面开挖时对先行洞应力的影响比较大，先行洞拱腰和拱脚的剪应力较拱顶和拱底大，是隧道容易出现开裂的部位，所以采取开挖先行洞做好二衬后，再开挖后行洞是不合适的。因为后行洞对先行洞的应力提高有一定的影响，尤其是上半断面开挖后，提高幅度较大，容易引起先行洞二衬的开裂。

③后行洞的支护刚度提高有助于减小先行洞的应力，所以对后行洞采取及时有效的支护有利于保护先行洞衬砌的安全。

8.2　结构防水设计

8.2.1　地下水与隧道围岩稳定的关系

地下水的赋存状态和运动对围岩稳定具有重要的意义。地下水的存在会对隧道工程的各个方面产生不良影响：一方面，地下水所产生的静水压力直接作用在衬砌上，当衬砌支承能力一定时，减小了衬砌对围岩的支承能力；另一方面，地下水与围岩相互作用影响围岩稳定。在天然应力状态下，地下水与周围岩土体形成动态力学平衡。当隧道开挖时，地下水的力学平衡被破坏。由于地下水的渗透，水压力的降低引起岩土体骨架压缩。地下水渗流冲刷软岩或进入软岩细微裂隙，引起岩体颗粒位移，使软岩产生软化或泥化，降低了岩体的强度。对于膨胀岩体，由于其具有吸水膨胀的特性，在地下水的作用下，会造成围岩与结构的破坏，如隧道洞周围岩膨胀突出和坍塌，由于膨胀压力作用而产生的支护结构破坏等。地下水对围岩中的软弱结构面也有一定的影响，地下水活动可以使软弱结构面上的物质软化或泥化，或地下水会将软弱结构面中的充填物带走或饱水等，从而降低结构面的抗剪强度，影响岩体的整体强度和稳定性。

工程实践表明，大量的隧道失稳事故均伴随岩体的渗水，围岩的渗水直接削弱了隧道结构的承载能力。渗水试验结果就清晰地说明这一点。试验装置模型的长×宽×高为230cm×20cm×180cm。围岩模拟材料采用河沙。按以下步骤进行试验：

①按试验方案构筑模拟岩体，静置12h。

②全断面一次开挖成隧道断面。

③根据岩体或破碎带的渗水量，往岩体顶部或破碎带内注水，直至围岩破坏，同时描述岩体或破碎带的破坏过程。

模型过水后的坍塌破坏状况见图8-3。破碎围岩在开挖过程中存在局部坍塌。在岩体渗水过程中，拱顶方向的围岩应力快速升高，说明岩体结构受水的影响较大。当渗水面到达拱顶时，拱顶方向围岩压力急剧下降。与此同时，拱顶岩体发生坍塌冒顶，隧道围岩完全失稳。由此可见，在破碎软弱围岩条件下，隧道开挖超前支护是必不可少的，特别是当围岩处于饱水状态或有较丰富的地下水补给时，超前支护、控制围岩水体流失、小断面分步开挖与及时支护对保护围岩稳定是极为重要的。

图8-3　模型的岩体渗水整体坍塌破坏

8.2.2　历史工程结构防水措施的借鉴

将我国古代佛像、古墓葬和中低放废物陆地浅埋处置在选址、工程结构、设计原理和施工方法等方面进行类比分析。分析结果表明，我国古墓葬对中低放废物陆地浅埋处置是很好的类似物。古墓及其随葬品长期保存的完好性说明了选择适宜的场址、合理的工程结构和良好的回填材料及科学的施工方法后，中低放废物陆地浅埋处置是安全的。

乐山大佛有非常巧妙的排水系统。乐山大佛的两耳和头颅后面，具有一套设计巧妙、隐而不见的排水系统，对保护大佛起到了重要的作用，避免佛像被雨水侵蚀。清代诗人王士祯有咏乐山大佛诗"泉从古佛髻中流"。在大佛头部共18层螺髻中，第4层、9层、18层各有一条横向排水沟，分别用锤灰垒砌修饰而成，远望看不出。大佛衣领和衣纹皱折也有排水沟，正胸有向左侧分解表水沟，与右臂后侧水沟相连。两耳背后靠山崖处，有长9.15m、宽1.26m、高3.38m的左右相通洞穴。胸部背侧两端各有一洞，互未凿通，右洞深16.5m、宽0.95m、高1.35m，左洞深8.1m、宽0.95m、高1.1m。这些水沟和洞穴组成了科学的排水、隔湿和通风系统，千百年来对保护大佛、防止侵蚀性风化，起到了重要的作用。左右互通的两洞，由于可汇山泉，内崖壁上凝结了厚约5～10cm的石灰质化合物，而佛身一侧崖壁仍是红砂原岩，而且比较干燥。那左右不通的两洞穴，孔壁湿润，底部积水，洞口不断有水淌出，因而大佛胸部约有2m宽的浸水带。显然，这是由于洞未贯通的缘故。

据 IAEA（国际原子能机构）推荐的标准，中低放废物陆地浅埋场址应具有下述水文条件：

①地表水少，地貌稳定，无洪水纪录，也不存在成为潮湿地带的可能性。

②有足够厚的能阻止核素迁移的地质层，地下水与公用水系可用岩层或断裂层阻断。

③水文条件简单，可预测性好，并能保证核素在迁移到生物圈前有足够长的时间衰变到无害水平。

④地下水位要比处置单元底板低几米，并无大幅度涨落的可能。

由此可见，选择水文条件的核心是避开水的侵入。图 8-4 所示为某处核废料库的地表景观。

图 8-4　某处核废料库

中国古代墓葬也十分注意“避水”，下葬的最佳地点是“风水宝地”。这种所谓“宝地”既能防水，又能排水，可防水浸害棺椁。IAEA 推荐的核库选址标准要求与中国古代的“风水宝地”所具有的条件非常相似。图 8-5 所示为建于清朝（乾隆）年间的地宫。该地宫用三合土（三合泥拌碎石、糯米混浇而成）封闭防水，设漏水孔和龙须沟排水。

图 8-5　建于清朝（乾隆）年间的地宫（用三合土封闭防水，设漏水孔和龙须沟排水）

出土完好女尸的长沙马王堆汉墓就是选择在一个三级台地上。该台地为北东—南西方向延伸的椭圆形，长约 500m，宽约 230m，高出浏阳河平均水位 15m。核专家认为，在类似这样的地方埋藏核废料会比别的地方更安全。

不只“风水宝地”是建核库的最佳场所，在甘熙《白下锁言》中所记的筑冢方法，也与核库的工程结构、设计原理和施工方法吻合。

虽然隧道工程位置无法任意选择，但是借鉴上述历史工程选址、工程结构、设计原理和施工方法等，对隧道工程防排水设计和施工非常重要。例如，某地下水丰富的黄土隧道，其破碎带渗漏水通道没有注浆堵水而只进行了防排水，造成每隔 2～3 年黄土堵塞防排水系统而使隧道结构渗漏水，影响隧道使用。如果采用图 8-6 所示的隧道衬砌结构，就可以防止隧道结构压溃和渗漏水等问题。

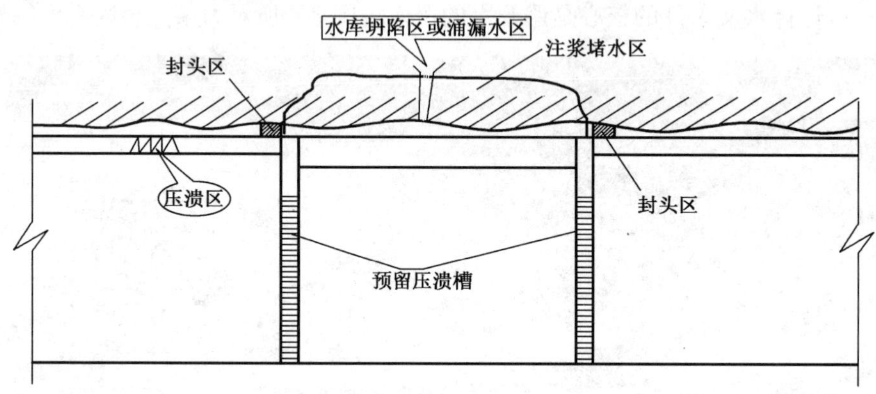

图 8-6　某穿越库区隧道衬砌结构防水压溃图

某引水洞有压渗漏水流注浆后随水流出而不能凝固，通过逐段用定型模板止水形成稳流层，解决了注浆凝固问题（除少量随压力水流出外）；或通过逐层注浆分层堵水逐渐减少水压，最后达到注浆堵水目的，如图 8-7、图 8-8 所示。

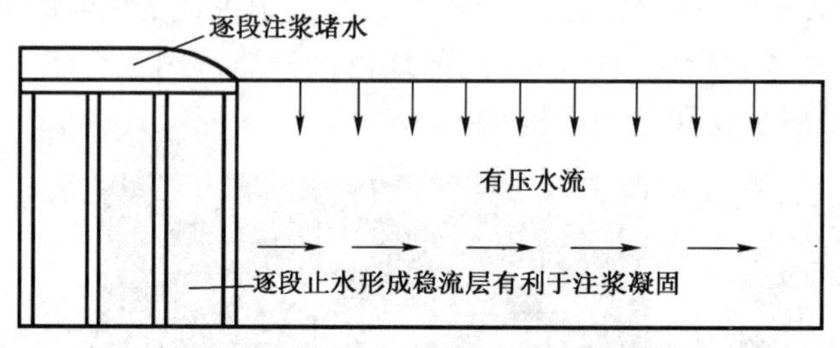

图 8-7　某引水洞有压渗漏水流注浆逐段用定型模板止水处理 1

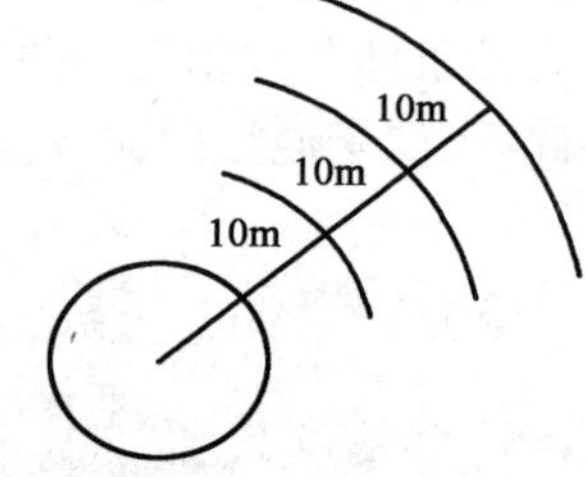

图 8-8　某引水洞有压渗漏水流注浆逐段用定型模板止水处理 2

某山岭隧道开挖后发生了涌水事故，洞内涌水情况如图 8-9 所示，经过围岩注浆堵水、初期支护引排水（图 8-10）、二衬防水等措施，有效地解决了涌水问题。

8.2.3　防水的原则

《地下工程防水技术规范》规定，地下工程防水设计和施工，必须做好工程水文地质勘察工作，遵循“防、排、截、堵”相结合，因地制宜、综合治理的原则。《铁路隧道设计规范》规定，隧道防排水应采取防、排、截、堵相结合，因地制宜，综合治理的原则。《公路隧道设计规范》规定，隧道防排水应视水文地质条件因地制宜地采取“以排为主，防、排、截、堵相结合”的综合治理原则。

对于涌水量较大的隧道，地表的湖泊、河流、水库等水体有时会渗透到隧道内并涌出，尤其是隧道和地表水体之间存在透水性高的未胶结堆积土层或存在裂隙密集带和断层破碎带等不良地质要素时，良好的地下水通道常引起隧道大量涌水、突水现象。此外，地下水在渗流过程中还会带走细颗粒，使岩土的渗透性能逐渐提高，从而导致更大的危害。一般山岭隧道的地下水处理总是采用以排为主、排堵结合的方针。对于水下隧道或涌水量较大的软岩(土)隧道设计和施工则必须采取以堵为主、以排为辅的方针。

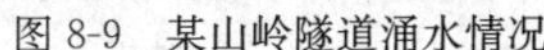

图 8-9　某山岭隧道涌水情况

图 8-10　某隧道涌水发生后排水措施

隧道防水的“防、排、截、堵”的正确应用十分重要，应根据围岩的岩性和结构特征合理运用。当围岩含有大量细颗粒，如破碎岩体中夹有大量黏性土，此时如果采用以排为主的措施，势必引起大量细颗粒土的流失，增大围岩的空隙度和变形性。相反，如果围岩为块状结构的坚硬岩体，排水主要是对环境产生一定影响，对围岩的稳定性影响较小。

截水方式在隧道防水中是十分必要的。目前，截水设计通常只限于防止地表水向岩体的入渗，实际上截水措施若能合理使用，将能有效缓解局部断层破碎带渗水引起大范围围岩渗水现象。在隧道防水设计中，一般不能期望完全隔离或引排地下水，如果不采取截水措施，则某一洞段破碎岩体的导水可能因为二衬的阻水作用，使地下水沿洞轴方向渗流，引起其他洞段的外水压力大幅增高，其结果会导致一些良好围岩洞段的弱支护结构破坏。在导水性良好的破碎岩体两侧一定范围，对围岩进行注浆，限制地下水沿洞轴线方向渗流，即可防止局部强渗水对广大隧道区域的影响。

作为资源，要重视水的保护，水位不降可以保护生态环境。如果隧道内发生渗漏水引起地表水减少，农田干旱，影响居民的正常生活时，要注意采取堵水措施。在深埋的山岭隧道中应采取“排堵结合，限堵为辅，防排结合，因地制宜，综合治理”的原则，结构计算可考虑少量水压力。

隧道采用复合衬砌时，要在初期支护和二次衬砌间设置防水板和无纺布。区间隧道防水板应采用铁路隧道方式，防水板敷设到边墙底，不全包，仰拱不计水压，受力均匀。

总之，隧道防水是以排为主、排堵结合等措施，还是以堵为主、以排为辅等措施，要综合考虑水量大小、水对围岩稳定性影响程度、水对二衬静动压力大小等因素。当水的影响较大时，采用堵排结合等措施，控制水的主要影响在隧道围岩范围以外，并采取适当排水辅助措施，防止隧道二衬静水压力过大；当水的影响较小时，采用排防结合等措施，同时控制隧道二衬静水压力最小。因地制宜、综合治理，是隧道防水的基本原则。

8.2.4 防水系统

8.2.4.1 一般山岭隧道防水设计

注浆防水。超前预注浆和初期支护背后注浆，不能形成主要防水防线，但注浆填充了围岩裂缝，可起到一定的阻水作用，特别是对围岩集中出水点的注浆堵水，能起到较好的止水效果。由于成本较高，注浆通常不作为完全止水的措施，而与其他方法综合使用。

初期支护防水。初期支护可达到较高的抗渗等级，但由于喷射混凝土和施工工艺的离散性，使得现场喷射混凝土的整体抗渗性能较差，不能形成永久的防线，可以作为施工期间的防水线。

防水材料的选用与工艺。在初期支护和二次衬砌之间设置防水层进行防水，称为防水材料防水。防水层一般为柔性，目前隧道中防水板(膜)应用较多。其原因是初期支护的受力和二次模筑的受力不能协调，通过防水板传力且剪力为零，所以防水板不仅可以防水，还可以防止二次衬砌开裂。防水设计应根据现场情况和不同的工程部位，选用不同的防水材料或施工方法，即因地制宜、按需选材，使防水工程具有连续性、整体水密性、变形适应性和耐久性，做到技术先进、工程费用合理。铺设工艺必须采用无钉铺设法，先铺无纺布，再将防水板热粘在无纺布上，不能将无纺布和防水板制作在一起进行铺设，否则无纺布与围岩不能密贴，形成很大空洞，防水板也易撕裂。

衬砌混凝土自防水。二次衬砌防水是防水体系的最后一道防线，也是最重要的一道防线。我国对这方面越来越重视，在施工过程中采取了许多防水措施，如限制混凝土裂缝宽度、尽量减少变形缝、设诱导缝等。混凝土自防水主要是防止结构产生贯通性裂缝。通常，人们只注意到混凝土的强度和抗渗等级，而忽略了防止产生裂缝的各种措施。设计人员往往认为混凝土的强度越高，其抗拉强度越高，因而抗裂性能越好；混凝土的抗渗等级越高，其抗渗能力也越强。于是，施工中出现了片面提高混凝土强度等级和抗渗等级的现象。然而，其结果往往适得其反。一般来说，混凝土强度等级越高、抗渗等级越高，单位水泥用量越多，其结果是水化热增高，收缩量加大，更易导致裂缝的产生。要避免出现贯穿性裂缝，一要有正确的设计，二要精心施工，三要有可靠的质量保证体系，三者缺一不可。设计人员首先要合理选定混凝土的强度和抗渗等级，合理地确定结构受力和支承条件，合理地设置各类“缝”并正确设计其构造。二次衬砌施工缝、伸缩缝、沉降缝是防渗漏水的薄弱环节，因此应注意这些关键部位的构造，采取可靠的防水措施。混凝土工程中要求混凝土是高性能混凝土，而非高强度混凝土。这两个概念及其技术要求是不一致的，不可混淆。

目前，二次衬砌多采用钢筋混凝土结构形式，钢筋和混凝土相结合可以共同受力，但承受水压的效果不好。因此，钢筋外的混凝土保护层非常重要。它是确保钢筋混凝土不漏水的重要防线。

防水工程是一个系统工程，防水设计、施工和选材都非常重要，任何一个环节出了问题，都将影响整个工程的防水质量。

8.2.4.2 水下隧道或涌水量较大软岩(土)隧道的设计

对于水下隧道或涌水量较大的软岩(土)隧道结构的设计，在防水方案确定前，必须全面系统地掌握隧道工程区的工程地质和水文地质条件，分析地下水可能的渗流方式，特别要查明断层破碎带的分布及其与地表水体之间的关系，从而制订合理的隧道开挖方案。水下隧道或涌水量较大的软岩(土)隧道结构的设计应遵循如下设计原则：

①隧道施工开挖时，第一步要采取注浆堵水和加固围岩，把岩(土)体固结好再开挖衬砌，尽可能不要将地下水放到衬砌层来处理。除按上述山岭隧道施工方法处理外，在初期支护完成前后，向洞周 5.0～8.0m 范围内的围岩环向注浆，注浆范围宜覆盖围岩松动圈，封闭围岩裂隙，以防止潜蚀和管涌现象的发生，从而达到控制外源水压和静水压的目的。

②在初始围岩压力条件下，岩体的裂隙多呈闭合状态，透水性较弱，断层泥等软弱夹层往往也具有一定的强度。在隧道开挖过程中，尽可能防止围岩松动变形，对防止裂隙水活动加剧、防止软弱夹层软化和泥化、防止围岩强度和变形特性降低等均具有重要意义。若围岩中含有具一定水压差的地下水，在围岩松动的情况下，则会产生潜蚀和管涌现象，严重时甚至会导致围岩失稳。

因此，对于隧道穿越大的地层扰动带，包括破碎、结构松散地层、有高压地下水的岩层等，应采用先注浆加固(回填注浆、固结注浆、化学注浆)和强预支护的办法防水，从而确保安全顺利施工。工程实践表明，采用先注浆加固的施工方案是行之有效的。如某工程隧道穿越水库底的断层带，隧道顶板到水库底最小厚度为 56m，水库静水压力为 110～130kPa，施工中采用穿越断层带的深孔预注浆的方式，如图 8-11 所示，布置内外两层钻孔注浆，内层钻孔 7 个，外插角为 5°，钻孔深度为 30m，外层钻孔 28 个，外插角为 10°，钻孔深度 33m，钻孔孔径为 ϕ108。通过以堵为主、堵排结合，超前封阻围岩裂隙，提高围岩的抗渗漏能力及围岩强度，达到了预期目的。另外一个工程实例是某长大隧道修建初期没有采用预注浆加固不良地质围岩，造成运营期间隧道道床内涌水较多，迫使后来在其侧下部再修建一个平行输水隧道，才解决隧道道床内涌水的问题。该工程的教训是深刻的。

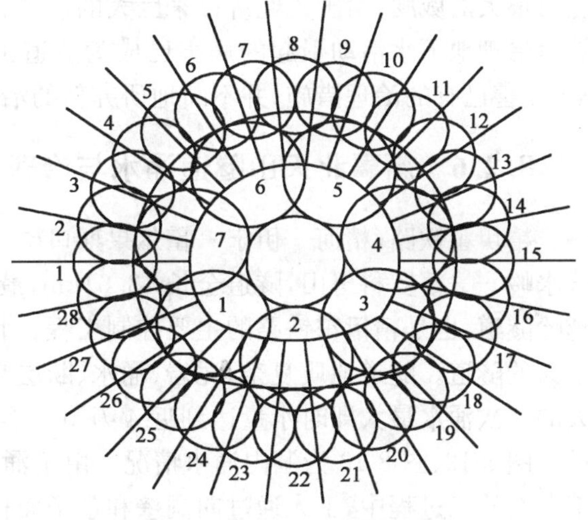

图 8-11　深孔预注浆钻孔布置

8.2.5　延水关黄河隧道施工涌水设计

延水关黄河隧道工程是西气东输管道工程的关键性工程，隧道位于陕西省延川县延水关镇境内，是一条位于河底 20m 下的穿越隧道。

隧道穿越的岩层由上而下为第四系和三叠系延长组地层，隧道拱顶范围下部有两层不连续的 0～0.3m 的中砂岩，与上覆岩层波状接触，接触面有砂泥充填。本隧道裂隙发育，岩体破碎，隧道主体工程在施工过程中经常发生涌水现象。

该隧道属水下隧道，且隧道岩体完整性较差。施工中涌水问题突出，为了保证隧道施工的安全和隧道施工后的正常运营，对隧道施工中出现的涌水问题进行了处理。

针对该隧道裂隙发育、岩体破碎、出水点多、涌水量大的特点，设计人员将“堵”作为治理涌水的重点和主要措施。“堵”的具体方法是对地层进行注浆，以起到封堵裂隙、隔离水源、堵塞水点、减少洞内涌水量、防止地下水大量泄漏的目的，同时也能改善围岩条件，为后续的开挖、衬砌创造良好的施工环境。

开挖断面注浆孔布置。根据本隧道涌水的特点选择施工工具，孔位布置在开挖面纵向呈伞形辐射状，注浆孔孔底间距按注浆孔的扩散半径相互重叠的原则确定。

非开挖面注浆孔布置。此类注浆孔包括已开挖隧道的帮、顶、底的注浆孔的布置。布置时遵循以下原则：注浆孔的位置与漏水裂缝相交；注浆孔的深度视隧道岩体性质确定；孔距根据堵水加固面积和注浆有效扩散半径确定。

确定了注浆堵水方案后，又经过施工试验，最终采用了短距离、小导管注浆。这种施工方法主要是固结开挖面周边一定厚度的围岩，使之形成薄壳，从而提高了围岩的整体性，防止了涌水。

工程实践表明，上述注浆堵水方案对该隧道工程施工中的涌水治理效果显著，同时也证明了该方案对于水下隧道和涌水量较大的软岩(土)隧道施工中地下水渗漏处理的可行性。

近些年来，尽管我国在隧道建设方面取得了不错的成绩，在隧道防排水方面取得了长足的进步，但多数隧道均存在不同程度的渗漏。由地下水渗漏引起的工程问题对隧道的安全运营造成很大的威胁，给国民经济带来巨大的损失。地下水活动引起的病害是隧道中最常见的，有效地治理地下水活动引起的病害已成为隧道工程建设的一大难题。当前的任务就是继续丰富、完善已有的治理措施，并不断地研究新的治理措施。

8.2.6 新疆北天山隧道涌水与治理

精伊霍铁路(精河—伊宁—霍尔果斯口岸)北天山隧道洞身穿越伊犁河谷与准噶尔盆地的分水岭——婆罗科努山，隧道全长 13.61km，最大埋深约 1 038m，是全国排名第五的特长铁路越岭隧道，也是精伊霍铁路的主要控制工程。北天山隧道是精伊霍铁路中距离最长、施工难度最大的隧道。隧道地质复杂，泥岩、涌水、断层交错出现，施工过程中出现 10 多次特大涌水，最大的一次涌水最大即时水量达到近 4 万 m^3/d，水压接近 3MPa，为我国铁路隧道建设史所罕见。图 8-12、图 8-13 为洞内涌水情况。由于涌水严重，工作人员不得不穿着雨衣在隧道内施工。在施工过程中，工人通过向洞壁和掌子面打钻孔来进行排水，取得了较好的治理效果。

图 8-12　工人穿着雨衣在洞内施工

图 8-13　掌子面减压排水

第 9 章　隧道特殊问题

隧道是修建于岩土体中的特殊构筑物，随着交通建设的不断发展，各种复杂隧道（如深埋长大隧道、水下隧道等）相继修建，隧道的结构形式也越来越多，因此面临的隧道问题也越来越复杂。

隧道工程中面临的问题很多，这些问题主要分为两大类：一类是基本问题，主要是遵循基本理念和灵活应用预支护原理等解决各种设计理论及其工法的统一性和适用性问题，特别是具体的经济适用合理施工工法等；另一类是特殊问题，是指在特殊性地质（岩溶区、瓦斯溢出地层、软弱破碎围岩、涌水、突泥带等）地段修建隧道所面临的一系列问题。对于特殊环境隧道工程问题，在遵循基本理念、根据实际情况选用已有的太沙基理论、普氏理论及其他适用力学理论等外，还需要适当拓展，解决具体的经济适用合理施工工法等。

隧道工程建设中的最大特点就是前方的不可预知性，开挖前我们无法详细预知前方岩体情况和地质构造情况（由于各种超前预报技术本身的不足，往往预报结果与实际情况也存在偏差），所以已发生的很多隧道事故都具有突发性的特点。隧道灾害发生造成的影响是非常大的：损害施工设备，破坏支护结构，甚至危及施工人员的生命安全。隧道发生事故后处理起来也是非常复杂的。

当隧道选线确定后，特别是对长隧道或特长隧道穿越特殊性地质区是可能的，因此在隧道建设过程中只能面对隧道特殊问题，采用预防灾害并进行治理，所以应认识这些特殊地质构造的性质和灾害的形成机理，从而有效解决这些特殊问题。

9.1　隧道边仰坡问题

随着高等级公路不断向山区、丘陵区、高原延伸，公路隧道逐渐增加，特别是在隧道进出口开挖时，往往会遇到一些比较陡的边坡，如图 9-1 所示。隧道的开挖改变了边坡的受力状态，极容易诱发滑坡，因此隧道的开挖和边坡的稳定性有一定的关联。洞口边坡的稳定性直接决定着隧道洞口的稳定，很多隧道洞口边仰坡的切削改变了原有自然斜坡的平衡状态，特别是在原有地质条件较差的地段，如堆积层、风化卸荷带等，若开挖的深度和设置的坡度不当，常产生崩塌、滑坡等地质灾害。因此，合理解决现阶段隧道和边坡的相互作用问题，保证隧道和边坡的稳定显得越来越重要、越来越迫切。例如，兰州市山前坡下存在着

图 9-1　某隧道出口位于高陡边坡上

普遍的切割坡脚、占地盖房现象，人为创造数米乃至 10m 高的黄土陡坎，严重破坏了斜坡的天然稳定性；没有完善的排水系统，大量不合理灌溉和生活用水长期渗入水敏性和湿陷性极强的黄土中，使坡体或地基软化，引起房屋开裂，台缘及黄土斜坡的稳定性逐渐恶化；一遇较强降雨或震动，就会出现突发性的地质灾害。地质灾害既有“天灾”的原因，也是“人祸”的结果。

地质灾害“重在防，而不在治；重在先治，而不在后治”。在工程建设中，主动避开地质灾害多发区域，即所谓防；无法避开，要对工程区周围的地质环境进行全面的勘察，在科学研究和论证的基础上，开展地质灾害评估，制订出科学合理的规划方案，对可能发生地质灾害的区域在灾害发生前就采取治理措施，然后再利用，即所谓先治。

9.1.1 边坡失稳机理与稳定性影响因素

当隧道所在山体岩体破碎时，如果不注意采取超前支护措施和施工过程中每一步的力学平衡与变形协调，在隧道开挖过程中往往会发生坡体的失稳破坏，导致隧道开挖无法成洞或衬砌结构的破坏，迫使进行山体边坡加固后再进行隧道围岩及结构的加固处理，不仅造成工期的延误，而且造成巨大的经济损失。图 9-2 所示即为由于坡体的岩土体强度比较低，松散第四系覆盖层比较厚，在进洞时削坡引起的边坡的失稳破坏。

隧道边仰坡稳定性的影响因素有别于一般的边坡工程，主要包括地质因素和施工因素两方面。边坡体上部松散岩土体，如果不注意对坡体进行及时加固和施工过程中每一步的力学平衡与变形协调，往往会发生“一塌再塌”的累进性破坏。图 9-3 所示为某隧道进洞时由于削坡引起的边坡失稳破坏。

图 9-2 某隧道洞口发生的滑塌破坏

图 9-3 洞口削坡引起的边坡失稳破坏

隧道施工开挖不仅影响坡脚，还影响边坡深部。隧道断面跨度与高度是决定仰坡稳定性的一个基本因素，隧道跨度和高度越大，岩体二次应力分布的影响范围就越大。

在隧道施工过程中，爆破震动会使岩体的稳定性降低，甚至引起边仰坡岩体的失稳倒塌，因此应最大限度地降低对岩体的扰动。在开挖时，应尽量采用小断面开挖，并做到步步封闭成环，最好不要用全断面法开挖。图 9-4 所示为在某隧道开挖过程中使用 CD 工法来变大

图 9-4 某隧道中使用 CD 工法开挖隧道

断面开挖为小断面开挖，从而保障了边仰坡的稳定性。

9.1.2 仰边坡失稳导致隧道塌方工程实例

(1)马鞍山隧道出洞口滑塌

马鞍山隧道出洞口边坡曾发生过一次典型的滑塌事故，引起了该隧道的塌方，严重影响了该隧道的正常建设。该隧道位于浙中中低山丘陵区，中间高，东西两端低，山顶海拔高程370.9m，地形自然坡度为35°～40°，植被发育，山坡地层情况见图 9-5。

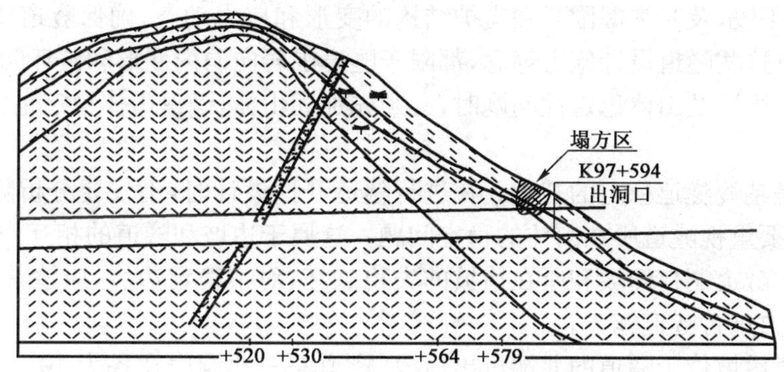

图 9-5 山坡地形和工程地质剖面图

马鞍山隧道右洞由进口向出口方向开挖至K97＋585 处发生塌方事故。本段隧道洞顶埋深5～16m，3 倍洞径内围岩主要为全、强风化层，围岩稳定性差。根据地表的地貌现象可知，塌方处地表为陡坡地形，塌方处洞顶埋深较浅，约 11m。该段为全—强风化凝灰岩，风化裂隙极发育，岩石破碎，呈角(砾)碎(石)状，结构松散，围岩稳定性差，塌陷坑下部距洞顶约 0.5m，如图 9-6 所示。

图 9-6 塌陷坑位置示意图

从该边坡的地质情况看，边坡上基本是松散的土体，下面为较破碎的基岩。隧道发生塌方的季节正好处于雨季，降雨的影响对坡体上覆第四系覆盖层产生了不良影响。在降雨过程中，雨水从两个方面对坡体产生影响：对边坡土体，降雨入渗起到了加载作用，即降雨使浅层土体中的孔隙水压力和含水率大幅度增大，重度变大，渗透压力增大；降雨改变边坡土体的力学性能，土体由于吸水软化和基质吸力减小而造成抗剪强度下降，强度降低，导致其内聚力下降。边坡土体的自重增加和强度降低这两个不利因素在降雨过程中同时影响边坡的稳定性。降雨入渗造成水平应力和竖向应力的比值接近极限值，从而使得土体有可能沿裂隙面局部破坏。因此，在这种比较陡的边坡上开挖隧道，若未能及时支护或未保证施工过程中每一步的力学平衡与变形协调，极容易引起隧道上方岩土体的滑塌。

从施工角度看，在发生塌方时本工程排水沟已修好，但未及时进行混凝土浇注，自 2006 年4 月 12 日连续几日大气降雨(小到中雨)。如果是暴雨，则来不及在沟内汇集，会沿排水沟流走。但几日以来，由于持续降雨，而降雨强度较小，山体上部的降水就会流入排水沟内，积聚，然后沿裂隙下渗，使下部岩土体变得松软。经调查，排水沟上侧并无裂缝，说明不是大面积滑塌。排水沟没有起到及时排走地表水的作用，反而使地表水汇集，促使雨水下渗。雨水渗入土体，使土体饱和度增加，强度降低，且增大了坡体岩土体的含水率，增大了动水压力，降低了岩土体的稳定性；另外，未能保证洞口围岩在施工过程中每一步的力学平衡与变形协调，引起隧道洞口上方岩土体的滑塌。

(2)任胡岭隧道滑坡

在目前的隧道设计和施工中，硬岩隧道用柔性支护，软岩隧道用强预支护，控制围岩变形发展，通过量测手段，及时掌握围岩和支护结构的变形和应力动态，确保隧道结构设计和施工信息化。但所有这些隧道设计施工理念，都限于隧道围岩向洞内变形和破坏问题，而不涉及山体稳定性问题。当涉及山体稳定性问题时，必须先加固山体，确保山体稳定是保证隧道围岩稳定的基础。

山体稳定是越岭隧道稳定的基础。在进行隧道开挖设计时，不仅要分析隧道围岩的变形破坏情况，而且要重视隧道所在山体的稳定问题。这属于边坡和隧道的相互作用问题，为了避免隧道开挖引起隧道洞口仰坡和所在边坡的失稳破坏，对不稳定边坡，应该首先加固山体，确保山体稳定后，再进行隧道施工。

任胡岭隧道滑坡位于隧道的北端进出口段，隧道左右两洞净宽各为10.16m，两洞中心线间距35m(图9-7)。隧道走向为南北向，长约1.9km。隧道采用上下导坑、二衬紧跟施作的施工方法。1998年11月11日19:00，右洞上导洞开挖掘进至K85+295时，从拱部左侧突发涌水，水柱直径达30cm，统计涌水量超过10 000m^3。11月25日量测发现K85+288.50～K85+294.50段边墙初期支护变形突然加大，至11月27日变形量达25cm。11月30日开始，洞内二次衬砌出现裂纹并有增多增大趋势。1998年12月7日早晨，在山顶发现地表开裂，宽约5～10cm，裂缝垂直错距约20cm。此后观察发现裂缝在进一步扩大。12月24日14:21，隧道左线K85+270～K85+290段发现坍塌，时隔4小时后右洞K85+270～K85+280段二衬拱顶开裂，混凝土剥落并伴有变形下沉。

图9-7　隧道洞口

由于隧道埋深较浅，隧道开挖后引起边坡应力场发生较明显的变化，隧道的洞顶和洞底普遍出现拉应力，特别是洞顶的拉应力分布，对十分破碎的Ⅴ级围岩稳定性极为不利，容易引起洞顶的坍塌。隧道开挖引起洞顶边坡岩体应力水平下降的区域一直延续到地表。隧道开挖引起的这种应力场变化会直接导致边坡表面岩体的变形和破坏。

隧道开挖引起的坡体附加位移达到坡体的表面。隧道开挖不仅产生较大的垂直位移，而且在洞口段边坡还产生指向坡脚的附加水平位移。同时，由于两隧道的相互影响，在右洞的左上方区域岩体的位移矢量变化十分复杂。由岩体不同位置位移矢量的差异引起岩体的剪切松动是导致围岩坍塌的重要原因。

洞口边坡变形破坏的主要表现形式是产生强烈的松动，并在边坡的坡顶附近产生一系列拉张裂缝。边坡岩体的松动变形与隧道开挖所提供的变形空间密切相关。围岩松动变形产生两方面的效应：一是引起局部的坍塌而导致更大范围岩体的松动；二是导致地下水的渗透性迅速加大，使地下水集中向隧道内排泄。

受隧道开挖引起的二次应力场影响，右洞在施工作业中曾出现冒顶并发展成为地表陷落漏斗，漏斗口直径约 20m，深 2m 左右。受冒顶塌落的影响，使冒顶区的上边坡侧岩体向坡脚方向的位移量明显增大，冒顶区的下边坡侧的位移方向则发生变化，转为指向坡顶。冒顶形成的空间为边坡的水平方向的蠕动变形发展奠定了新的基础。

如图 9-8 所示，滑坡在平面上的分布与隧道开挖的关系极为密切，滑坡的纵向发育与隧道行进方向基本一致，滑坡宽度范围包容了双隧道，并各向隧道轴线外扩 8～15m，两侧以小沟为边界。滑坡后缘破裂边界在山梁的脊部，有两条破裂面，破裂面间距最大处约 7.5m，向东、西两侧逐渐合并。滑坡后缘破裂面呈直立或陡倾坡外。东侧边界较连续，西侧不连续；下部边界不明显，总体收敛于右洞隧道洞口上方仰坡坡面上，高程大于隧道底板。

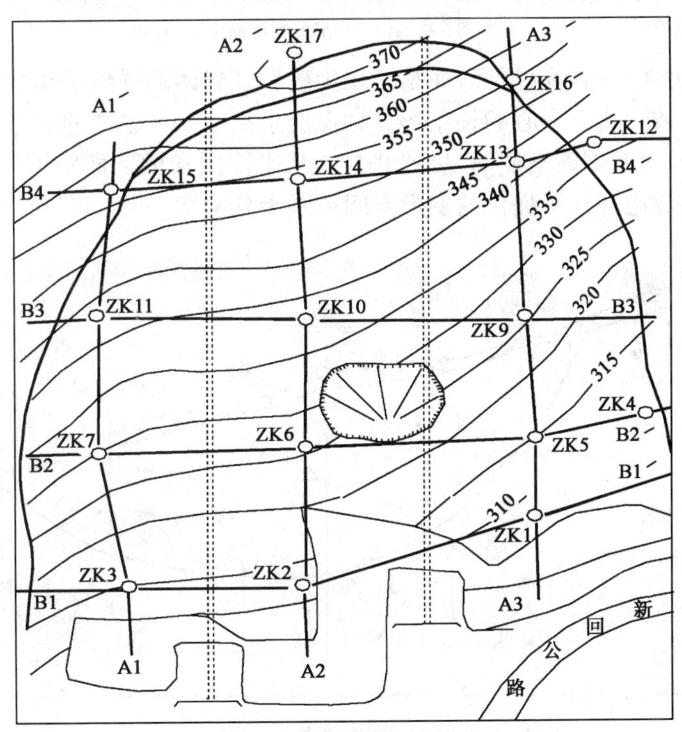

图 9-8　滑坡平面及勘探剖面位置图

隧道进洞口边坡岩体结构特征可分为两大类：坡脚主要为糜棱岩和黏土状断层泥，坡体上部为断层角砾岩，见图 9-9。断层挤压带呈压扭性，岩性为糜棱岩和黏土状断层泥。糜棱岩呈灰黄色、黄褐色，角砾的粒径一般数毫米，定向排列；断层泥呈深灰色，黏土状，可干钻钻进，具极好的隔水性能。滑坡体除坡体表层为厚 0.4～4.5m 的黏土混碎石或碎石混黏土外，其余均为断层角砾岩，角砾为坚硬的英安玢岩和熔结凝灰岩，强烈破碎，结构松散，RQD<10%，钻探过程中孔内漏水严重，屡次出现掉块和卡钻，甚至埋钻。

洞口边坡变形破坏的主要表现形式是在边坡变形过程中产生强烈的松动，并在边坡的坡顶附近产生一系列拉张裂缝。由于边坡岩体为断层角砾岩，岩体强烈破碎，故在隧道开挖产生变形破坏后，并未出现清晰的底滑面，而是表现为破坏区岩体的强烈松动变形。边坡地表的变形破坏范围是以隧道轴线为中心的长条形。钻探揭示松动变形岩体的分布以隧道开挖轴线附近的厚度为最大，并向两侧逐渐变薄，见图 9-10。从平面图和横剖面中可以清楚地看出，边坡岩体的松动变形与隧道开挖所提供的变形空间关系十分密切。

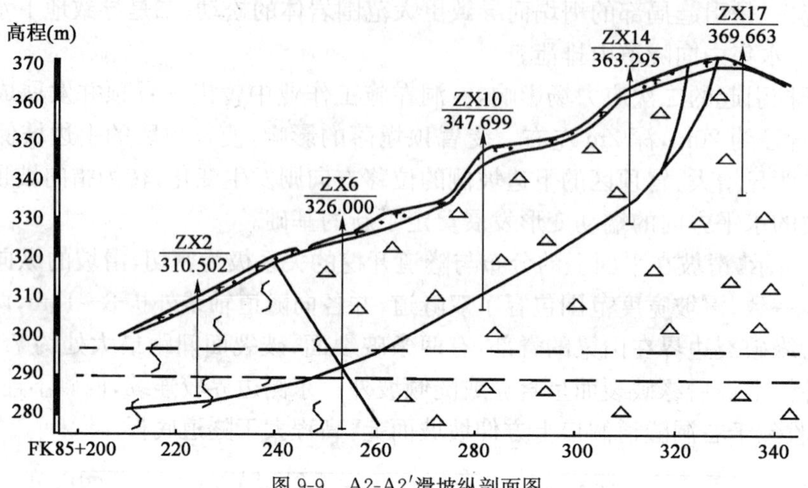

图 9-9　A2-A2′滑坡纵剖面图

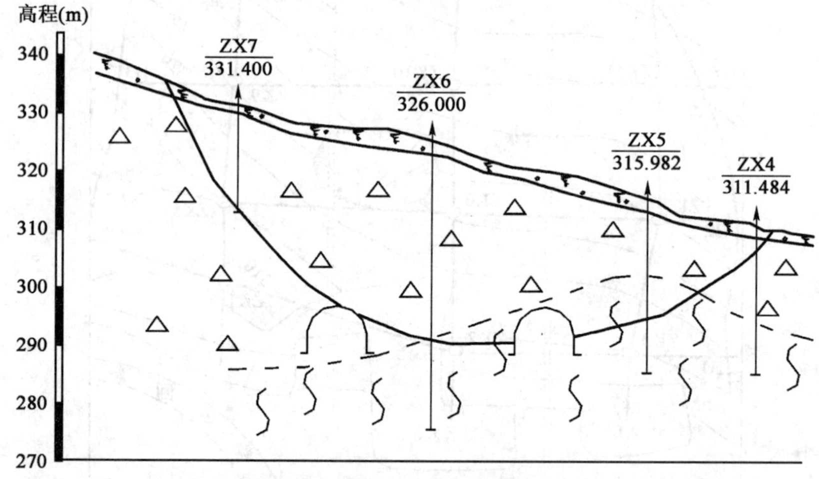

图 9-10　B2-B2′滑坡横剖面图

任胡岭隧道进口滑坡没有发生在坡残积土层内或与破碎带基岩的接触面上，说明工程力学性质很差的断层破碎带是造成滑坡的物质条件。根据钻探资料分析和地表地质调查研究，滑坡所在山体由区域性断层破碎带及其伴生的次级张性破碎带组成，岩体结构松散破碎，并夹有大量断层泥，破碎带富水性良好。这种边坡岩体结构条件为滑坡的形成奠定了必要的基础。

由于断层破碎带岩体强烈破碎、结构松散，RQD＜10%，钻探过程中孔内漏水严重，屡次出现掉块和卡钻，甚至发生埋钻，说明边坡岩体在具备临空条件下的自稳能力极差。隧道开挖后，形成新的变形发展空间，使岩体在洞室周围较大范围内发生松动变形。围岩松动变形产生两方面的效应：一是引起局部的坍塌而导致更大范围岩体的松动；二是导致地下水的渗透性迅速加大，使地下水集中向隧道内排泄，同时产生强大的渗透压力，促使围岩的变形加速和扩展。

由此可见，任胡岭隧道进口滑坡的形成原因是：边坡岩体破碎，在具备临空条件下的自稳能力极差，隧道开挖能引起围岩产生大范围的松动变形，而且坡体富水性好，地下水集中向隧道内排泄，加速了滑坡的形成。

通过上面的几个工程实例不难看出，隧道和边坡是相互作用、相互影响的，要注意采取合理的施工顺序和施工工艺，最大限度地减小两者的相互影响。

9.1.3　工程措施

隧道边仰坡问题主要有：

①隧道进出洞口时对边坡稳定性的影响问题。

②进洞后隧道开挖对边坡稳定性的影响问题。

③边坡失稳对隧道支护结构的影响问题。

从上面的分析可知，边坡和隧道不是独立的个体，而是相互作用的。在处理这类问题时，应坚持的一个基本原则是：首先加固边坡，待边坡稳定后再开挖隧道。在进洞时，要注意削坡对边坡的影响，如果岩土体松散，会导致部分土体发生滑塌，此时应首先加固坡体，然后再进洞，不应立即将滑塌下来的土体移走，因为这样会导致坡体出现累进性破坏，造成“一塌再塌”的严重事故。

水是影响隧道边仰坡稳定性的重要因素。地表水渗入坡体内，一方面增加了坡体的重力另一方面降低了岩土体的内摩擦力，对坡体的稳定是不利的。因此，应综合采用“截、防、导、排”的综合排水措施，减小地表水对坡体的影响。对坡体范围内的地表水，地表水集中的地方设排水沟排走地表水。对地下水，应以排为主，降低坡体的地下水位，减小渗水压力。

在有条件的情况下，减载压坡应是优先考虑的加固措施。有效控制后，边仰坡的变形也就能减缓。对于浅埋段，可以采用反压护拱的施工方法，见图 9-11。在治理边仰坡时，其工程的重

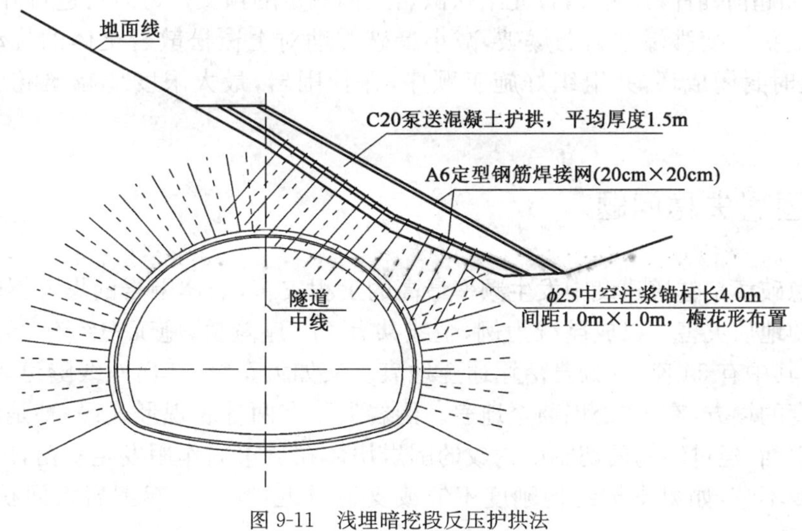

图 9-11　浅埋暗挖段反压护拱法

点是斜坡的前缘，只要前缘稳定了，不发生累进性破坏，后面的坡体就会稳定下来。抗滑桩是治坡工程中最常用的工程措施。它能有效地从局部改变滑坡体的受力平衡，阻止滑坡体变形的延展。图 9-12 所示为某隧道进口中使用抗滑桩来加固隧道边仰坡，保证了边坡的稳定和洞室的安全施工。

明洞作为一种防御的工程处理措施，在隧道边仰坡中也经常使用。因为通过施工明洞，可以减少边坡对隧道的影响。宝成线南段 37 座隧道有 29 座洞口接长明洞；枝柳线圆八段有 1/3 的隧道洞口作了延长；襄渝线达渝段 40 座隧道，亦因洞口施工引起崩塌滑坡，42 个洞口延长或接长明洞，增设挡墙。通过施作明洞来穿越不稳定的边仰坡地段是一种比较好的施工处理措施。图 9-13 所示为某隧道使用明洞穿越不稳定边仰坡的情况。

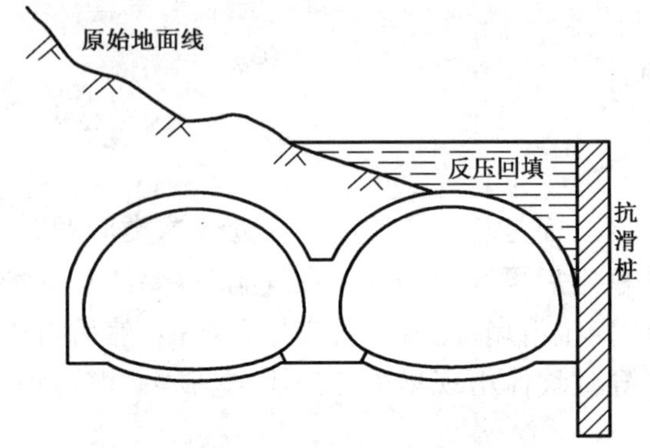

图 9-12　某隧道进口立面图

图 9-13　某隧道使用明洞穿越不稳定边坡

在隧道边仰坡中不但要注意边仰坡的加固，而且要注意通过改变隧道的施工工序和施工方法来尽量减小隧道开挖对边坡的影响。在边坡上修建隧道时，最大的难点就是如何进行洞口施工。洞门做的是否牢固，是决定边坡稳定性的一个重要因素，因此处理好洞口的施作是很重要的。洞口开挖时，应考虑地层、周围环境条件，如地形、地质、地下水、降雨等条件，有时会发生滑坡、崩坍、偏压、地表下沉等，要求施工前认真核对设计图。在进行洞口的施工时，要注意使用超前支护措施，如超前锚杆，管棚等，首先给松散岩土体一定的预支护力后再进行开挖，开挖后及时进行初期支护。变强爆破为弱爆破，减小爆破震动对上覆松散岩土体的扰动。变大断面为小断面，及时封闭成环，并组织好施工顺序，保护围岩，最大限度地减弱隧道施工对边坡的影响。

9.2　围岩失稳问题

围岩失稳破坏是隧道建设中发生频率最高的工程灾害，洞体围岩的塌方冒落是隧道施工中普遍出现的地质灾害。以成昆线为例，全线共有 415 座隧道，施工中约有 25％的隧道发生过大型塌方，其中有 54 座 86 处冒落塌通至地表。又如大秦线 43 座双线隧道，84％的隧道均产生不同程度的塌方，有 10 处塌通至地表。围岩失稳有两种表现形式：一种是由于隧道的开挖形成了临空面，经过结构面切割所构成的围岩块体在自重的作用发生坠落，即为掉块；另一种是围岩强度不够，如果支护结构刚度不够或支护过迟，容易引起围岩大面积的坍塌，即为塌方。

9.2.1 塌方

隧道的塌方破坏都是从围岩变形开始的，一般会经历弹性变形、塑性变形、松动、塌落等过程。隧道断面周边各点围岩的变形是在隧道开挖和支护的过程中，在多种复杂因素影响下，围岩整体的力学性质和稳定状态的最直接、最能反映本质的宏观表现。洞室开挖后，由于回弹应力和重分布应力的影响，常能使围岩的性状发生很大变化。如果围岩岩体承受不了回弹应力或重分布的应力的作用，围岩即发生塑性变形或破坏。这种变形或破坏通常是从洞室周边，特别是那些最大压或拉应力集中的部位开始，而后逐步向围岩内部发展的，其结果是在洞室周围形成松动带或松动圈。隧道围岩的变形破坏通常是累进性发展的。由于围岩内应力分布的不均匀性以及岩体结构、强度的不均一性及各向异性，那些应力集中程度高而结构强度又相对较低的部位往往是累进性破坏的突破口，在大范围围岩保持整体稳定性的情况下，这些应力—强度关系中的最薄弱部位就可能发生破坏，并使应力向其他部位转移，引起另外一些次薄弱部位的破坏，如此逐渐发展，形成连锁反应，终将导致大范围围岩的失稳破坏。

容易产生塌方冒落的地质背景是：

①第四系各类堆积层。

②断层破碎带或软弱夹层。

③严重风化破碎带。

④节理裂隙密集带。

⑤岩脉穿插接触蚀变带。

⑥软硬岩层相间或软弱夹层软岩体。

⑦强烈褶皱带轴部。

⑧地下水富集带。

⑨古滑坡地段。

⑩出现了特殊的不良地质，如膨胀岩、高地应力、溶洞、涌水。

由于隧道设计施工不当，也容易引起塌方事故，目前在隧道设计施工中主要存在以下几点问题：

①洞口的位置选择不恰当，如位于较大的滑动体或断层之中，从而引发洞口坍方。

②设计的支护参数偏小，无法保证围岩从开挖后到二次衬砌施作这段时间内的稳定。

③针对特殊不良地质地段，设计上给出的处理措施不当。

④开挖方法不正确，如应该采取半断面开挖而实际采用了全断面，或应该采用分步开挖而实际采用了全断面或半断面等。

⑤隧道的爆破设计有问题，造成对围岩的扰动过大。

隧道中发生塌方有很多形式，按塌方位置可将坍方分为：拱顶塌方、侧壁塌方和掌子面塌方。拱顶塌方发生于隧道的拱部，一般发生在隧道开挖后，未施作初衬或刚刚施作初衬后，由于上部围岩比较松散，开挖后由于临空面的出现，上部松散岩体失去支撑，从而发生大范围的突然垮塌。图 9-14 所示为某隧道洞顶发生的塌方事故。这类塌方由于位于洞室最高位置，所以发生塌方后，产生的冲击力比较大，对施工人员的生命安全构成极大的威胁，往往会造成巨大的经济损失。

侧壁塌方多发生于隧道的拱腰位置，当垂直节理比较发育的情况下，侧壁塌方的发生有两种情况：一种情况是围岩相对完整，但垂直节理发育，此时隧道围岩在各种因素的共同影响下，出现塑性区，围岩压力增大，围岩内部进行剧烈的应力重分布，使围岩内的节理裂隙不断发展，垂直节理最终竖向贯通形成塌方柱状体，会形成塌方楔形体；另一种情况是隧道围岩极其破碎，呈碎石块状，隧道开挖后如果支护不够及时，往往会发生大范围岩石碎块向洞室内坍塌。图 9-15 所示就是某隧道侧壁上发生的一次塌方事故。

图 9-14　某隧道拱顶塌方

图 9-15　某隧道侧壁上发生的塌方

掌子面塌方是由于隧道前方岩体比较差，掌子面失稳引起的。图 9-16 所示是某隧道掌子面上发生的塌方事故。一般情况下，应采用预留核心土的施工方法来预防这类塌方事故，一旦发生了这种塌方事故，应首先采用管棚、小导管等超前支护措施，对前方破碎岩体先进行加固，然后再清理坍塌下来的破碎岩体，以免出现一塌再塌的累进性破坏。

图 9-16　某隧道掌子面发生塌方

围岩的变形破坏、失稳坍方，是从量变到质变的过程。在量变的过程中，必然会在围岩的工程地质和水文地质特征及岩石力学上反映出一些征兆。因此，可以根据这些征兆来预测围岩的稳定性进行地质预报，从而保证施工的安全，防治隧道坍方。隧道开挖后，应立即进行工程地质状况的观察，内容包括：工作面附近围岩岩性、断层破碎带、变质带及岩石种类的观察；节理发育程度、接触面充填物的性质、开挖面稳定状态的观察；开挖面有无松散坍塌剥落现象、有无地下水等观察。初期支护完成后，对初期支护的状况进行观察，内容包括：支护锚杆是否被拉曲，喷层是否产生裂缝、剥离和剪切破坏，钢支撑有无被压曲现象等。洞外观察包括：对洞口地表情况、地表沉陷、边坡及仰坡的稳定以及地表水渗透等的观察。

塌方的工程处理措施一般包括：疏排地表水、回填塌陷坑、小导管注浆、施作管棚、选取合理的开挖方法和及时施作衬砌。水一旦渗入隧道会使围岩强度降低，造成更大面积的塌方，所以要及时疏排地表水，尤其是当发生冒顶塌方时，应在塌陷坑周边设置环行截水沟，拦截地表水，避免水流入隧道塌陷坑内，对塌陷坑要及时回填并进行夯实。塌方发生后，为防止塌方范围的扩大，应及时施作超前小导管，注浆固结塌方范围岩体，以提高坍塌岩渣自身稳定性和强度，并尽快施作钢拱架及径向小导管固结严重变形段岩体和塌体塌面。管棚是穿越塌方地段很好的一种工程处理措施，管棚作为一个刚性支护，可以为前方松散岩体提供比较大的支护抗力，预防塌方发展和蔓延，保证围岩的稳定。塌方段最好采用环形开挖留核心土法施工，因为这样可以保护掌子面。如果想使用其他工法开挖，也要选择小断面、弱爆破的开挖方式，尽可能减少和避免扰动次数及扰动强度，以免使塌方体失去平衡，引起新的塌落。二次衬砌要使用整体式衬砌台车，用混凝土输送泵输送混凝土，有效增加二次衬砌墙部与拱圈部位的整体性。

9.2.2 掉块

坚硬块状岩体本身具有很高的力学强度和抗变形能力，并存在有较稀疏且延伸较长的结构面。这类岩体围岩的变形破坏方式主要有：岩爆、脆性开裂和块体滑移。岩爆是高地应力区的地下工程在开挖过程中或开挖完毕后，围岩因开挖卸荷发生脆性破坏而导致储存于岩体中的弹性应变能突然释放且产生爆裂松脱、剥落、弹射甚至抛掷现象的一种动力失稳地质灾害。脆性开裂常出现在拉应力集中部位，在拉应力超过围岩抗拉强度时，产生拉张破坏，尤其是当岩体中发育近直立的构造裂隙时，即使拉应力集中较小，也可产生垂向张裂缝。这时洞顶岩体若存在近水平裂隙相互交切，就容易形成不稳定块体塌落。块体滑移是块状岩体中常见的破坏形式之一，这类破坏常以结构面组合交切形成不稳定块体滑出的形式出现。

隧道中形成不稳定块体，主要是由于节理的组合所致，节理组合是影响洞室稳定性最为重要的因素。《公路隧道设计规范》(JTG D70—2004)中的6种围岩分级远远不能概括隧道中复杂的围岩情况，而且只能进行定性的判断，一般根据岩石的坚硬程度和岩体的完整程度来定性划分。洞室中节理组数即使很多，也不一定就代表围岩完整性不好，重要的还是节理的组合关系和分布的位置。隧道中掉块事故的发生主要是由于不利节理或不利节理组合所致。节理的相互切割很容易形成不稳定滑塌体，隧道中的掉块事故是目前隧道中最普遍、也是最难预报的灾害。以下几种情况是比较容易发生掉块的不利节理组合：

①洞顶出现"人"字形节理组合。这种情况下容易出现巨大掉块现象。在某隧道修建过程中，曾多次出现洞顶"人"字形节理组合掉块现象，造成钢拱架和台车同时压毁，酿成了严重的工程事故。

②洞顶出现沿洞轴向和垂直洞轴向节理相互切割的节理组合。出现这种节理组合时，也是比较危险的。隧道开挖后，破坏了块体的力学支撑点，尤其是存在地下水时，节理间胶结强度较低，块体在自重作用下，很容易向临空面掉落。这种掉块一般呈长方体状，称之为"口"字形掉块。

③侧壁出现外倾近洞轴向节理或外倾斜节理与陡倾节理相互切割时，比较危险。这种掉块一般发生在隧道侧壁的上部。

④当洞顶或侧壁上部出现近水平向薄层状岩体呈叠瓦状分布时，在自重作用下容易跨落。这种情况下块体尺寸一般较小，不会出现巨块，危害性不大。

⑤侧壁上出现直立板状或薄层状岩体。这种情况类似长细比比较大的长柱受压，由于岩体属于脆性材料，隧道开挖后，形成临空面，板状或薄层状围岩就会在回弹应力的作用下发生弯曲、拉裂和折断，最终挤入洞内而坍倒。

⑥当洞室中岩体节理非常发育，节理间距较小，节理呈网状相互切割，就形成块状破碎岩体。这种情况下掉块比较小，但数量比较多。

就广义的掉块现象而言，几乎每个掌子面前方开挖后都会存在掉块的现象，因为施工单位一般在洞室爆破后都会用挖机对危石进行排险。就狭义的掉块现象而言，该现象指的是挖机或人工对危石进行排险后的掉块现象。对于掉块的处理要以对不稳定块体的预报为基础，当通过各种方法确定了危险块体后，要对块体进行及时支护，避免或减小块体掉落造成巨大的经济损失和施工人员伤亡。目前对块体的支护最有效、也是应用最广泛的支护措施是喷锚支护。

9.3 岩爆问题

9.3.1 岩爆预测

岩爆是一种开挖卸荷条件下岩石自身弹性应变能突然释放所造成的脆性破裂或爆裂。爆裂造成的岩块(片)，可以以爆裂松脱、爆裂剥离、爆裂弹射或抛掷等不同方式脱离母体，其脱离方式、初速度和规模大小等与爆破的破裂机制及释放弹性应变能的多少和波及深度等诸多因素有关。

在高地应力区，岩石具有较大的弹性应变能，也最易发生岩爆，形成岩石的破碎区。岩质越坚硬的岩石，其脆性越高，也就越容易发生岩爆。从工程实例中不难发现，岩爆多数发生在石英岩、花岗岩、正长岩、闪长岩、大理岩、片麻岩等脆性岩体中。岩石峰值强度前的总变形与永久变形的比值越大，则代表岩石的脆性越高。

一般来说，埋深越大，地应力越高，也就越容易发生岩爆。岩体天然应力的垂直分量，一般认为大致相当于上覆岩体的重力。根据国内外对地应力测得的数据，1 000m 以上的深度，水平方向的主应力大于垂直方向的主应力；1 000m 以下的深度，垂直方向的主应力往往要大于水平方向的主应力，成为最大主应力。但对于有利的地质结构，埋深较小的隧道也可能出现岩爆，这种情况是岩爆预测的难点。如括苍山隧道在埋深仅 200m 左右的浅埋洞段就发生了岩爆。括苍山隧道总体呈南北走向，隧道长度 7 926m，属特长公路隧道。该隧道为双向四车道分离式隧道，毛洞净宽 12.0m。隧道穿越侵蚀、剥蚀中山及山间沟谷，地形起伏较大，设计最大埋深 717m，岩性主要为上侏罗统西山头组晶屑熔结凝灰岩和含角砾晶屑熔结凝灰岩。括苍山隧道左右洞均发生了岩爆，左洞岩爆发生在 K156＋300 附近洞顶略偏左的位置，地表埋深 203m；右洞岩爆发生在 K156＋283 附近洞顶略偏右的位置，此处也是紧急停车带扩大断面的位置，地表埋深 205m，岩爆区域平面示意图如图 9-17 所示。从图中可以明显看出，两洞岩爆位置的直线距离较近，仅为 40m 左右。岩爆洞段距离断层 F_{x3} 不足 100m。两洞岩爆位置的连线与断层 F_{x3} 的走向基本平行。断层 F_{x3} 系张剪性断层，产状为 33°∠77°，宽度为 6～10m，与洞轴线呈 65°斜交。该断层延伸范围较大，贯穿至地表，岩爆洞段位于其下盘。岩爆区域的围岩为青灰色微风化晶屑熔结凝灰岩，岩体完整坚硬，十分干燥。岩爆发生于爆破之后 1h 以内，发生时伴随着清脆的爆炸声和岩片的塌落。从洞顶岩爆点出现的范围来看，每一个岩爆点剥落范围规模不等，一般在 0.4～1m^2，而且形态很不规则。

隧道开挖前，从岩爆防治理论上来讲，工程选址时首先应尽量避开易发生岩爆的高地应力集中地区。确实难以避开时，应尽量使洞轴线与最大主应力方向平行布置。

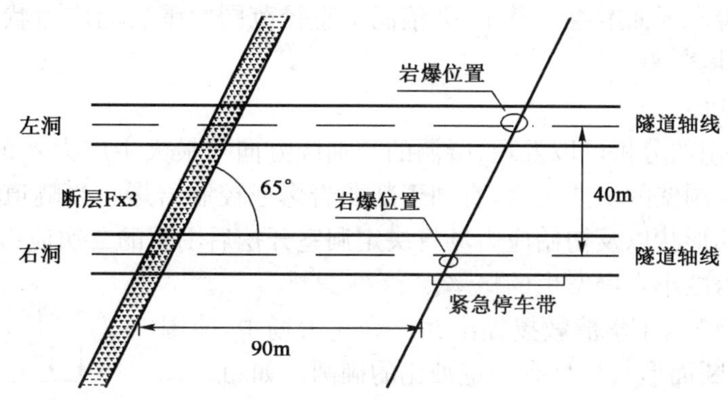

图 9-17　岩爆区域平面示意图

加强和重视施工中围岩变形破裂的现场调研和围岩二次应力、围岩变形收敛等的现场监测，对岩爆发生的可能性和烈度进行超前预报，严格执行施工措施等。

9.3.2　岩爆的防治措施

(1)改善围岩的物理力学特性

隧道发生岩爆，主要是由于围岩比较完整、坚硬、抗压强度大、脆性指数高这些特点使其具备了储存大量弹性应变能和在局部应力环境恶化时弹性应变能突然释放的能力。在对隧道岩爆进行预防和控制时，可以通过改善围岩的物理力学特性来降低围岩的强度，减弱围岩的脆性，增强围岩的塑性，使围岩内部储存的弹性应变能大量地消耗在围岩裂隙的启裂和扩展方面，从而减少围岩储存的弹性应变能，达到降低岩爆剧烈程度的目的。

主要措施是：爆破后立即向掌子面及附近洞壁喷洒冷水，在一定程度上降低表层围岩的强度，起到弱化围岩强度的目的；或利用炮眼及锚杆孔向岩体深部注水，因为进入到岩石孔隙中的水能与岩石矿物中的一些离子发生作用，从而达到降低围岩强度、增强围岩塑性、减弱围岩脆性、最终消除岩爆或降低岩爆烈度的目的。

(2)改变围岩的应力状态

岩爆发生一个很重要的因素就是高地应力，可以通过改变围岩的应力状态来减弱岩爆或控制岩爆。在既定的应力场环境下，隧道围岩内部的应力并没有办法完全消除，只能通过调整使隧道表层围岩的应力向深部转移。

改善围岩的应力状态可以通过释放围岩应力和柔性支护的方法实现。释放围岩应力的方法有很多，主要包括对未开挖围岩的超前钻孔和超前小导洞减压法及对已开挖围岩的表面切槽减压法。施工过程中，应尽量避免引起应力集中的开挖形态，避免不必要的小型叉洞和形状突变的洞形。对于岩爆烈度大、危险程度高的岩爆地段，可以暂时停止掌子面施工，使表层围岩的应力以岩爆的形式自然释放，待岩爆现象自然缓解后再进行处理。

(3)加固围岩

针对不同烈度的岩爆一般采取不同的喷锚加固处理措施。喷锚的主要作用是止裂，通过锚杆给围岩一定的径向约束，使洞室周边围岩的应力状态较快地从平面应力转向三维空间应力状态，以达到抑制或延缓岩爆发生的目的。在喷锚施工时，根据已有经验，系统锚杆不宜过长，一般控制在 2～3.5m，梅花形布置。钢筋网要采用"整体网"，紧贴周壁岩体布置。通过加固围岩，既可以改善掌子面本身以及 1～2 倍洞室直径范围内围岩的应力状态，又具有防护作用，可以防止弹射、塌落等。

(4)优化隧道断面

通过对岩爆机制的分析可以发现，隧洞的长轴线方向与最大主应力 σ_1 的方向平行或呈小角度相交，可以减少洞壁的切向应力，有利于削弱岩爆或控制岩爆。当隧道选线确定后，隧道的开挖情况、洞室的形状以及初始应力场将决定洞室开挖后围岩的二次应力场的分布特征，所以要优化隧道断面，减小岩爆发生的概率。

20 世纪 50 年代末，丁学馥教授提出在二维应力场中，使围岩保持稳定的最佳断面形状是具有一定轴比的椭圆。如图 9-18 所示，以 a、b 表示椭圆的水平轴与竖直轴，当竖直和水平边界分别作用均布力 p 和 q 时，可以导出椭圆洞室周边的围岩切向应力表达式。对于处于均布平面应力场的椭圆洞室，有 $a/b=q/p$，因此可以通过测量洞室所处位置的原始水平和竖向地应力的比值确定最佳的隧洞断面形状，从而减小应力集中程度，降低洞室发生岩爆的概率。

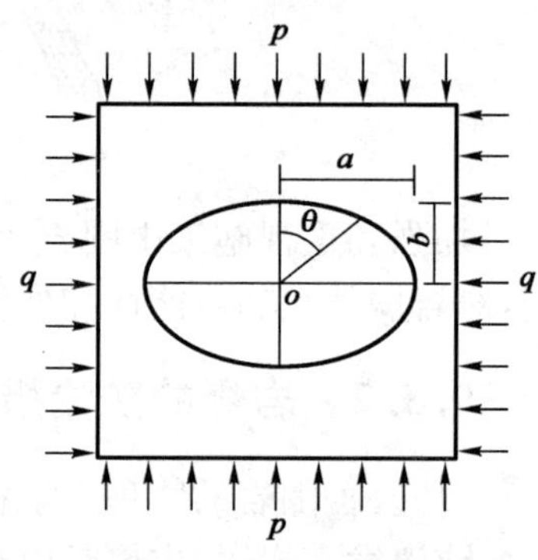

图 9-18　椭圆形洞室

(5)控制爆破减小扰动

岩爆地段应采用短进尺掘进，减小药量，控制光爆效应，以减少围岩表层应力集中现象。轻微、中等岩爆段尽可能采用全断面一次开挖成型的施工方法，以减少对围岩的扰动。强烈以上的岩爆地段，必要时也可采用分部开挖的方法，分步开挖则不仅可以控制单次爆破的规模，减小对围岩的扰动，而且在初次爆破后可以释放围岩的部分应力，改善围岩的应力条件，降低岩爆的破坏程度，但在施工中应尽量减少爆破震动触发岩爆的可能性。

降低对围岩的扰动应该成为硬岩隧洞施工中注重的问题。卸荷方式是岩爆发生的外因，卸荷对围岩的扰动越小，发生岩爆的可能性也就越小，理想卸荷一般不会诱发岩爆。

9.4　涌水和突泥问题

由于隧道所处工程地质环境的差异，隧道施工中出现涌水突泥是最为严重的地质灾害之一。修建隧道人为地形成一个地下集水通道，改变了地下水原有的运移规律，成为新的地下水运移、排泄的汇流空间。涌水突泥灾害严重影响了隧道正常施工，因此研究涌水突泥问题是非常具有现实意义的。

9.4.1　隧道涌水发生的条件

隧道的开挖打破了围岩的含水层结构、水动力条件和围岩力学平衡状态，使存储在地下水体中的能量释放，并以流体形式高速地向隧道内运移，从而形成严重的涌水事故。因此，含水围岩的储存和释放性能、水动力性能和围岩稳定性能等是隧道涌水发生的必要条件，同时它们也决定了涌水的规模和强度。

涌水灾害的发生是由于地下水的富集，如断层破碎带或其两侧、节理裂隙密集带、向斜轴部、岩溶地区、含水地层与隔水层交界处等是地下水容易集聚的地段。

涌水灾害的影响因素很多，主要有：充水水源、地质构造带、岩性和岩体结构。

(1)充水水源

隧道涌水的发生必须要有充水水源。充水水源主要有地表水和地下水。地表水主要来自地表水体和大气降水。地表水体主要是指河流、湖泊、水库等。地表水对隧道的充水作用主要取决于地表水体本身水量大小。地表水作为充水水源首先渗入补给岩体含水层，然后再涌入隧道内，所以地表水作为充水水源受地表水体至隧道的距离以及充水岩层的透水性等因素影响。

在隧道工程施工中，地下水的作用非常活跃，可造成隧道涌水，对地下水影响最大的是大气降水。在很多隧道的涌水事故中，大气降水是一个重要诱发因素。图 9-19 所示就是某隧道在连续数日人气降雨后，隧道发生的涌水事故。大气降水是一个间接充水水源，它对隧道的充水作用取决于降水量大小及充水含水层接受大气降水的条件。

图 9-19　降雨后某隧道洞口的涌水情况

(2)地质构造带

构造破碎带与断裂带是地下水进入隧道的重要途径之一，隧道涌水事故大都与其有关。

构造破碎带是涌水事故的发生的主要影响因素之一，构造破碎带能否成为隧道充水因素，取决于构造破碎带的性质、充填物成分及其胶结程度以及构造破碎带同地表水的水力联系程度。

断层也是一个重要因素，断层是否能导水与断层性质、两盘岩性以及断裂带充填物成分、胶结程度等直接有关，尤其是与断层两盘岩性关系最大。断层两盘岩性为脆性岩层时，张性断层往往形成导水断层，而压性断层形成弱透水断层。

(3)岩性和岩体结构

岩体的导水性质依其岩性、裂隙发育程度而有所不同。脆性较大的岩体一般裂隙较发育，起汇集周围层状裂隙水的作用，因此往往形成较富水的脉状水带。而柔性岩层，裂隙一般发育较差，往往成为隔水层。

9.4.2　隧道涌水工程实例

(1)清江源头区某隧道涌水灾害

该隧道全长 7 879m，地处清江源头地带，溶腔连通的暗河流域广、汇水范围大。在隧道的建设过程中曾多次发生涌水，甚至在 8 个月里曾发生过 5 次特大涌水，被称为中国铁路建设史上最大的涌水隧道。

2006 年 1 月 21 日，该隧道出口发生史无前例的特大涌水灾害。2006 年 4 月 11 日 10:50 正准备进行出渣时，出渣人员听到掌子面有掉块、坍方响声，并伴随少量流水，于是立即停止出渣，乘电瓶车逃离。涌水造成了洞内照明因漏电保护跳闸中断。平导掌子面突水约5min后，水通过平导和正洞之间的横通道涌入正洞，致使正洞作业人员13人被困。经事后推算，高峰期最大涌水量72万m^3/h，突水总量约18万m^3。突水期间有2人随突水由正洞冲出获救，其余11人遇难。2006年4月11日下午5:10左右，位于隧道进口泄水洞内一施工设备突然倒塌，5名工人进入洞内抢修时，洞内突然发生涌水，十几万立方米的瞬间涌水当场造成一人死亡、4人失踪。事故发生当天，当地降雨量达60多毫米。图9-20所示为从掌子面上喷出的大股状涌水。图9-21所示为涌水1h后隧道正洞洞口情况。图9-22所示为发生涌水事故后施工现场情况。

图9-20 隧道掌子面股状涌水

图9-21 涌水1h后隧道正洞洞口的情况

(2)观音峡背斜区某隧道突水灾害

该隧道横穿由观音峡背斜所形成的中梁山脉，地质条件十分复杂，集瓦斯、煤层、采空区、溶蚀洼地、溶洞、溶沟、溶槽、落水漏斗、富水断层破碎带于一体，尤其是岩溶水与地表水系连通，涌水具有压力高(最高达2.2MPa)、水量大(53 000m^3/d)等特点。岩溶段设计长达1 119m，分布在嘉陵江组灰岩与上覆的雷口坡组泥灰岩之间和嘉陵江组灰岩与下伏的飞仙关组页岩之间，其岩层为硅质结晶灰岩、泥灰岩，并常伴有厚度不同的断层泥，将岩体强烈切割呈碎裂状。

图9-22 施工现场变成一片汪洋

在施工至DKZ+619时，距隧道中心线拱顶50cm右侧处的周边眼钻进2m时因出水而停钻，拔出钻杆后，出现涌水，水量水压突然增大，后经测定水量最大达14 400m^3/d，水压1.6MPa，喷射距离20m，涌水泥砂含量达20%～30%。发生涌水事故后，隧道内的水深达1m多，如图9-23所示。

(3)某隧道涌水灾害

该隧道全长9 418m，地处乌江峡谷，穿越武陵山脉，地形、地质、地貌极为复杂。隧道中部(最大埋深830m)穿过可溶岩地层长度达3 800m，施工中先后揭示多处岩溶暗河。在雨季，岩溶水涌入隧道，2003年6年25日最大涌水量达到了71 816×$10^4m^3/d$，给施工造成极大损失和危害。图 9-24 所示为涌水事故发生后隧道洞口的情况。

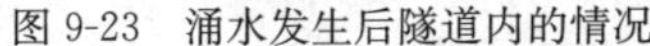

图 9-23　涌水发生后隧道内的情况

图 9-24　隧道洞口涌水情况

9.4.3　隧道突泥灾害的发生条件和影响因素

隧道涌水突泥是发生频率比较高的地质灾害之一，如何防止与整治突泥灾害，确保施工安全与隧道的稳定，是我国修建隧道的技术难题。

在隧道的开挖过程中，当打通围岩附近岩溶腔后，岩溶腔内的地下水和泥砂混合物在比较高的压力下向隧道内涌出，淹没施工机械，迫使隧道施工停止。由于突泥来势凶猛，施工人员来不及撤离而危及生命安全，造成严重的工程事故。

符合下列情况之一时，判定为会存在突泥问题：

(1)地下洞室位于松散层含水层中。

(2)地下洞室穿越含泥的断层带、节理密集带等构造带形成的含水体。

(3)地下洞室穿越岩溶洞穴、地下暗河等，尤其是当溶洞发育比较浅时，非常容易发生突泥事故。

突泥量的大小，要结合含水层性质、地下水的特征定性判定。

突泥的发生必须具备两个基本条件。一方面溶洞中要有淤积物，这是物质条件；另一方面溶洞中还必须有一定的压力，这是动力条件。二者缺一不可。当具备了这两个条件，隧道开挖至溶洞处，溶洞中的淤积物就会以黏稠泥浆的形式涌出，形成突泥事故。

9.4.4　隧道突泥事故工程实例

(1)某隧道涌水突泥事故

2007 年 8 月 5 日凌晨 1:00 左右，国内某隧道Ⅰ线 DK124＋602 掌子面爆破后，在组织出渣过程中突发突水突泥事故，一个半小时内突水量 15.1 万 m^3，泥石量 5.35 万 m^3。灾害过后，通过对现场进行调查分析发现，当地连续降雨，事故发生地段地表雨水与地下岩腔及断层水系相通，并存有大容量承压水体。在设计和施工过程中，虽然也进行了多方面的地质勘测工作，但由于认知水平有限，工作措施不到位，未能发现不明承压水体；加之对岩层变化及实测出主要发育岩溶裂隙水超压先兆分析判断不够，未能采取有效的措施。因此，当隧道岩体揭露后，造成岩溶水压的承载失衡，岩溶腔内存在比较多的固体物质，在比较高的压力下，随岩溶水一起涌入隧道，导致突水突泥重大事故的发生。

(2)某隧道溶洞突泥灾害

2002 年 9 月 10 日，国内某隧道正洞超前下导坑施工至 DK354＋879 处时，掌子面爆裂发生大规模突泥，溶洞中填充的硬塑—软塑状黏性土瞬时喷出，塞满 DK354＋635～DK354＋879 计 244m 的下导坑空间，涌泥量达 4 200m^3，如图9-25所示。隧道所遇溶洞为充填性溶洞，充填物为淤泥质黏土、粉质黏土，硬塑—可塑状黏土等。

图 9-25 掌子面坍方涌泥

9.5 岩溶问题

在岩溶地区修建的铁路、公路隧道也越来越多，如某铁路 200 余公里隧道除一座不通过碳酸盐岩地层外，其余隧道均在碳酸盐岩地层中通过，因此岩溶地质灾害成为隧道建设中的一大难题。

岩溶地区隧道地质灾害的发生，往往造成洞内施工机具被掩埋或淹没，施工中断，工期延误，不仅给施工造成巨大的困难和财产损失，而且对施工人员的生命造成了巨大危害。洞外则因洞内岩溶涌水突泥涌沙造成地表塌陷和地表水源枯竭，进而引发地表生态环境灾害，影响人们的正常生产和生活。因此，如何规避岩溶隧道施工高风险，控制工程灾害的发生，减少岩溶灾害所造成的经济损失和人员伤亡，已成为亟待解决的课题。

岩溶对隧道工程的影响主要有涌水突泥、洞顶地表塌陷、地下水、空穴、洞穴充填物及坍塌 5 个方面。

在岩溶隧道的施工中，涌水突泥涌沙是发生概率比较高的灾害。据统计，迄今为止，已建和在建岩溶地区铁路长隧道中，南方岩溶区铁路长隧道 23 座发生过较大岩溶涌水灾害 13 座，占 56.52%；涌泥涌沙灾害 8 座，占 34.78%；北方岩溶区发生过较大岩溶涌水灾害 2 座，占 25%。岩溶作为一个富水体，当隧道掘进至岩溶位置时，溶洞内的水就会在高压情况下涌出，造成涌水事故。当溶洞内含有充填物时，由于充填物往往具有松软、下沉量大、强度低、稳定性差等特点，往往会发生严重的突泥涌砂灾害，影响隧道的正常建设。

当地下有溶洞存在且岩溶裂隙比较发育时，地表水和地下水就会沿岩石裂隙渗入溶洞中，从而引起地下水和地表水的枯竭。图 9-26 所示为某湖水和地下大岩溶贯通后，湖水迅速涌入地下岩溶的奇观。

在岩溶隧道施工中，一般遇到的岩溶为碳酸盐类岩溶，由于岩溶上覆一定厚度的盖层，所以会使岩溶地下水有一定的承压，当隧道打通岩溶腔时，盖层、溶洞所组成的封闭体系被打破，使岩溶水以涌水形式向隧道内排泄，涌水致使地下水位急剧下降产生真空负压，而水流潜蚀冲蚀及涌泥砂又造成土颗粒不断流失，使上部岩溶洞穴中的充填土层失去上托力，上覆土层在自重应力、真空吸蚀等作用下，造成地表塌陷。图 9-27 所示为某岩溶隧道发生涌水灾害后地表出现的塌陷坑。

图 9-26　溶洞引起的地表水流失

图 9-27　某岩溶隧道洞顶地表塌陷

空穴主要指无水溶洞和采空巷道以及废弃矿巷等。采空区由于矿产开采，巷道中不存在涌水和坍塌物。即便隧道施工揭穿，亦无因巷道涌水造成的隧道涌水、矿巷坍塌物坍塌。但当矿巷位于隧道底下方时，存在隧道底板安全厚度问题；当空穴位于隧道上方时，会引起隧道断面增大，必须进行回填处理。

岩溶地区隧道围岩大变形主要发生在充填黏土、黏土夹块石岩溶地段，由于岩溶中充填的黏土、黏土夹块石往往含水，自稳能力极差，隧道开挖后因初期支护不及时或支护强度不足，围岩或变形直至失稳破坏，或变形造成初期支护的变形破坏。

9.6　5・12 汶川地震隧道问题

2008 年 5 月 12 日下午 2:28，四川省发生里氏 8.0 级强烈地震，震中位于阿坝藏族自治州汶川县。地震造成大量山体残缺和裸露。

除隧道通过发震断裂带和崩塌等不稳定山体外(隧道通常破坏)，一般情况为:地震对隧道的危害相对小些，关键是山体是否处于相对稳固安全状态，核心是作用在隧道的地震力和相对变形小些(即变形协调)；对于山体地形偏压和断层破碎带等不良地形地质条件的隧道破坏比较多，除加强初期支护外，二次衬砌应采用钢筋混凝土结构，以利于隧道结构抗震。对地震中的隧道受损和破坏加固应该适度(符合交通运输部地震灾后重建标准要求)，如果在加固隧道时过分考虑围岩的破坏或考虑山体不稳固，受损和破坏的隧道加固就需要考虑是加固，还是重建。

通过对汶川地震区公路隧道实地考察和媒体隧道图片分析，发现一些共性和规律，并提出地震区隧道抗震设计与加固方法初步建议，以供设计、施工、决策者参考。

9.6.1　山体地形对称隧道震害较轻

在隧道进出口穿越山体地形对称情况下，地震波传播过程相对简单和均匀，隧道受力也相对简单和均匀，衬砌较完好。山体地形对称的剑阁县剑门关隧道进口(图 9-28)以及山体地形对称的青川县酒家垭隧道进口(图 9-29)等，在 5・12 汶川大地震中，均未发生严重的破坏。可见，山体地形对称情况下有利于隧道稳定。结构对称的安县城里的古城门(图 9-30)，只是边上塌了一部分，而门洞完好无损。彭州白鹿教堂经历汶川大地震后，坍塌严重，如图 9-31 所示。

图 9-28　剑阁县剑门关隧道进口(山体地形对称)

图 9-29　青川县酒家垭隧道进口(山体地形对称)

图 9-30　安县城里的古城门

a)　　b)

图 9-31　彭州白鹿教堂 5·12 地震前后状况对比

a)地震前；b)地震后

9.6.2　边坡环境隧道震害较严重

在边坡环境下，一方面会使地震波传播过程变得更为复杂，从而导致坡体内出现局部应力集中；另一方面会因边坡的临空条件导致坡体内出现短时的局部拉张应力。这种局部应力集中和拉张应力，会对隧道等地下工程结构造成损坏甚至破坏。图 9-32～图 9-38 所示的各隧道均处于斜坡应力场环境下，在 5·12 大地震中，均出现了不同程度的破坏。

图 9-32　剑阁县金子山隧道进口(山体地形偏压)

图 9-33　剑阁县金子山隧道出口(山体地形偏压)

图 9-34　青川县三盘子隧道进口(山体地形偏压)

图 9-35　隧道结构造成损坏甚至破坏

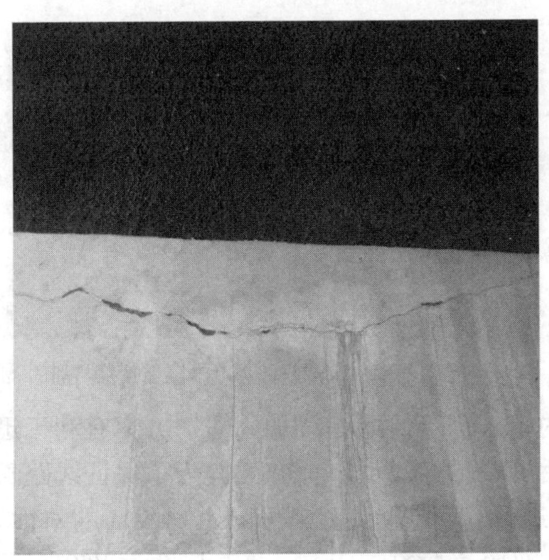

图 9-36　隧道结构造成损坏甚至破坏(山体地形偏压)

图 9-37　G317 草坡隧道(山体地形偏压)

图 9-38　G213 友谊隧道结构造成损坏甚至破坏

在隧道的建设过程中,支护结构是否牢固,直接影响到其抗震能力。因此,在震区必须加强隧道支护结构,保证其稳定性。图 9-39 所示为钢梁加固 G213 友谊隧道结构用,很好地控制了险情,防止了余震对隧道的继续破坏。相对于受灾后的治理费用,在隧道建设过程对支护体系进行加强的费用微乎其微。因此,必须保证特殊地质环境(多震区、偏压区等)下完善的支护体系,提供足够的支护抗力。

图 9-39　G213 友谊隧道结构用钢梁加固

在地震发生时,有时还会在隧道内引发火灾,火灾也会对隧道结构产生不良影响。图9-40所示为宝成铁路 109 号隧道发生的火灾事故。该隧道的建设和处理主要采取了以下措施:

①隧道内受地震火灾影响破损一般的地段将采用喷锚加固,严重的地段将采用架设钢拱架、喷锚加固等综合措施处理,如图 9-41 所示。

图 9-40　宝成铁路 109 号隧道抢险与加固

图 9-41　宝成铁路 109 号隧道抢险与加固

②抢险方案将采取既有线恢复与改线并行的方式进行。既有线加固防护方案有利于迅速通车满足救灾物资运输的需求。既有线着受灾后,恢复方案只能是临时的,为了保证线路长久运营,必须进行改建。改线方案采用短隧道取直进行,其位置在 109 号隧道嘉陵江的对面,改线全长约 2.08km,由一个隧道和两个桥梁组成,双跨嘉陵江。其中,隧道长度为 860m,第一跨江桥梁长度为 248m,第二跨长度为 140m。

③隧道外加固塌方山体，隧道内清理损毁车体、挂网喷浆加固等多项工作立体交叉，全面推进，其处理理念体现了预支护原理的核心思想。

9.6.3　特殊条件的隧道震害特征

在断层破碎带、不稳定斜坡附近等不良地质条件下，与地面结构物易发生破坏的规律相同，隧道结构也会受到不良地质条件的影响而使破坏程度明显加剧。在地震过程中，隧道进出口段和斜坡区的浅埋段受山体崩塌、滑坡的影响较大。山体崩塌、滑坡，一方面可能直接引起隧道的破坏，另一方面可能对隧道产生冲击荷载而导致隧道破坏。

图 9-42 所示为剑门关隧道出口。该隧道的衬砌在山体崩塌区域影响范围内，5・12 地震中隧道的衬砌结构受崩塌岩体的冲击荷载作用而发生破坏。震后的隧道修复，应将该隧道逐模改造成钢筋混凝土结构。

图 9-42　剑阁县剑门关隧道出口(山体崩塌)

隧道的中部发育断层破碎带时，受地震作用，不仅容易引起直接破坏，还因为震动引起破碎带岩体的松动变形而使地下水更加活跃。图 9-43 所示为剑门关隧道中部的地质环境及隧道衬砌的破坏情况。该洞段山体破碎、埋深浅，地震不仅引起衬砌结构的破坏，而且渗水严重。对于此类隧道情况，震后的隧道修复应该整体用黏土回填，地表用砂浆砌体铺筑，防止地表水的入渗。

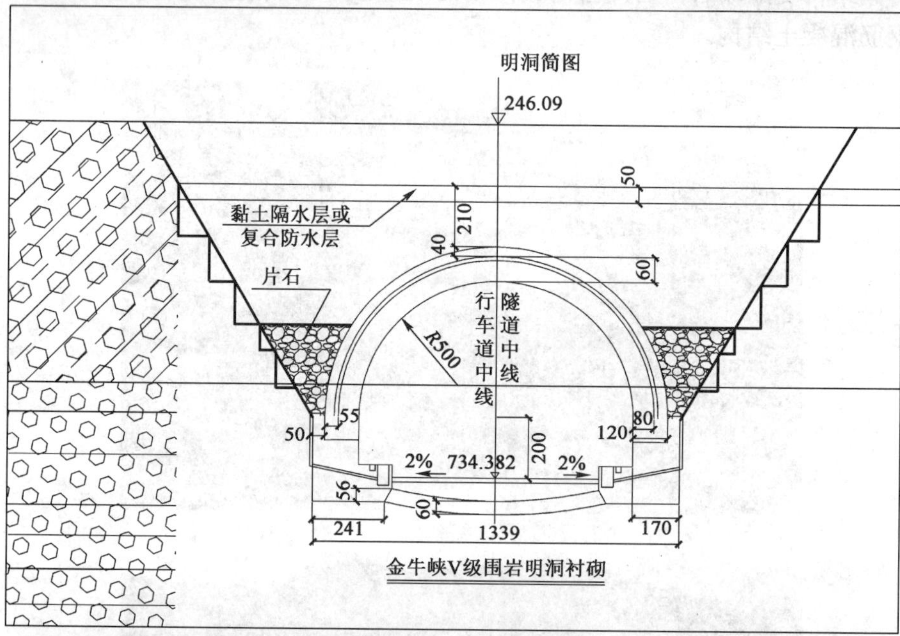

图 9-43　剑阁县剑门关隧道中部(山体破碎与渗水)(尺寸单位:cm)

参 考 文 献

[1] 关宝树. 隧道工程设计要点集[M]. 北京：人民交通出版社，2003.

[2] 中华人民共和国行业标准. JTG D70—2004 公路隧道设计规范[S]. 北京：人民交通出版社，2004.

[3] 李轩宁，卜东平. CRD 工法在扩大断面石质围岩台山隧道的创新[J]. 公路隧道，2009，(3)：24-28.

[4] 傅鹤林，谢启东，张聚文，等. 不同级别围岩条件下浅埋偏压大跨度隧道开挖工法的比选[J]. 采矿技术，2009，9(4)：33-34，65.

[5] 王旭辉. 城市小净距隧道施工工法合理性分析[J]. 铁道建筑，2008，(7)：58-61.

[6] 任尚强. 大跨度隧道洞口浅埋段工法探讨及应用[J]. 地下空间与工程学报，2008，4(5)：943-948.

[7] 骆驰，漆泰岳，刘毅，等. 地铁隧道施工过程的数值模拟与工法比选[J]. 大连民族学院学报，2009，11(3)：251-254.

[8] 刘文，陈罡. 复杂地质条件下隧道施工工法变换计算研究[J]. 交通科技，2008，(4)：37-39.

[9] 王金明，杨小礼. 浅埋暗挖地铁隧道不同工法对地表沉降的影响[J]. 石河子大学学报(自然科学版)，2008，26(4)：499-503.

[10] 王正松，孙铁成，高波. 全断面预加固隧道施工工法(新意法)[J]. 铁道标准设计，2007(增刊 1)：170-172.

[11] 王伟锋，毕俊丽. 软岩浅埋隧道施工工法比选[J]. 岩土力学，2007，28(增刊)：430-436.

[12] 刘国良. 隧道控制爆破施工工法的选择[J]. 科技资讯，2009，(21)：85-85.

[13] 高海东. 厦门海底隧道长距离浅埋全强风化地层开挖方案的对比分析[J]. 科技资讯，2008，(4)：94-95.

[14] 范小伟，徐林生. 长冲隧道进口段开挖方法的优化分析[J]. 重庆交通大学学报(自然科学版)，2008，(2)：225-227，289.

[15] 翁效林，王俊，张刚，武朝梁. 黄土地区地铁开挖引起地表沉降试验分析[J]. 岩石力学与工程学报，2007，(S2)：4348-4352.

[16] 高璋生. 软弱围岩条件下的大断面小净距浅埋隧道施工方案研究[J]. 福建建设科技，2007，(2)：5-6，2.

[17] 熊创贤，洪亮. 浅埋偏压隧道几种施工方法的比较与研究[J]. 路基工程，2007，(3)：18-20.

[18] 荣永刚. 浅埋暗挖隧道施工引起的地表沉降分析与对策[J]. 山西建筑，2007，(1)：319-320.

[19] 孙兆远，焦苍，罗琼，等. 不同工法开挖超大断面隧道引起围岩变形机理分析[J]. 铁道建筑，2006，(9)：35-37.

[20] 郭富利，张顶立，苏洁，等. 软弱夹层引起围岩系统强度变化的试验研究[J]. 岩土工程

学报，2009，31(5)：720-726.

[21] 吴昊，方秦，张亚栋.深部巷道块系围岩分析模型及稳定性探讨[J].岩土工程学报，2009，31(8)：1229-1235.

[22] 郑俊杰，章荣军，杨庆年.浅埋隧道变基床系数下管棚的力学机制分析[J].岩土工程学报，2009，31(8)：1165-1171.

[23] 刘高，李新召，梁昌玉.围岩动态演化与块体稳定性分析[J].岩土力学，2009，30(6)：1741-1746.

[24] 李海波，刘博，吕涛.一种简单的岩体地下洞室地震安全评价方法[J].岩土力学，2009，30(7)：1873-1882.

[25] 陈洁金，周峰，阳军生.山岭隧道塌方风险模糊层次分析[J].岩土力学，2009，30(8)：2365-2370.

[26] 杨小礼，眭志荣.浅埋小净距偏压隧道施工工序的数值分析[J].中南大学学报(自然科学版)，2007，38(4)：764-770.

[27] 郭春，王明年，俞尚宇.海底隧道CRD法各施工部开挖对结构内力影响[J].辽宁工程技术大学学报，2007，(S2)：119-121.

[28] 王伟，黄娟，彭立敏，胡自林.不同施工顺序对偏压连拱隧道结构稳定性的影响分析[J].西部探矿工程，2004，(10)：105-108.

[29] 易立.大跨隧道施工方法选择的敏感性分析[D].重庆：重庆大学，2007.

[30] 周玉宏，赵燕明，程崇国.偏压连拱隧道施工过程的优化研究[J].岩石力学与工程学报，2000(增刊)：1115-1119.

[31] 铁道部第十四工程局.城市地下超浅埋双连拱结构三导洞施工工法(TLEJGF—97·98—23)[M].济南：铁道部第十四工程局.

[32] 张志强，何川.连拱隧道中隔墙设计与施工力学行为研究[J].岩石力学与工程学报，2006，25(8)：1632-1638.

[33] 赵阳，张争鹏.偏压连拱隧道不同开挖方法的模拟分析[C]//中国土木工程学会第十一届、隧道及地下工程分会第十三届年会论文集，2004.

[34] 金丰年，钱七虎.隧洞开挖的三维有限元计算[J].岩石力学与工程学报，1996，15(3)：193-200.

[35] 何川，李永林，林刚.连拱隧道施工全过程三维有限元分析[J].中国铁道科学，2005，26(2)：34-38.

[36] 林刚，何川.连拱公路隧道施工方法模型试验研究[J].现代隧道技术，2003，40(6)：1-6.

[37] Lin C T, Amadei B, Jung J, et al. Extensions of discontinuous deformation analysis for jointed rock mass [J]. International Journal of Rock Mechanics and Mining Sciences & Geomechanics Abstracts, 1996, 33 (1): 671-694.

[38] Wang C Y, Chang C T, Sheng J. Time integration theories for the DDA method with finite element Meshes [C]//Proceedings of the First International Forum on Discontinuous Deformation Analysis (DDA) and Simulations of Discontinuous Media. Albuquerque: TSI Press, 1996: 263-288.

[39] 姜清辉.三维非连续变形分析方法的研究[D].武汉：中国科学院武汉岩土力学研究

所,2000.

[40] 张秀丽,焦玉勇,刘泉声,等.用改进的DDA方法模拟公路隧道的稳定性[J].岩土力学,2007,28(8):1710-1714.

[41] 邬爱清,丁秀丽,陈胜宏,等.DDA方法在复杂地质条件下地下厂房围岩变形与破坏特征分析中的应用研究[J].岩石力学与工程学报,2006,25(1):1-8.

[42] Amadei B,Lin Chihsen,Jerry Dwyer. Recent extensions to the DDA method[C]//In: Proc. of the First International Forum on Discontinuous Deformation Analysis (DDA) and Simulations of Discontinuous Media. Albuquerque:TSI Press,1996,1-30.

[43] Ke T C. Artificial joint-based DDA[C]//In : Proc. of the First International Forum on Discontinuous Deformation Analysis (DDA) and Simulations of Discontinuous Media. Albuquerque:TSI Press,1996,326-334.

[44] Kim YongIl,Amadei B,Pan E. Modeling the effect of water,excavation sequence and rock reinforcement with discontinuous deformation analysis[J]. Int. J. of Rock Mech. & Min. Sci. ,1999,36(7):949-970.

[45] Zhao S L,Salami M R,Rahman M S. Discontinuous deformation analysis simulation of rock slope failure processes[C]//In:Proc. of 9th International Conference on Computer Methods and Advances in Geomechanics. Rotterdam:A. A. Balkema,1997,473-477.

[46] Mortazavi A,Katsabanis P D. Modelling of blasthole expansion and explosive gas pressurization in jointed media[J]. Int. J. Rock Mech. and Min. Sci. & Geomech. Abstr. ,1996,35(5):497-498.

[47] 朱传云,戴晨,姜清辉.DDA方法在台阶爆破仿真模拟中的应用[J].岩石力学与工程学报,2002,21(S1):2461-2464.

[48] 朱玮,许劲松.碎裂结构围岩破坏模式的模糊数学分析[J].大连理工大学学报,1990,30(2):221-226.

[49] 谢学斌.基于模糊灰关联模式识别的地下工程围岩稳定性评价[J].采矿技术,2007,7(2):83-85.

[50] 许传华,任青文.地下工程围岩稳定性的模糊综合评判法[J].岩石力学与工程学报,2004,23(11):1852-1855.

[51] 邵中勇,冯德顺.公路隧洞围岩稳定性模糊评判方法[J].武汉理工大学学报(交通科学与工程版),2004,28(5):771-774.

[52] 顾金才,顾雷雨,陈安敏, 等.深部开挖洞室围岩分层断裂破坏机制模型试验研究[J].岩石力学与工程学报,2008,27(3):433-438.

[53] 温进涛,朱维申,李术才.锚索对结构面的锚固抗剪效应研究[J].岩石力学与工程学报,2003,22(10) :1699-1703.

[54] 叶金汉.裂隙岩体的锚固特性及其机理[J].水利学报,1995(9) :68-74.

[55] SPANG K,EGGRE P. Action of fully 2grouted bolts in jointed rock and factors of influence[J]. Rock Mechanics and Rock Engineering ,1990 ,23(3) :201-229.

[56] 邹志晖,汪志林.锚杆在不同岩体中的工作机理[J].岩土工程学报,1993(6) :71-79.

[57] 侯朝炯,勾攀峰.巷道锚杆支护围岩强度机理研究[J].岩石力学与工程学报,2000 ,19

(3)：342 -345.

[58] 姜云,王兰生.隧道工程围岩大变形问题研究[C]//公路学会隧道工程分会.2003年全国公路隧道学术会议论文集.北京:人民交通出版社,2003,15-22.

[59] 卿三惠,黄润秋.乌鞘岭特长隧道软弱围岩大变形特性研究[J].现代隧道技术,2005,42(2):7-14.

[60] 赵旭峰,王春苗.乌鞘岭隧道F7软弱断层大变形控制技术[J].施工技术,2006,35(2):62-64.

[61] 刘高,张帆宇,李新召,等.木寨岭隧道大变形特征及机理分析[J].岩石力学与工程学报,2005,24(2):5521-5526.

[62] 郭启良,伍法权,钱卫平,等.乌鞘岭长大深埋隧道围岩变形与地应力关系的研究[J].岩石力学与工程学报,2006,25(11):2194-2199.

[63] 孙均.地下工程设计理论与工程实际[M].上海:上海科技出版社,1996.

[64] 谢士宏.布陇箐隧道大塌方处理[J].石家庄联合技术职业学院学术研究,2006,1(1):22-26.

[65] 李志厚.公路隧道特大塌方病害处治方法研究[D].长安:长安大学,2004.

[66] 杜炜平.隧道开挖地质灾害规律与防治对策研究[D].长沙:中南大学,2001.

[67] 吕庆.深埋特长公路隧道岩爆预测综合研究[J].岩石力学与工程学报，2005,24(16):2982-2988.

[68] 徐林生.高地应力与岩爆有关问题的研究现状[J].公路交通技术,2002,4:48-51.

[69] 徐林生,王兰生.二郎山公路隧道岩爆发生规律与岩爆预测研究[J].岩土工程学报,1999,21(5):569-572.

[70] 张秉鹤.括苍山特长公路隧道相对浅埋洞段岩爆机理及防治措施研究[D].长春:吉林大学，2007.

[71] 梁为民,杨小林,战军,等.溶洞对隧道爆破开挖影响的数值模拟研究[J].采矿与安全工程学报,2006,23(4):452-455.

[72] 王迎超，严细水，胡建平，等.隧道围岩模糊分类研究[J].华东公路，2007，(5)：53-57.

[73] 王迎超，尚岳全，李焕强，等.浅埋隧道出口塌方机理分析[C]//黄润秋,许强.第三届全国岩土与工程学术大会论文集，成都：四川科学技术出版社，2009：493-498.

[74] 朱汉华,孙红月,杨建辉.公路隧道围岩稳定与支护技术[M].北京:科学出版社,2007.

[75] 朱汉华,尚岳全,等.公路隧道设计与施工新法[M].北京:人民交通出版社,200.

[76] 尚岳全,王清,蒋军,等.地质工程学[M].北京:清华大学出版社,2006.

[77] 朱汉华，王迎超，尚岳全.隧道围岩强预支护原理[J].公路交通科技，2007，3(6)：143-146.

[78] 朱汉华，杨建辉，王迎超.独立隧道、小净距隧道和连拱隧道结构受力独立性研究[J].隧道建设，2007，27(5)：5-8.

[79] 严细水，朱汉华，王迎超.山岭隧道地震反应的几个特性[J].隧道建设，2009，29(4)：420-423.

[80] 朱汉华，王迎超，祝江鸿.隧道预支护原理及施工技术[M].北京：人民交通出版社,2008.